Jürgen Hartmann · Bernd Meyer · Birgit Oldopp

Geschichte der politischen Ideen

Jürgen Hartmann · Bernd Meyer
Birgit Oldopp

Geschichte der politischen Ideen

Westdeutscher Verlag

Bibliografische Information Der Deutschen Bibliothek
Die Deutsche Bibliothek verzeichnet diese Publikation in der Deutschen
Nationalbibliografie; detaillierte bibliografische Daten sind im Internet über
<http://dnb.ddb.de> abrufbar.

1. Auflage Oktober 2002

Alle Rechte vorbehalten
© Westdeutscher Verlag GmbH, Wiesbaden 2002

Der Westdeutsche Verlag ist ein Unternehmen der
Fachverlagsgruppe BertelsmannSpringer.
www.westdeutscher-verlag.de

Das Werk einschließlich aller seiner Teile ist urheberrechtlich
geschützt. Jede Verwertung außerhalb der engen Grenzen des Urheberrechtsgesetzes ist ohne Zustimmung des Verlags unzulässig und
strafbar. Das gilt insbesondere für Vervielfältigungen, Übersetzungen, Mikroverfilmungen und die Einspeicherung und Verarbeitung in elektronischen Systemen.

Die Wiedergabe von Gebrauchsnamen, Handelsnamen, Warenbezeichnungen usw. in
diesem Werk berechtigt auch ohne besondere Kennzeichnung nicht zu der Annahme,
dass solche Namen im Sinne der Warenzeichen- und Markenschutz-Gesetzgebung als
frei zu betrachten wären und daher von jedermann benutzt werden dürften.

Umschlaggestaltung: Horst Dieter Bürkle, Darmstadt

Gedruckt auf säurefreiem und chlorfrei gebleichtem Papier

ISBN-13: 978-3-531-13809-1   e-ISBN-13: 978-3-322-80418-1
DOI: 10.1007/978-3-322-80418-1

Inhalt

1. Einleitung   11

2. Das antike politische Denken   17

    2.1 Historischer Kontext   17
    2.2 Plato   20
    2.2.1 Der Staat   20
    2.2.2 Die Gesetze   23
    2.2.3 Rezeption und Wirkung   25
    2.3 Aristoteles   26
    2.3.1 Der Status der Politik unter den Wissenschaften   26
    2.3.2 Das Menschenbild   26
    2.3.3 Die Verfassungslehre   28
    2.3.4 Rezeption und Wirkung   31

3. Das politische Denken des Mittelalters   33

4. Der Übergang zum politischen Denken der Neuzeit   38

    4.1 Historischer Kontext   38
    4.2 Machiavelli   41
    4.2.1 Das Menschenbild   42
    4.2.2 Die Republik   43
    4.2.3 Rezeption und Wirkung   45
    4.3 Reformatoren und Monarchomachen   47

5. Vertragstheoretiker   54

    5.1 Historischer Kontext   54

5.2 Hobbes	58
5.2.1 Der Naturzustand	59
5.2.2 Der Vertrag	61
5.2.3 Die Grenzen der Herrschaft	63
5.2.4 Rezeption und Wirkung	66
5.3 Locke	70
5.3.1 Der Naturzustand und der Gesellschaftszustand	70
5.3.2 Der Staat	73
5.3.2.1 Die Beschaffenheit und die Grenzen des Staates	75
5.3.3 Rezeption und Wirkung	77
5.4 Kontrast: Kants praktische Vernunft als Staatsgrund	79
5.4.1 Die Freiheit	79
5.4.2 Der Staat	80
5.4.3 Rezeption und Wirkung	82

6. Souveränität als Thema des politischen Denkens — 85

6.1 Historischer Kontext	85
6.2 Bodin	89
6.2.1 Die Republik	90
6.2.2 Der Herrscher	91
6.2.3 Rezeption und Wirkung	92
6.3 Montesquieu	93
6.3.1 Die Ablehnung der Despotie	94
6.3.2 Das Menschenbild	94
6.3.3 Die Regierungsformen	95
6.3.4 Das Gesetz	96
6.3.5 Die Republiken und die Eigenschaften der Herrschenden	97
6.3.6 Die Gewaltenteilung	100
6.3.7 Rezeption und Wirkung	102
6.4 Rousseau	104
6.4.1 Zivilisationskritik und Menschenbild	104
6.4.2 Die Rekonstruktion der Moral im Staat	106
6.4.3 Der Législateur	107
6.4.4 Der Vertrag	109
6.4.5 Die Volonté générale	110
6.4.6 Rezeption und Wirkung	112

Inhalt

7. Die Federalist Papers — 115

    7.1 Historischer Kontext — 115
    7.2 Die Federalist-Autoren — 119
    7.3 Das Menschenbild — 119
    7.4 Die Republikanische Verfassung — 120
    7.5 Checks and balances — 122
    7.6 Rezeption und Wirkung — 126

8. Das anti-revolutionäre und konservative Denken — 129

    8.1 Historischer Kontext — 129
    8.2 Burke — 133
    8.2.1 Das freie Mandat — 135
    8.2.2 Die Freiheitsrechte — 136
    8.2.3 Revolutionskritik und Institutionen — 137
    8.2.4 Rezeption und Wirkung — 140
    8.3 Müller — 141

9. Das liberale Denken — 147

    9.1 Historischer Kontext — 147
    9.2 Constant — 149
    9.2.1 Die Freiheit — 150
    9.2.2 Die Verfassung — 151
    9.2.3 Rezeption und Wirkung — 154
    9.3 Mill — 155
    9.3.1 Die Freiheit — 155
    9.3.2 Die Repräsentation — 157
    9.3.3 Das Eigentum und die soziale Frage — 159
    9.3.4 Rezeption und Wirkung — 161

10. Hegel — 163

    10.1 Historischer Kontext — 163
    10.2 Die Ideen — 165
    10.3 Der Staat und die Stände — 167

10.4 Die Geschichte 171
10.5 Geschichte als sinnhaftes Geschehen 174
10.6 Rezeption und Wirkung 175

11. Marx und Engels 177

11.1 Historischer Kontext 177
11.2 Marx 178
11.2.1 Die historischen Epochen 180
11.2.2 Die Revolution 181
11.2.3 Die klassenlose Gesellschaft 184
11.2.4 Die Arbeiterklasse als historisches Subjekt 186
11.2.5 Die Politische Ökonomie 189
11.2.6 Politische Analysen am Beispiel der
        Situation in Frankreich 191
11.3 Engels 193
11.3.1 Engels und die Sozialdemokratie 194
11.3.2 Der Dialektische Materialismus 195
11.4 Rezeption und Wirkung 198

12. Sozialdemokratische Orthodoxie und Revisionismus 200

13. Lenin 207

13.1 Historischer Kontext 207
13.2 Die Revolutionstheorie 210
13.3 Die Parteilehre 213
13.4 Die Staatstheorie: Diktatur des Proletariats 216
13.5 Rezeption und Wirkung 219

14. Das politische Denken an der Schwelle zur
wissenschaftlichen Disziplin 221

14.1 Historischer Kontext 221
14.2 Weber 226
14.2.1 Webers Wissenschaftsverständnis 227
14.2.2 Der Vernunftdemokrat 227

14.2.3 Die Parteien   229
14.2.4 Die Herrschaftssoziologie   229
14.2.5 Rezeption und Wirkung   231
14.3 Michels   232
14.3.1 Das Eherne Gesetz der Oligarchie   233
14.3.2 Die Konsensustheorie   236
14.3.3 Rezeption und Wirkung   236
14.4 Schumpeter   239
14.4.1 Der Prozess der schöpferischen Zerstörung   240
14.4.2 Kann der Sozialismus funktionieren?   242
14.4.3 Eine andere Theorie der Demokratie   243
14.4.4 Rezeption und Wirkung   246

1. Einleitung

Politische Ideen entstehen aus dem Versuch, das Phänomen politischer Herrschaft zu erklären und die Ziele und Formen politischer Herrschaft zu begründen.

Die Auseinandersetzung mit historischen politischen Ideen wird heute von den meisten Politikwissenschaftlern als *Ideengeschichte* betrieben. Die Ideengeschichte rekurriert auf die Erkenntnisse der Sozial- und Geschichtswissenschaften. Sie betrachtet politische Ideen unter dem Gesichtspunkt ihres Fortwirkens in der Gegenwart. Ihre Aufmerksamkeit gilt der historischen Bedingtheit politischer Ideen, auch den biographischen Aspekten. Umgekehrt geht es ihr darum aufzuzeigen, wie politische Weltbilder ihre Zeit und spätere Epochen beeinflusst haben. Der Blickwinkel der Ideengeschichte ist also historisch und sozialwissenschaftlich. Die Auseinandersetzung mit dem Zeitkontext bringt eine relativierende Sichtweise mit sich.

Ein Beispiel dafür ist die moderne Auffassung von Staat und Gesellschaft, nach der die Regierung ihre Macht im Auftrag der Gesellschaft ausübt und dabei an Regeln und Erwartungen gebunden ist, ein weiteres ist die Vorstellung eines Volkes, das aus rechtsgleichen Bürgern besteht. Demokratie und Rechtsstaatlichkeit lassen sich im Kern auf politische Ideen früherer Jahrhunderte zurückführen. Die ideengeschichtliche Betrachtung kann auch die Fortentwicklung im politischen Denken verdeutlichen, so beispielsweise den Wandel des Staatsverständnisses von der Antike über das Mittelalter bis zur Moderne. Bei *Aristoteles* war der Staat eine überschaubare Stadtgemeinde, im Mittelalter war der Staat ein Ausdruck der christlichen Weltordnung, in der Neuzeit wurde der Staat zum Zweckgebilde für die Fürsten und die privilegierte Klasse. Der demokratische Staat steht im Dienste der Gesellschaft. Der Staat und konsequenterweise auch die Politik gewinnen im Laufe der Geschichte Bedeutungen, die sich wandeln oder nach langer Zeit ganz verlieren. Das bevorzugte Terrain der Ideengeschichte sind Denker, die bei ihren Überlegungen bereits ein individualistisches Menschenbild vorausgesetzt haben. Hier ergibt sich die Verbindung zur sozialwissenschaftlichen Politikanalyse, die sich mit einem Gegenstand befasst, der eben jenes moderne Verständnis von Staat und Gesellschaft zugrunde legt. Der Blick auf die wirkungshistorische Bedeutung politischer Denker ist ein wichtiges Element der ideengeschichtlichen Betrachtung.

Eine andere Tradition der Auseinandersetzung mit politischen Ideen sucht im Werk politischer Denker Aussagen, Wahrheiten und Erkenntnisse mit universellem Wahrheitsanspruch. Diese Variante, die *politische Philosophie*, betreibt Textanalyse, um selbst in sehr alten politischen Theorien noch einen Kern von Wahrheiten freizulegen, der über alle Zeiten hinweg Gültigkeit besitzt. Die politische Philosophie zeichnet sich häufig durch einen normativen Blickpunkt aus. Das gemeinschaftsorientierte Bürgerideal der griechischen Antike, d.h. Bürgertugenden sind der Maßstab, an dem spätere Denker gemessen werden. Der Staat als Zweckeinrichtung in einer Gesellschaft, in der persönliche Interessen den Ton angeben, steht hier in der Kritik. *Aristoteles* ist der bevorzugte Referenzdenker. Negative Kritik erntet vor allem das liberale Denken der Moderne.

Überblicksdarstellungen der Ideengeschichte wählen gern die Betrachtung bestimmter Klassiker, deren Werk die Tendenzen einer Epoche besonders deutlich zum Ausdruck bringt. Hans Maier und Horst Denzer nennen einige Kriterien für den Rang eines Klassikers. Er muss im Mittelpunkt des politischen Ideenhorizonts einer Epoche gestanden haben, ferner als repräsentativ für eine bestimmte Gesellschaft gelten, er muss des Weiteren wirkungsgeschichtliche Spuren hinterlassen und schließlich auch Gedanken formuliert haben, die anschließend universelle Verbreitung fanden.

Dieser Überblick befasst sich in der Hauptsache mit solchen Klassikern des modernen politischen Denkens. An der einen oder anderen Stelle geht er allerdings auch auf Denker von geringerer wirkungsgeschichtlicher Bedeutung ein. Im Einzelnen rückt diese Klassikerpräsentation folgende Aspekte in den Mittelpunkt:

1. Einleitung

- die gesellschaftlichen Bedingungen, unter denen Ideen entstanden sind – dahinter steht die Frage nach der historischen Bindung des betreffenden Autors;
- politische Ideen als Ausdrucksformen normativer Erwartungen und Hoffnungen und als Reaktionen auf real vorhandene Missstände;
- die Frage nach der Legitimität politischer Herrschaft, d.h. nach den Geltungsgründen für die Ansprüche des Staates gegenüber der Gesellschaft und dem Einzelnen; in diesem Zusammenhang spielt das Menschenbild der Klassiker eine herausragende Rolle;
- ein weiterer Hauptakzent liegt auf der Wert- und Zielorientierung politischer Herrschaft;
- schließlich soll die Rezeption der Klassikerideen in der Politikwissenschaft und in aktuelleren Weltanschauungen berücksichtigt werden.

Vertreter der Antike, des Mittelalters und der Renaissance werden kurz referiert, um den Richtungswechsel im politischen Denken der Neuzeit zu verdeutlichen. Diese Wendung zeigt sich im Abschied von der Vorstellung einer natürlichen Gemeinschaftsbezogenheit des Menschen. Der moderne Mensch und seine Politik kreisen um den Einzelnen und seine Interessen. Damit rücken die Motive, die das Individuum dazu bewegen, in einem Staat zu leben, in den Mittelpunkt der Betrachtung. Der englische Philosoph *Thomas Hobbes* leitete diese Wende im politischen Denken vor über 350 Jahren ein. Dieses Denken wurde prägend für die folgenden Epochen, wenngleich es nie ohne Widerspruch blieb. Immer wieder wurde der Versuch unternommen, Gesellschafts- und Staatsmodelle zu entwerfen, die den interessengeleiteten Individualismus mit neuen Gemeinschaftsbindungen zu überwinden suchten – mochte es sich dabei um den Gedanken der Nation oder der Klasse oder um die Idee einer die Generationen verbindenden Tradition handeln. Auch diese Denkansätze werden im Folgenden zu würdigen sein.

Die großen Weltanschauungen des 19. und 20. Jahrhunderts haben ihre intellektuellen Wurzeln in den hier ausführlicher vorzustellenden Klassikern. Diese Verbindung soll – sofern erforderlich – von Fall zu Fall hergestellt werden. Auf diese Weise lässt sich zeigen, dass die Auseinandersetzung mit dem modernen politischen Denken vieles dazu beitragen kann, jene Ursprungsgedanken sichtbar zu machen, die sich hinter politischen Alltagsvokabeln wie liberal, konservativ und sozialistisch verbergen.

Auch die politikwissenschaftlichen Theorien der jüngeren und jüngsten Vergangenheit gewinnen an Hintergrund, wenn man sich näher mit Denkern vergangener Jahrhunderte befasst. Konzepte wie die politische Kultur finden sich in anderer – altertümlicher – Sprache bereits bei *Montesquieu*. Eine hochabstrakte Politiktheorie wie die der Rational choice weist unübersehbare Nähe zu den Überlegungen eines *Thomas Hobbes* oder *Immanuel Kant* auf.

Die Frage, wo die Reihe der Klassiker endet, soll hier nicht ausgespart werden. Es gibt viele brauchbare Antworten. Dieses Buch entscheidet sich für die folgende: Politische Denker, die nicht nur die Gebildeten, sondern auch die Mächtigen und die Vermögenden erreichen und die damit die gestaltenden Kräfte einer Epoche inspirieren, gibt es heute nicht mehr. Hier und dort streuen allenfalls noch Wortsplitter aus der Sozialwissenschaft oder aus der Feder zeitgenössischer Sozialphilosophen in die politische Debatte (politische Kultur, Zivilgesellschaft, Nachhaltigkeit). Das Aussterben klassischer Autoren des politischen Denkens vollzog sich während des 20. Jahrhunderts in einem langsamen Prozess. Dieses Buch klingt mit drei bekannten Wissenschaftlern aus, die den Übergang von der großen politischen Theorie zu den modernen Fachwissenschaften von der Gesellschaft und der Politik repräsentieren: *Max Weber*, *Robert Michels* und *Joseph A. Schumpeter*. Sie finden bis heute Widerhall in der Ökonomie, in der Soziologie und in der Politikwissenschaft. In jeder dieser Disziplinen gelten sie als Klassiker. Architekten neuer Weltanschauungen waren sie aber nicht mehr. Sie schrieben auch keine vorhandenen politischen Weltbilder mehr fort. Aber sie gingen noch von einem weit universelleren Ansatz aus, als er beim nüchternen, hochspezialisierten Treiben der heutigen Sozial- und Wirtschaftswissenschaften anzutreffen ist.

Der Präsentation der einzelnen Klassiker werden im Folgenden knappe Erläuterungen zur politischen und Sozialgeschichte vorangestellt. Sie sollen einige markante Punkte der Epoche aufzeigen, in der die jeweiligen Denker gelebt und geschrieben haben. Diese Ausführungen sollen insbesondere auch die unterschiedliche Wahrnehmung dieser Epochen in verschiedenen Staaten sowie unter verschiedenen politischen

1. Einleitung

Verhältnissen mit höchst differenten Freiheitserfahrungen vor Augen führen. Ohne die Kenntnis der Geschichte können Politikwissenschaftler nur auf der seichten Oberfläche des aktuellen Zeitgeschehens paddeln. Um die Ereignisse und Ideen angemessen zu verstehen und zu bewerten, ist es unerlässlich, den historischen Kontext zu berücksichtigen.

Dieses Buch wendet sich an Leserinnen und Leser, die eine erste Orientierung über das Themengebiet des historischen politischen Denkens suchen. Es wurde mit dem Vorsatz verfasst, in verständlicher Sprache die großen Linien im Werk eines Klassikers zu verdeutlichen, dabei auf die Hauptwerke hinzuweisen und für das Verständnis wichtiges historisches Hintergrundwissen zu vermitteln. In die Referierung der meisten im Folgenden vorgestellten Klassiker sind Zitate aus den Originalwerken oder aber deren gebräuchlichen deutschen Übersetzungen eingefügt worden. Sie sollen nicht allein einen Eindruck von der Sprache der Klassiker geben, sondern insbesondere dazu einladen, den Originaltext selbst kennen zu lernen. Auf Fußnoten wird ganz verzichtet. Der Anmerkungsapparat beschränkt sich auf Primärquellen und wenige Werke, aus denen sich die wichtigsten historischen Fakten und Interpretationen ersehen lassen. Eine Auswahl der einschlägigen Übersichtswerke findet sich im Anschluss an diese Einleitung.

Literatur:

Hannah Arendt: Über die Revolution, München: Piper 2000.
Hannah Arend: Vita activa oder Vom tätigen Leben, 12. Aufl., München: Piper 2001.
Karl Graf Ballestrem und *Henning Ottmann*: Politische Philosophie des 20. Jahrhunderts, München u.a.: Oldenbourg 1990.
Iring Fetscher und *Herfried Münkler* (Hrsg.): Pipers Handbuch der politischen Ideen, 5 Bde., München/Zürich 1985ff.
Hans-Joachim Lieber: Politische Theorien von der Antike bis zur Gegenwart, Wiesbaden: Fourier 2000.
Hans Maier und *Horst Denzer* (Hrsg.): Klassiker des politischen Denkens, 2 Bde., München : C.H. Beck 2001.
Karl R. Popper: Die offene Gesellschaft und ihre Feinde, 2 Bde., 7. Aufl., Tübingen: Mohr 1992.

Manfred G. Schmidt: Demokratietheorien, 3. erw. Aufl., Opladen: Leske & Budrich 2000.
Leo Strauss: Naturrecht und Geschichte, 2. Aufl., Frankfurt/M.: Suhrkamp 1989.
Eric Voegelin: Die neue Wissenschaft der Politik: eine Einführung, hrsg. von Peter Joachim Opitz, 4. Aufl., Freiburg u.a.: Alber 1991.

2. Das antike politische Denken

2.1 Historischer Kontext

Die Anfänge des abendländischen politischen Denkens fallen in die Zeit der griechischen Antike. Bis zum 5. Jahrhundert v. Chr. entwickelte sich in Griechenland eine vielgestaltige Staatlichkeit von sogenannten Poleis (Einzahl: Polis), d.h. Stadtstaaten. Diese stellten in zweierlei Hinsicht gänzlich neue politische Phänomene dar: Es handelte sich um Staaten, die jeweils unter verschiedenen Verfassungen existierten. Die Poleis waren auch keine Monarchien, in denen ein Herrscher alle politische Macht auf sich konzentrierte, sondern vielmehr oligarchische Gemeinwesen. Dort beteiligten sich eine Reihe von Bürgern neben ihren jeweiligen Hauptbeschäftigungen an den staatlichen Angelegenheiten. Sie hatten mitzuentscheiden, welche Gesetze gelten sollten, wer Regierungsämter bekam, ob man eine geltende Verfassung beibehalten und ob der Staat in einen Krieg mit anderen Staaten eintreten sollte.

Die Polis verdankte ihre Entstehung keinem vorgefassten Plan. Sie war das Ergebnis des Zusammenspiels von Geographie, Völkerwanderung, sozialen Veränderungen und dem Denken über das Selbst und die Gemeinschaft. Wichtige Faktoren waren insbesondere die unzugängliche Geographie des Peloponnes, großer Teile des kontinentalen Griechenland und der griechischen Inselwelt, ferner der daraus resultierende relativ gute Schutz vor Eroberungen und schließlich ein erfolgreicher Ackerbau im mediterranen Klima. All dies bot sehr günstige Voraussetzungen für die wirtschaftliche Selbstbehauptung kleiner politischer Gebilde. Hinzu kamen in den küstennahen Städten die Vorteile aus dem Seehandel. In Sparta und Athen entstanden die bedeutendsten und mächtigsten Poleis. Das auf dem Peloponnes gelegene Sparta war ein landgebundener Staat von beschränkter Ausdehnung. Er verdankte seine Macht einem kargen Lebensstil. Spartas Lebensgrundlagen waren der Ackerbau und eine

Kriegerkaste, die den Staat gegen äußere Gefährdungen abschirmte. Athen entwickelte sich demgegenüber als eine weltoffene Polis, die ihren Reichtum im Seehandel erwarb und zum Mittelpunkt eines umfassenden Städtebündnisses, des *Attischen Bundes*, wurde. Dominierte in Sparta der disziplinierte, strenge Kriegergeist einer herrschenden Adelsklasse, so bildete sich in Athen eine Polis heraus, in der Reichtum, Tüchtigkeit, kommerzieller Erfolg und die Entfaltung politischer und philosophischer Anschauungen eine Rolle spielten. In Athen konzentrierten sich wie in einem Brennglas die wichtigsten politischen Strömungen und Eigenschaften der griechischen Polis und des griechischen politischen Denkens. Athen hinterließ der Nachwelt mit *Plato* und *Aristoteles* zwei Denker, die als die ersten politischen Klassiker überhaupt gelten dürfen. Athens Ausstrahlung auf die Nachwelt ergab sich hauptsächlich aus dem Vorbild seiner Regierungspraxis und den Werken seiner politischen Philosophen. In der – auch militärischen – Rivalität zwischen Athen und Sparta zog Athen den Kürzeren. Im 5. Jahrhundert v. Chr. begann, wenn auch zunächst sehr langsam, sein Niedergang. Durch kriegerische Auseinandersetzungen schrumpfte seine Bevölkerungsbasis. Angesichts der zahlreichen Kriege, in die sich Athen verstrickte, erwies sich auch seine Verfassung als inadäquat, ja als Last.

Ein weiteres Merkmal der griechischen Polis war ihre ausgeprägte Klassengliederung. An der Spitze der gesellschaftlichen Hierarchie stand eine Adelskaste. Sie allein durfte politische Ämter bekleiden und hatte das Privileg zur Führung bestimmter, in damaligen Zeiten für kriegsentscheidend gehaltener Waffen. Im Laufe der Zeit entfernte sich diese Klasse weit vom militärischen Handwerk. Ökonomische Grundlage dieser Poleis waren Sklaven, die Dienstleistungen verrichteten oder in der Feldarbeit eingesetzt waren. Daneben lebten sogenannte *Freie*, die mehr Rechte hatten als die Sklaven, ohne freilich über ein solches Ausmaß an Rechten zu verfügen, wie der Adel es für sich in Anspruch nahm. Auch diese Freien waren im Kriege dazu verpflichtet, Waffendienst zu leisten.

Die Sozialstruktur der Polis barg für die privilegierte Klasse zwei Gefahren: Der Adel musste durch eine kluge Politik dafür sorgen, dass die Sklaven nicht gegen seine Herrschaft aufbegehrten. Sklavenaufstände waren in der Antike an der Tagesordnung. Ferner war es für das wirtschaftliche Wohlergehen und die Verteidigungsfähigkeit der Polis wichtig, dass die weniger Privilegierten die Adelsherrschaft nicht in Frage stellten. Beiden Gefahren ließe sich nach Auffassung der Herrschenden mit dem Instrument des Verfassungswandels entgegensteuern. Die griechische Verfassung war ein Herrschaftsinstrument zum Nutzen der Regierenden, die auf stabile politische Verhältnisse bedacht waren. Sie musste aber auch darauf bedacht sein, Unzufriedenheit unter den Regierten auszuschließen.

Die Verfassung, die in den Schriften der antiken Klassiker eine so große Rolle spielt, war im Unterschied zum modernen Verfassungsverständnis noch kein Instrument zur Machtkontrolle der Regierenden und auch kein Element allgemeiner Rechtssicherheit. Die antike Verfassung war vielmehr eine Art Organisationsstatut, das ein Zusammenleben ohne größere Reibungen ermöglichen sollte. Grundlegend für das politische Denken der griechischen Antike war die Annahme, ein der menschlichen Existenz adäquates Leben sei nur in der Gemeinschaft mit anderen möglich. In diesem Sinne wurde die Polis als eine gleichsam naturhafte Lebensgruppe verstanden. Der Einzelne ist fest in die Gemeinschaft integriert. Ein Leben außerhalb der Gemeinschaft ist unvorstellbar. Die Polis war eben noch kein Staat, der den Einzelnen nur partiell als Staatsbürger berührt, sondern eine Gemeinschaft, die im Grunde genommen keine private Sphäre kannte.

Literatur:

Hermann Bengtson: Die Mittelmeerwelt im Altertum. Griechen und Perser (Fischer Weltgeschichte, Bd. 5), 20. Aufl., Frankfurt/M.: Fischer 1999.
Jochen Bleicken: Die athenische Demokratie, 4. wesentl. erw. Aufl., Paderborn u.a.: Schöningh 1995.
Alexander Demandt: Der Idealstaat. Die politischen Theorien der Antike, 3. durchges. Aufl., Köln: Böhlau 2000.
Pierre Grimal: Der Hellenismus und der Aufstieg Roms (Fischer Weltgeschichte, Bd. 6), 13. Aufl., Frankfurt/M.: Fischer 1995.
Christian Meier: Die Entstehung des Politischen bei den Griechen, Frankfurt/M.: Suhrkamp 1983.

2.2 Plato

Der athenische Philosoph *Plato (427-348/7 v. Chr.)* legte die erste umfassende Auseinandersetzung mit der Verfassung als dem Kern eines Staates vor. Die Platoschen Schriften sind als Dialoge des Philosophen Sokrates mit Freunden, Schülern und Gegnern verfasst. Diese Darstellungsform lehnt sich an die im antiken Griechenland geführten Dispute zwischen Vertretern verschiedener philosophischer Schulen an. Über die Historizität des Sokrates gibt es eine breite wissenschaftliche Auseinandersetzung, die hier allerdings nicht wiedergegeben werden soll. Von ihm selbst liegen keine schriftlichen Zeugnisse vor. Plato war der Begründer einer der vielen philosophischen Schulen im zeitgenössischen Griechenland. Fragen nach dem Kern der Dinge, nach dem Ursprung des Seins und nach dem rechten Handeln fanden nicht nur in philosophischen Kreisen, sondern auch in den herrschenden Klassen der Poleis Interesse.

2.2.1 Der Staat

Unter Platos Schriften ragt die Dialogsammlung über den *Staat* heraus. Sie ist zwar nur ein Teil des Platoschen staatstheoretischen Werks, gewinnt ihre herausragende Bedeutung aber durch den stringenten Aufbau nach einer Leitidee und durch den Kontrast zum anderen großen politiktheoretischen Modell der Antike, dem Staatsentwurf des *Aristoteles*. Der Platosche Staat konzipiert ein Verfassungsideal, das wie ein Gegenbild zu dem in Platos Lebenszeit bereits deutlich wahrnehmbaren Abstieg Athens anmutet. Der Wert seiner Staatstheorie liegt freilich nicht in der Bewertung der tatsächlichen politischen Verhältnisse, sondern in der Idee vom Zweck des Staates und von der Erziehung des Menschen für den Staat.

Im Zentrum des Platoschen Staatsmodells steht der Herrschende. Es lässt sich als Anweisung für tugendhafte, weise Herrscher auffassen, die Menschen so zu erziehen, dass ein bestmöglicher Staat entsteht und dass er sich auch zu behaupten vermag. Plato fasst den Staat als *sittliche Anstalt* auf, als Organisation des Gemeinschaftslebens. Darin soll sich der Bürger nach dem Maße seiner geistigen und körperlichen Gaben vervoll-

2.2 Plato

kommnen. Platos Idealstaat ist, ganz wie die seinerzeit existierenden griechischen Poleis, ein Klassenstaat. Die Besten sollen herrschen. Weil die Bildung und die körperliche Ertüchtigung um ihrer selbst willen den Fertigkeiten des Kaufmanns und des Bauern überlegen sind, sollen jene herrschen, die diese Eigenschaften kombinieren. Sie bilden den Wächterstand.

„Auch in unserer Stadt also, o Glaukon, werden wir wohl immer eines solchen Aufsehers bedürfen, wenn die Verfassung soll aufrechterhalten werden?
Dessen werden wir wohl ganz vorzüglich bedürfen, sagte er.
Die Grundzüge der Bildung und Erziehung also wären diese. [...]
Wohl! fuhr ich fort. Nächst diesem, was hätten wir zu bestimmen?
Nicht etwa, welche nun unter eben diesen selbst zu gebieten haben sollen und welche zu gehorchen?
Warum nicht?
Nicht wahr nun, daß die Gebietenden müssen älter sein, jünger aber die Gehorchenden, das ist offenbar?
Offenbar.
Und auch, daß die besten unter ihnen?
Auch das.
Die besten unter den Landwirten nun, werden das nicht die landwirtschaftlichsten?
Ja.
Nun sie aber sollen die besten unter den Hütern sein, gebührt ihnen nicht, die achtsamsten zu sein in der Stadt?
Ja.
Darin also müssen sie verständig sein und tüchtig und auch noch vorsorglich für die Stadt?
So ist es.
Vorsorglich aber ist einer wohl am meisten für das, was er liebt?
Notwendig.
Und das möchte einer wohl am meisten lieben, wovon er glaubt, es werde gefördert durch dasselbe wie er selbst, und wovon er denkt, wenn jenes sich vorzüglich wohl befinde, werde auch folgen, daß er selbst sich wohl befindet, wo aber nicht, das Gegenteil.
So ist es, sagte er.
Also müssen wir aus den übrigen Wächtern solche Männer auswählen, von denen sich uns bei näherer Beobachtung am meisten zeigt, daß sie in ihrem ganzen Leben, was sie der Stadt förderlich zu

sein erachten, mit allem Eifer tun, was aber nicht, das auch auf keine Weise tun wollen.
Das sind freilich die rechten, sagte er.
Also dünkt mich, müssen wir sie beachten in jedem Alter, ob sie auch gute Obhut halten über diesen Beschluß und weder bezaubert noch gezwungen die Vorstellung vergeßlicherweise fahren lassen, daß ihnen zu tun gebührt, was der Stadt das zuträglichste ist."

Plato: Politeia. Der Staat, in: Werke in acht Bänden, Bd. 4, hrsg. von Gunther Eigler, 2. Aufl, Darmstadt: Wissenschaftliche Buchgesellschaft 1990, S. 261ff.

Der Wächterstand ist das zentrale Element im Staat. Durch die Ausbildung musischer Fähigkeiten, durch eine philosophische Schulung, ferner durch sportliche Übungen sowie durch das Erlernen des Kriegshandwerks werden die Wächter befähigt, zu erkennen und vorzuleben, was dem Staat nützlich ist.

Eine der Aufgaben des Wächterstandes besteht darin, unter den Bewohnern der Polis – gleich welchen Standes – bereits im frühesten Kindesalter Kandidaten für die Wächterausbildung auszusondern. Die Wächter selbst leben in Gütergemeinschaft. Luxus ist ihnen versagt. Die Ausbildung und Lebensweise der Wächter hebt darauf ab, dass diese sich in ihrem Denken und Handeln nicht unterscheiden. Das Eine ist der Vielfalt überlegen. Es kann nur ein Richtiges geben, nicht mehrere. Richtiges Handeln setzt eine ethische Richtschnur voraus, die in den Erziehungsprozess einfließt. Vor allem die Philosophie befähigt zum Herrschen. Im berühmten Höhlengleichnis schildert Plato, wie die Menschen in den Tiefen einer Höhle bei flackerndem Licht Schatten wahrnehmen, die sie für die wirklichen Dinge halten. Je weiter sich die Menschen aus der Höhle ans Tageslicht vorarbeiten, desto klarer können sie den Schein vom Wirklichen unterscheiden. Der Aufstieg ans Licht veranschaulicht die Wandlung des Unwissenden zum Philosophen. Die Vielfalt der Meinungen gehört demnach zu dieser täuschenden Welt der Höhle.

Unterhalb der Wächterklasse siedelt Plato den arbeitenden Stand (Handwerker, Händler, Bauern) an, der die wirtschaftliche Grundlage des Staates schafft. Die Mitglieder dieses Standes leben nach den von den Wächtern aufgestellten Regeln, die jedoch weniger restriktiv formuliert sind. Die Erziehung hebt auf handwerkliches Geschick, auf Ehrlichkeit in wirtschaftlichen Angelegenheiten und auf Zuverlässigkeit ab. Die breite

Klasse der Sklaven, in den historischen Poleis die wichtigste Stütze des Wirtschaftslebens, findet bei Plato keine Erwähnung.

Nur ein guter Staat, der von Menschen gelenkt wird, die das Wahre, Gute und Schöne erkennen, kann auf die Mittel des Gesetzes, der Strafe und der Gewalt verzichten. In korrupten Staaten, in denen großer Reichtum, Neid, Habsucht und Ungerechtigkeit vorkommen, fehlen die Voraussetzungen, um den Staat nach ethischen Maßgaben zu regieren.

> „Gesetze darüber zu geben, halte ich aber für einfältig. Denn es geschieht doch nicht und würde sich auch nicht erhalten, wenn wörtlich und buchstäblich vorgeschrieben.
> Wie sollte es!
> Es scheint wenigstens, sprach ich, o Adeimantos, wie einer von seiner Erziehung her anfängt, ebenso auch das andere zu folgen. Oder ruft nicht immer Ähnliches das Ähnliche herbei?
> Wie sollte es nicht!
> Und so gestaltet es sich, werden wir, denke ich, sagen, am Ende in ein Vollständiges und Ausgebildetes, es sei nun Gutes oder das Gegenteil. Denn wie anders?
> Gar nicht, sprach er.
> Ich also wenigstens, fuhr ich fort, würde deshalb gar nicht erst versuchen, über dergleichen Gesetze zu geben."

Plato: Politeia. Der Staat, in: Werke in acht Bänden, Bd. 4, hrsg. von Gunther Eigler, 2. Aufl, Darmstadt: Wissenschaftliche Buchgesellschaft 1990, S. 295ff.

Der Platosche Staat ist kein Gesetzesstaat. Die Wächter sollen Philosophen sein, die Philosophen sollen den Staat leiten. Es handelt sich um einen utopischen Entwurf – um eine Vorstellung, wie ein idealer Staat beschaffen sein müsste. Die Realität der zahlreichen, bereits von tiefen inneren Krisen gezeichneten griechischen Poleis interessiert hier nicht.

2.2.2 Die Gesetze

Plato legt in den *Gesetzen*, seiner zweiten großen staatstheoretischen Schrift, eine Staatskonzeption vor, die derjenigen des *Staates* geradezu entgegengesetzt ist. Die *Gesetze* gehören zu den Platoschen Spätwerken. Dort bricht sich die Erkenntnis Bahn, dass die Menschen anscheinend all jene Qualitäten vermissen lassen, die der ideale Staat voraussetzen muss. Plato konzipiert darin den zweitbesten Staat. Dieser Staat ist darauf ausgerichtet, auch unter solchen Menschen zu funktionieren, die sich wenig Mühe machen, ihre schlechten Eigenschaften zu zügeln. Gesetze gelten für alle; wer ihnen nicht gehorcht, hat mit Strafe zu rechnen. Welche Herrschaftsform der Gesetzesstaat annimmt, ist demgegenüber zweitrangig.

> „Es ist für die Menschen unerläßlich, sich Gesetze zu geben und nach Gesetzen zu leben, sonst werden sie sich in nichts von den allerwildesten Tieren unterscheiden. Der Grund hiervon ist der, daß keines Menschen Natur mit einer solchen Fähigkeit begabt ist, daß sie nicht nur erkennt, was den Menschen für ihre staatliche Gemeinschaft nützt, sondern auch, wenn sie es erkannt hat, die Kraft und den Willen aufbringt, das Beste zu verwirklichen. Erstens ist es nämlich schwierig zu erkennen, daß die wahre Staatskunst nicht auf den Vorteil des einzelnen, sondern auf das Gemeinwohl bedacht sein muß – denn das Gemeinsame eint, das Einzelne zerreißt die Staaten – und daß es für beide, für das Gemeinwesen wie für den einzelnen, von Vorteil ist, wenn eher das Gemeinwohl gefördert wird als die Interessen des einzelnen. Das zweite ist: selbst wenn sich wirklich jemand die Erkenntnis, daß sich das naturgemäß so verhält, in seiner Kunst voll zu eigen gemacht hat, er aber hernach frei von jeder Verantwortung und aus eigener Macht über den Staat herrscht, so wird er wohl niemals die Kraft haben, diesem Grundsatz treu zu bleiben und sein ganzes Leben hindurch an erster Stelle das Gemeinwohl im Staat zu fördern, das eigene Interesse aber erst im Anschluß an das Gemeinwohl. Sondern seine sterbliche Natur wird ihn stets zur Selbstsucht und zur Befriedigung seiner persönlichen Interessen antreiben, weil sie unvernünftigerweise vor dem Schmerz flieht und der Lust nachjagt; dem Gerechteren und Besseren wird sie *die Rücksicht auf* diese beiden vorziehen, und indem sie in sich selbst Finsternis erzeugt, wird sie am Ende sich selbst und den gesamten Staat mit lauter Übeln anfüllen."

Plato: Nomon. Gesetze, in: Werke in acht Bänden, Bd. 8, Zweiter Teil, hrsg. von Gunther Eigler, 2. Aufl, Darmstadt: Wissenschaftliche Buchgesellschaft 1990, S. 241.

Diese Überlegungen des älteren Plato liegen sehr viel dichter an der Politik als Herrschaftslehre als das bekanntere Werk *Staat*. Sie sollten den Pfad vorzeichnen, den das auf Plato folgende Denken der Antike und späterer Epochen beschritt.

2.2.3 Rezeption und Wirkung

In der Epoche vor den Weltkriegen des 20. Jahrhunderts, in der die Idee des Nationalstaats durchweg positiv besetzt war, erschien Platos Postulat der Homogenität des Staates nicht weiter problematisch. Nach den Erfahrungen der Kriege und des Rassewahns des Nationalsozialismus geriet seine ästhetisch motivierte Vision des Staates *aus einem Guss* in den Mittelpunkt der Kritik. Sie bildete für den großen Philosophen und Wissenschaftstheoretiker *Karl Popper* den Keim für eine Art des politischen Denkens, das die totalitären Systeme des 20. Jahrhunderts mitprägen sollte. Die Auslese der Eliten, die Orientierung an der selben Philosophie, die Erziehung zu Kriegern und die Ablehnung jeglicher Verschiedenheit in den Klassen der Platoschen Polis wurde als totalitäres Programm gelesen. Eine wichtige Gruppe von politischen Philosophen wie *Hannah Arendt*, *Eric Voegelin* und *Leo Strauss* würdigen Plato dagegen durchweg positiv. Dies hat den Grund, dass Plato die Herrschenden philosophisch gebildet wissen will. Der Philosoph strebt nicht nach Macht, sondern allein nach der Wahrheit. Diese sucht er in der Reflexion und im Gespräch. Für Zeitgenossen mit den Lebenserfahrungen des Nationalsozialismus und der Eroberungspolitik war dies die Vision einer humanen Alternative zu jener Politik, die die Verwüstung der Welt verursacht hatte.

Literatur:

Plato: Werke in acht Bänden, hrsg. von Gunther Eigler, 2. Aufl., Darmstadt: Wissenschaftliche Buchgesellschaft 1990.
Michael Bordt: Plato, Freiburg: Herder 1999.
Karl R. Popper: Die offene Gesellschaft und ihre Feinde I. Der Zauber Platos, 7. Aufl., Tübingen: Mohr 1992.

2.3 Aristoteles

Aristoteles (384-322 v. Chr.) lebte in einer Zeit, als der Abstieg der griechischen Polis offensichtlich geworden war. Er lehrte als weithin akzeptierter Wissenschaftler an den renommiertesten Bildungsstätten Athens und wirkte zeitweise als Erzieher des späteren Makedonenkönigs Alexander, dem die Nachwelt den Beinamen *der Große* gab. Aristoteles gilt einigen Wissenschaftlern als der Begründer der Politikwissenschaft.

2.3.1 Der Status der Politik unter den Wissenschaften

Aristoteles entwirft in seinen Schriften eine Hierarchie der Wissenschaften, in der die Politik einen festen Platz einnimmt. Die höchsten Wissenschaften, die auf Theorie, d.h. auf reine Erkenntnis angelegt sind, verkörpern die Philosophie und die Mathematik. Bei der Beschäftigung mit Gegenständen in diesen Bereichen ist der menschliche Geist keinerlei Schranken unterworfen. Von diesen theoretischen Wissenschaften unterscheidet Aristoteles die praktischen Wissenschaften der Politik und der Ethik. Die praktischen Wissenschaften fassen ihren Gegenstand als Handeln im Sinne des rechten Maßes. Falsch und richtig sind Kategorien des Handelns in der Gemeinschaft. Politisches Handeln verweist auf die Ethik. Politik und Ethik gehören bei Aristoteles untrennbar zusammen. Sein politisches Denken erschließt sich aus den beiden Schriften der *Nikomachischen Ethik* und der *Politik*.

2.3.2 Das Menschenbild

Aristoteles begreift den Menschen als Zoon politikon, als Gemeinschaftswesen. Alle Facetten, die den Menschen auszeichnen, zeigen sich in der Gemeinschaft und durch die Gemeinschaft. Außerhalb der Gemeinschaft ist der Mensch deformiert. Die Bestimmung menschlicher Existenz liegt nach Aristoteles im Streben nach Glück, nach dem guten – oder in anderer Übersetzung: edlen – Leben. Folglich ist der Staat so einzurichten, dass die Menschen durch tugendgerechtes Verhalten ein gutes

2.3 Aristoteles

Leben erreichen können. Gerechtigkeit verschafft denen, die nach ihr leben, Genugtuung. Gerechtigkeit erwächst aus Einsicht. Gerechtes Handeln trägt zum Frieden in der Gemeinschaft bei.

„Daraus ergibt sich, daß der Staat zu den naturgemäßen Gebilden gehört und daß der Mensch von Natur aus ein staatenbildendes Lebewesen ist; derjenige, der auf Grund seiner Natur nicht bloß aus Zufall außerhalb des Staates lebt, ist entweder schlecht oder höher als der Mensch; so etwa der von Homer beschimpfte: ‚ohne Geschlecht, ohne Gesetz und ohne Herd'. [...]
Dies ist nämlich im Gegensatz zu den anderen Lebewesen dem Menschen eigentümlich, daß er allein die Wahrnehmung des Guten und Schlechten, des Gerechten und Ungerechten und so weiter besitzt. Die Gemeinschaft in diesen Dingen schafft das Haus und den Staat. [...]
Alle Menschen haben also von Natur aus den Drang zu einer solchen Gemeinschaft, und wer sie als erster aufgebaut hat, ist ein Schöpfer größter Güter. Wie nämlich der Mensch, wenn er vollendet ist, das beste der Lebewesen ist, so ist er abgetrennt von Gesetz und Recht das schlechteste von allen. Das schlimmste ist die bewaffnete Ungerechtigkeit. Der Mensch besitzt von Natur als Waffen die Klugheit und Tüchtigkeit, und gerade sie kann man am allermeisten in verkehrtem Sinne gebrauchen. Darum ist der Mensch ohne Tugend das gottloseste und wildeste aller Wesen und in Liebeslust und Eßgier das schlimmste. Die Gerechtigkeit dagegen ist der staatlichen Gemeinschaft eigen. Denn das Recht ist die Ordnung der staatlichen Gemeinschaft, und die Gerechtigkeit urteilt darüber, was gerecht sei. [...]
Ziel des Staates ist also das edle Leben, und jenes andere ist um dieses Zieles willen da. Und der Staat ist die Gemeinschaft der Geschlechter und Dorfgemeinden um des vollkommenen und selbständigen Lebens willen. Dieses endlich ist, wie wir betonen, das glückselige und edle Leben. Man muß also die politischen Gemeinschaften auf die edlen Handlungen hin einrichten und nicht bloß auf das Beisammenleben. Wer darum zu einer solchen Gemeinschaft am meisten beiträgt, der hat auch einen größeren Anteil an dem Staate als jene, die an Freiheit und Abkunft gleich oder sogar überlegen sind, aber an politischer Tugend weniger besitzen, oder jene, die an Reichtum hervorragen, an Tugend aber zurückstehen. [...]

> Das ‚richtig' ist da als ‚gleichmäßig' zu verstehen. Das gleichmäßig Richtige bezieht sich auf den Nutzen des ganzen Staates und auf die Gemeinschaft der Bürger. Bürger ist im allgemeinen der, der am Regieren und Regiertwerden beteiligt ist, in jeder Verfassung ein anderer, in der besten aber derjenige, der fähig und willens ist, zu regieren und sich regieren zu lassen im Sinne des tugendgemäßen Lebens."
>
> *Aristoteles*: Politik, hrsg. von Olof Gigon, 8. Aufl., München: DTV 1998, S. 49f, 118, 125.

Das gute Leben zielt nicht auf Macht, Vorteil und Reichtum. Es wird vielmehr um seiner selbst willen angestrebt. In dieser Umschreibung gibt Aristoteles Raum für unterschiedliche Glücksvorstellungen, für verschiedene Begriffe von Recht und Gerechtigkeit. Sie können in derselben Polis zu verschiedenen Zeiten und zur selben Zeit in verschiedenen Poleis sehr unterschiedliche Inhalte haben. Hier liegt der grundlegende Unterschied zu *Platos* Vision des idealen Staates. Modern gesprochen steckt darin der Gedanke, dass Glücks- und Gerechtigkeitsideen historisch und kulturell bedingt, also dem Wandel unterworfen sind. Eine Idealstaatsformel zu suchen macht keinen Sinn. Es gibt in unterschiedlichen Abstufungen eine Reihe guter Staaten, aber eben auch schlechte.

2.3.3 Die Verfassungslehre

Die aristotelische Politikvorstellung fasst den Staat als ein Gebilde, dessen Funktionsfähigkeit und Stabilität sich auf die Loyalität seiner Bürger gründen. Die Bürger im Staat zeichnen sich durch die Teilhabe an der Rechtsprechung und an der Wahrnehmung politischer Ämter aus. Ohne Gesetze kann sich nach Aristoteles kein Staat behaupten. Wohl mag es hier und dort Bürger geben, die aus Einsicht und aufgrund ihrer Erziehung gerecht handeln. Es gibt aber auch solche Bürger, die nur deshalb recht handeln, weil anderes Verhalten mit Sanktionen bedroht wird. Allgemein geht Aristoteles davon aus, dass der Staat umso besser regiert werden kann, je mehr Bürger an den Staatsgeschäften partizipieren. Der Einzelne ist fehlbar. Doch auch eine Vielzahl von Bürgern mögen irren und mangels moralischer Impulse das Falsche wollen.

2.3 Aristoteles

In Anlehnung an die bei anderen griechischen Denkern übliche Verfassungseinteilung unterscheidet Aristoteles die Staaten nach der Anzahl ihrer Regierenden. Gute Verfassungsformen sind die Monarchie, die Aristokratie und die Politie. Ihnen entsprechen als schlechte Staatsformen die Tyrannis, die Oligarchie und die Demokratie. In Monarchie und Tyrannis steht ein Herrscher an der Spitze des Staates. Der Tyrann braucht die Herrschaft um ihrer selbst willen, zur Mehrung seines persönlichen Ruhmes und Reichtums. Der Monarch will hingegen die Herrschaft um der Gerechtigkeit willen, zum Nutzen der Bürger und des Staates. Aristokratie und Oligarchie bezeichnen Herrschaftsformen, in denen eine kleinere Gruppe die Führung des Staates beansprucht. In der Aristokratie herrschen indessen die Besten, d.h. Bürger, die nach Ausbildung und persönlicher Lebensführung für die Teilhabe an der Politik geeignet sind. Die Oligarchen beteiligen sich an der Politik, um persönliche Vorteile zu gewinnen und vorhandenen Reichtum zu mehren. In der Demokratie nehmen alle an den Staatsgeschäften teil. Charakteristisch für die Demokratie ist jedoch die Tatsache, dass sie vom Neid und von den Ressentiments der Armen beherrscht wird. Die Demokratie ist nach Aristoteles unter den vorhandenen schlechten Herrschaftsformen die relativ beste. Das gute Pendant zu dieser Variante der Herrschaft aller ist die Politie, eine Staatsform, die nach Aristoteles dem idealen Staat am nächsten kommt. In der Politie sind alle beteiligt. Entscheidend für die Qualität der Politie ist aber nicht das Merkmal *alle*, sondern die *Haltung*, die alle kennzeichnet. Jeder will unabhängig von Rang und Stand das, was dem Ganzen nützt. Es nützt dem Ganzen, dass die herausragenden Fähigkeiten Einzelner anerkannt und dass diese mit besonderer Verantwortung betraut werden. Die Politie kombiniert Elemente der Monarchie, der Aristokratie und der Demokratie, weil in dieser Staatsform die Durchschnittlichen den besonders Befähigten in der Politik den Vortritt lassen. Es handelt sich um eine *Mischverfassung*. In der Politie sind die Besten zum Herrschen, d.h. zur Ausübung der Ämter berufen. Die anderen nehmen als Gesetzgeber in Volksversammlungen an der Politik teil. Der Monarch repräsentiert den Staat, er führt die Polis im Krieg. Hier ist es von Vorteil, wenn einer das Kommando führt.

„Da nun die Staatsverfassung und die Staatsregierung dasselbe meinen und die Staatsregierung das ist, was den Staat beherrscht, so wird dieses Beherrschende Eines oder Einige oder die Mehrheit sein müssen. Wenn nun der Eine oder die Einigen oder die Vielen im Hinblick auf das Gemeinwohl regieren, dann sind dies notwendigerweise richtige Staatsformen, verfehlt aber jene, wo nur der eigene Nutzen des Einen, der Einigen oder der Vielen bezweckt wird. Denn entweder dürfen diejenigen, die nicht am Nutzen teilhaben, nicht Bürger genannt werden oder sie müssen als Bürger am Nutzen teilhaben.

Wir nennen nun von den Monarchien jene, die auf das Gemeinwohl schaut, das Königtum, von den Regierungen Einiger, also mehrerer als Eines, die entsprechende die Aristokratie (entweder weil die Besten regieren, oder weil sie zum Besten des Staates und der Gemeinschaft regieren). Wenn aber die Menge zum allgemeinen Nutzen regiert, so wird dies mit dem gemeinsamen Namen aller Verfassungen, nämlich Politie benannt. Dies mit Recht: denn daß sich Einer oder Einige an Tugend auszeichnen, ist wohl möglich, daß dagegen Viele in jeder Tugend hervorragen, schwierig; am ehesten noch in der kriegerischen, denn diese besitzt die Masse, und darum ist auch in einer solchen Verfassung das kriegerische Element das maßgebende, und es haben diejenigen an ihr teil, die Waffen tragen. Verfehlte Formen im genannten Sinne sind für das Königtum die Tyrannis, für die Aristokratie die Oligarchie und für die Politie die Demokratie. Denn die Tyrannis ist eine Alleinherrschaft zum Nutzen des Herrschers, die Oligarchie eine Herrschaft zum Nutzen der Reichen und die Demokratie eine solche zum Nutzen der Armen. Keine aber denkt an den gemeinsamen Nutzen aller."

Aristoteles: Politik, hrsg. von Olof Gigon, 8. Aufl., München: DTV 1998, S. 114.

In seiner Würdigung der Staatsformen argumentiert Aristoteles soziologisch. Er kannte den korrumpierenden Einfluss privaten Bereicherungsstrebens auf die Staatsgeschäfte und die Zerstörungskraft der in Armut lebenden, impulsiven Volksmassen. Er hat aus der historischen Anschauung gelernt, dass Verfassungen der Loyalität der breiten Bevölkerung bedürfen. Keine Oligarchie wird lange Bestand haben, die die Sklaven oder die Gewerbetreibenden durch Willkürmaßnahmen und eine zu extreme Diskrepanz zwischen Luxus und Elend provoziert. Aristoteles hat in der Politie hauptsächlich Prinzipien im Blick, vor allem das Prinzip des Ausgleichs zwischen den Vorstellungen einer relativ kleinen regierenden

Klasse und denen einer überwältigend großen Klasse, die nur eingeschränkt oder überhaupt nicht an den Staatsgeschäften beteiligt ist. Die Entscheidung für die Politie als der bestmöglichen Form des Staates führt zu einem Kernanliegen der aristotelischen Staatsphilosophie. Nur auf der Grundlage einer durch Verständigung erzielten Übereinstimmung in den Zielen staatlichen Handelns lässt sich politische Stabilität gewinnen. Die Stabilität politischer Verhältnisse äußert sich in der Kontinuität der Verfassungen.

2.3.4 Rezeption und Wirkung

Aristoteles hat auch in der modernen politikwissenschaftlichen Literatur noch seinen Platz. Aristoteles hat mit der Einheit von Politik und Philosophie nicht viel im Sinn. Die Politik findet ihren Sinn im richtigen, gemeinschaftsbezogenen Handeln. Dessen ungeachtet stellt Aristoteles den politisch handelnden Menschen in seiner moralischen Dignität dem Philosophen gleich. Das richtige Handeln in der Gemeinschaft verlangt die Beratung mit anderen. Auf dieser Grundlage reifen Handlungsoptionen, die auf breite Zustimmung rechnen können. Monarchen mögen auf andere hören, sie müssen es aber nicht. Der Despot hört gar nicht erst zu. Der Pöbel verlangt, dass seine niederen Instinkte in der Politik Widerhall finden. Auch die Demokratie ist schwierig, weil der Versuchung widerstanden werden muss, es allen Recht zu machen.

Andere Vertreter der Politikwissenschaft würdigen bei Aristoteles das bereits erkennbare Gespür für die Relativität der Gemeinschaftswerte. Gut ist für Aristoteles demnach, was der betreffenden Gemeinschaft nutzt und was deren Zusammenhalt fördert. In Aristoteles lässt sich ferner eine Theorie des zyklischen Verfassungswandels hineindeuten, die auf Ursachen im Wandel der gesellschaftlichen Anschauungen und Werte hindeutet. Viele solcher Bezugnahmen auf Aristoteles sind Verbeugungen vor klassischem Bildungsgut. Tatsächlich sind ähnlich anmutende Erkenntnisse der modernen Politikwissenschaft keiner späten Auseinandersetzung mit Aristoteles zu verdanken. Sie bauen vielmehr auf den Erkenntnissen der modernen Historiographie, auf soziologischen Theorien und auf dem empirischen Gesellschaftsvergleich auf. Für die Politikbetrachtung einer längst vergangenen Epoche ist Aristoteles ein großes Beispiel. Er vermag zu beeindrucken, weil er die Beobachtung – die Empirie – so stark ins Zentrum rückt, wie es kein Denker vor ihm und für lange Zeit auch wenige nach ihm getan haben. Nicht zuletzt deshalb bezog sich Jahrhunderte später *Montesquieu* in seinen Einsichten über den Zusammenhang von politischer Kultur und politischen Institutionen auf aristotelische Gedankengänge.

Literatur:

Aristoteles: Politik, hrsg. von Olof Gigon, 8. Aufl., München: DTV 1998.
Aristoteles: Die Nikomachische Ethik, hrsg. von Manfred Fuhrmann, 4. Aufl., München: DTV 1991.
Ulrich Charpa: Aristoteles, Frankfurt/M. und New York: Campus 1991.
Otfried Höffe: Aristoteles, 2. Aufl., München: C.H. Beck 1999.
Christof Rapp: Aristoteles zur Einführung, Hamburg: Junius 2001.

3. Das politische Denken des Mittelalters

Die römische Gesellschaft trug den Bedürfnissen des auf der italienischen Halbinsel rasch expandierenden Stadtstaates mit gewohnheitsrechtlichen Regeln Rechnung. Die Geltung römischen Rechts gab den römischen Bürgern das Bewusstsein, derselben Gemeinschaft anzugehören. Nach dem römischen Staatsdenker *Cicero (106-43 v. Chr.)* hört ein Staat auf zu bestehen, wenn er darin nachlässt, Recht und Nutzen für seine Bürger zu stiften. Ciceros idealer Staat ist ein Gesetzesstaat und ein Klassenstaat. Die Bürger römischen Rechts, der Adel Roms und der König an der Spitze des Staates konstituieren eine gemischte Verfassung im aristotelischen Sinne. In Rom verteilten sich die Regierungs- und Verwaltungsbefugnisse auf eine Vielzahl von Ämtern. Einige Ämter waren zum Regieren, andere zur Kontrolle der Regierungsgewalt bestimmt. Der Sinn des Amtes war sein Beitrag zur Stabilisierung der Rechtsordnung.

Die politischen Vorstellungen des Mittelalters waren in den christlichen Glauben eingebettet. Das Christentum als monotheistische Religion grenzte sich scharf von der Mythologie der Antike mit ihrer Vielfalt von Gottheiten und Halbgöttern ab (Gott des Handels, der Seefahrt, des Krieges etc.). Der christliche Gedanke eines göttlichen Heils- und Erlösungsgeschehens verdrängte das politische Denken der Antike. Staat und Politik waren fortan vom Gedanken der Sünde bestimmt. Die Theologie bestimmte den Rang des Staatsdenkens. Charakteristisch war die Unterscheidung des nordafrikanischen Kirchenvaters *Aurelius Augustinus (354-430)* zwischen dem *Reich Gottes* und dem *Reich des Menschen*. Das Reich Gottes ist dem Menschen verschlossen.

> „Denn zu diesem Zweck muß er wünschen, weder vom Schmerz belästigt noch vom Verlangen beunruhigt noch vom Tode aufgelöst zu werden, muß also erkennen, was ihm nützt, und auf Grund dieser Erkenntnis sich Leben und Handlungsweise zurechtlegen.
> Um aber bei diesem Streben nach Erkenntnis nicht aus Schwäche des menschlichen Verstandes in das Unheil eines Irrtums zu verfallen, be-

> nötigt der Mensch die göttliche Unterweisung, der er sicher gehorchen kann, und die göttliche Hilfe, unter die er sich begibt. Und da er ja, solange er in diesem sterblichen Leib ist, fern vom Herrn pilgert, wandert er im Glauben und nicht im Schauen und bezieht daher jeden Frieden, ob des Leibes, der Seele oder beider gemeinsam, auf jenen Frieden, der zwischen dem sterblichen Menschen und dem unsterblichen Gott besteht; er trachtet also nach dem im Glauben geordneten Gehorsam, der sich dem ewigen Gesetz unterwirft."

Aurelius Augustinus: Der Gottesstaat, Bd. 2, hrsg. von Carl Johann Perl, Paderborn u.a.: Schöningh 1979, S. 479.

Erst durch den Tod und die Erlösung von den Sünden erschließt sich das Gottesreich. Der Mensch als solcher trägt das Böse in die Welt. Von diesem Makel kann er sich nicht selbst befreien. Die Ordnung, unter der die Menschen leben, ist vom Bösen, das dem Menschen eigen ist, verunreinigt. Der Staat ist nach dieser Vorstellung eine zwingend erforderliche Notordnung, die indes unfähig ist, dem Menschen das Seelenheil zu bringen. Dieses darf er allein vom Reich Gottes erwarten. Dessen ungeachtet ist der Staat eine Voraussetzung für das Reich Gottes. Die Menschen müssen jedoch wissen, dass der Staat vergänglich ist. Sie sollen ihren Glauben auf das Erlösung bringende Gottesreich richten. Augustinus lebte in der Spät- und Abstiegsphase des Römischen Reiches. Er bekämpfte noch die antike Vorstellung vom ethischen Eigenwert des Lebens in einem wohlgeordneten Staat.

Die Auseinandersetzung zwischen Papsttum und Kaisertum veranlasste später zur Suche nach dem Ort der Politik in der christlichen Welt. Der Vorrang der päpstlichen Autorität vor der des römisch-deutschen Kaisers hatte bisher den Vorrang des Erlösungsdenkens der Theologie vor den politischen Interessen des Kaisers gesichert. Noch im Rahmen einer durchweg theologischen Deutung von Politik und Herrschaft entwickelte der hochmittelalterliche Philosoph *Thomas von Aquin (1224-1274)* seine Vorstellung von einer christlichen politischen Ordnung. Diese verhält sich zum Gottesreich nicht mehr als notwendiges Übel. Sie wird zum innerweltlichen Bestandteil des göttlichen Heilsplanes. Ganz in Übereinstimmung mit den mittelalterlichen Verhältnissen stellt Thomas von Aquin die geistliche Autorität über die weltliche. Er fügt hinzu, dass sich die geistliche Macht allein vor dem Urteil Gottes verantworten müsse. Insofern sei

3. Das politische Denken des Mittelalters

die Kirche in der Welt keinerlei Schranken unterworfen. Anders stehe es mit der weltlichen Herrschaft. Diese versteht Thomas von Aquin nicht mehr lediglich als weltliches Instrument der geistlichen Gewalt. Er spricht ihr eine eigene Berechtigung zu. Die weltliche Herrschaft – modern gesprochen: *der Staat* – ergibt sich aus dem Willen Gottes. Der Mensch ist in die Gemeinschaft hineingeboren und zum Leben in Gemeinschaft mit anderen bestimmt. Diese weltliche Herrschaft ist ein Bestandteil des Planes, nach dem Gott die Welt geordnet hat. Gott hat die Welt geschaffen. Alles – auch die Herrschaft und das Gesetz – haben ihren Ursprung darin.

„Bei allen in Zuordnung zueinander wirkenden Bewegern muß aber die Kraft des zweiten Bewegers sich von der Kraft des ersten Bewegers herleiten; denn der zweite Beweger bewegt nur, insofern er vom ersten bewegt wird. Die gleiche Beobachtung machen wir daher bei allen, die regieren: der Plan der Regierung wird vom obersten Regenten an die unteren Regenten übermittelt; so wird der Plan über das, was in einem bürgerlichen Gemeinwesen zu geschehen hat, vom König durch Befehl den unteren Amtsträgern zugestellt. [...] Da also das ewige Gesetz der Plan der Regierung im obersten Regenten ist, müssen alle Regierungspläne, die die untergeordneten Regenten haben, sich vom ewigen Gesetz herleiten. Diese Pläne bei den untergeordneten Regenten sind aber alle anderen Gesetze neben dem ewigen Gesetz. Daher leiten sich alle Gesetze soweit vom ewigen Gesetz her, als sie an der rechtgeleiteten Vernunft teilhaben. [...]
Das menschliche Gesetz hat soweit die Bewandtnis eines Gesetzes, als es der rechtgeleiteten Vernunft entspricht: und dementsprechend leitet es sich offenbar vom ewigen Gesetz her. Insofern es jedoch von der Vernunft abweicht, heißt es ungerechtes Gesetz; und so hat es nicht die Bewandtnis eines Gesetzes, sondern vielmehr einer Gewaltanwendung. Und dennoch: Soweit selbst in einem ungerechten Gesetz etwas dem Gesetz Ähnliches gewahrt bleibt im Hinblick auf die ordnungsgemäße Vollmacht dessen, der das Gesetz erläßt, soweit leitet auch das sich vom ewigen Gesetz her; denn ‚alle Gewalt ist von Gott dem Herrn' (Röm 13, 1)."

Thomas von Aquin: Das Gesetz, hrsg. von Otto Hermann Pesch, in: Summa theologica, Bd. 13, Heidelberg: F.H. Kerle und Graz u.a.: Styria 1977, 54f.

Der Schöpfungsplan bleibt als Ganzes dem Menschen weiterhin unzugänglich. Aber der gläubige Mensch, der sich seines Verstandes bedient, mit dem ihn Gott ausgestattet hat, ist befähigt, die Umrisse des göttlichen Willens zu erkennen. Gott teilt sich dem Menschen etwa in den Tugenden mit, die dem Menschen gegeben sind. Er vermittelt seinen Willen unter anderem in Einrichtungen, die der Natur des Menschen entsprechen. Dazu gehört auch das Leben unter einem Herrscher, der selbst dem göttlichen Willen und der Autorität der Kirche gehorcht. Das Betonen der Gesellschaftsbedürftigkeit des Menschen zeigt deutliche Züge aristotelischen Denkens, das mit Thomas von Aquin wieder an Bedeutung gewann. Maßgeblich für die Renaissance des *Aristoteles* waren arabische Gelehrte, die seine Schriften bewahrt hatten. Das Christentum hatte sie als heidnisch verworfen und in Vergessenheit geraten lassen. Die Gottbezogenheit des Menschen und der politischen Ordnung veränderten freilich den aristotelischen Entwurf, in dem das gute Leben in der Polis noch sich selbst genügte. Thomas von Aquin gilt als wichtigster Repräsentant des christlichen Naturrechts. Das christliche Naturrecht ist von modernen Naturrechtsvorstellungen, die sich seit dem 17. Jahrhundert entwickelten, zu unterscheiden. Es steht für eine theologische Deutung der menschlichen Natur. Das thomistische Naturrecht kennt keine politisch beschlossene Unterscheidung von Richtig und Falsch, von Gesetz und Gesetzlosigkeit, sondern allein die auf göttlichem Willen beruhenden, über alle Zeiten und Umstände hinweg geltenden Werte.

Thomas von Aquin nahm aristotelische Gedanken auf und deutete sie christlich um. Politische Dinge gelten auch bei ihm gegenüber der Theologie noch immer als zweitranging, aber nicht länger als belanglos. Sie gewinnen ihren eigenen, theologisch legitimierten Platz in dem von Gott geschaffenen Universum. Alle, auch der Herrscher, sind dem göttlichen Gesetz unterworfen. Ein Herrscher, der dem Naturrecht zuwiderhandelt, verwirkt das Recht auf seine Herrschaft. Von einer weltlich gefassten politischen Verantwortung ist die thomistische Philosophie noch weit entfernt. Immerhin ist bei Thomas von Aquin andeutungsweise bereits der Gedanke zu erkennen, dass Widerstand gegen eine ungerechte Herrschaft vom höherwertigen Gehorsam gegenüber dem göttlichen Gesetz her geboten sein mag.

3. Das politische Denken des Mittelalters

📖 Literatur:

Thomas von Aquin: Über die Herrschaft der Fürsten, mit einem Nachwort von Ulrich Matz, Stuttgart: Reclam 1994.

Thomas von Aquin: Das Gesetz, hrsg. von Otto Hermann Pesch, in: Summa theologica, Bd. 13, Heidelberg: F.H. Kerle und Graz u.a.: Styria 1977.

Aurelius Augustinus: Der Gottesstaat, 2 Bde., hrsg. von Carl Johann Perl, Paderborn u.a.: Schöningh 1979.

Kurt Flasch: Augustin. Einführung in sein Denken, 2. erw. Aufl., Stuttgart: Reclam 1994.

Rolf Schönberger: Thomas von Aquin zur Einführung, 2. Aufl., Hamburg: Junius 2002.

4. Der Übergang zum politischen Denken der Neuzeit

4.1 Historischer Kontext

Die Krise des in Italien beheimateten Papsttums, insbesondere infolge der Verweltlichung der römischen Kirche, sowie das Entstehen moderner Wirtschaftsformen und Waffentechniken markierten die Abkehr vom Denken des Mittelalters. Der vom missionarischen Katholizismus durchdrungene spanische Hof und das deutsche Wahlkaiseramt, zuletzt in der Person des Habsburger Monarchen Karl V., waren bis ins 16. Jahrhundert die stärksten Stützen des Papsttums gewesen. Danach setzte der Verfall ein. Dem habsburgischen Spanien, der Hauptstütze des römischen Reiches, wurde zum Verhängnis, dass es sich bereits im 16. Jahrhundert ganz auf die Ausbeutung seiner amerikanischen Kolonien konzentriert hatte. Es verbrauchte die Erträge aus den Kolonien für eine teure Hofhaltung und für Kriege. Die wirtschaftliche Entwicklung Spaniens stagnierte. Das Land verarmte, seine Bevölkerung fiel hinsichtlich des Lebensstandards hinter die des rivalisierenden Frankreich zurück. Das Deutsche Reich, genauer *Das Heilige Römische Reich deutscher Nation*, war demgegenüber ein unübersichtlicher Staatenverband konföderativen Charakters. Außer dem Glanz der Kaiserkrone verlieh es wenig reale Macht. Politische Bedeutung besaß das Deutsche Reich allein durch das österreichische Stammland der Habsburger, das zum wichtigsten und handlungsfähigsten Teil des Reiches geworden war.

Italien bestand aus einer Reihe unabhängiger Stadtrepubliken, die jeweils ein mehr oder weniger großes Umland kontrollierten. Besonders mächtig und wohlhabend waren die oberitalienischen Stadtrepubliken Mailand, Florenz, Venedig und Bologna. Moderner Handelsverkehr, ein modernes Bankwesen, modernere Kriegsführungstechniken sowie eine freiere, aus der kirchlichen Zweckbestimmung gelöste Kunst zeigten sich

4.1 Historischer Kontext 39

zuerst in dieser europäischen Region. Mittelitalien wurde weithin vom Kirchenstaat beherrscht.

Der Kirchenstaat war jenes Territorium, das der Papst als weltlicher Herrscher besaß. So war der Papst nicht nur das geistliche Oberhaupt der christlichen Welt, sondern zugleich einer von zahlreichen kleineren Fürsten. Im engen Raum Mittelitaliens intrigierten die italienischen Fürsten gegeneinander, sie führten in wechselnden Koalitionen Krieg und versuchten bisweilen auch gemeinsam, sich derjenigen Mächte zu erwehren, die von außerhalb in die italienischen Verhältnisse eingriffen. Österreich und Frankreich hatten angesichts der zahlreichen schwachen Staaten relativ leichtes Spiel, Verbündete zu gewinnen und sich später auch Teile Italiens einzuverleiben. Zwar ging der Ehrgeiz der Päpste im Allgemeinen nicht darüber hinaus, den Bestand des Kirchenstaates zu wahren. Im Kirchenstaat selbst aber gebärdeten sie sich nicht besser als alle anderen italienischen Renaissancefürsten. Das bedeutete vor allem kostspielige Hofhaltung, Luxus, Prasserei und militärische Unternehmungen. Der kleine Kirchenstaat bot für den luxuriösen Lebensstil der Päpste keine ausreichende wirtschaftliche Grundlage, so dass sie darauf verfielen, die gewöhnlichen Bewohner des Kirchenstaates auszuplündern. Verwaltung und Wirtschaft der päpstlichen Besitzungen befanden sich in miserablem Zustand. Zur Mittelbeschaffung bot der Papst die wichtigsten Kirchenämter meistbietend unter den wohlhabenden Familien vorzugsweise Italiens und Spaniens feil. Die Verschuldung der Kurie erreichte astronomische Ausmaße. Im Laufe des 15. Jahrhunderts trat die geistliche Rolle des Papsttums immer stärker in den Hintergrund. Die Päpste versuchten, mit Prunk und Prachtbauten die Stellung Roms als Mittelpunkt der Welt zu untermauern. Mahnungen besonnener Kirchenoberer zur Rückbesinnung auf die geistliche Führungsrolle des Papsttums und hin zur Reform des kirchlichen Lebens wurden ignoriert. Die Hauptsorge der Kurie galt der Geldbeschaffung für den päpstlichen Hof und der Eindämmung des zielstrebig auf stärkeren Einfluss in Italien drängenden französischen Reiches, dem Newcomer unter den großen europäischen Mächten.

Das Negativbeispiel der Renaissancepäpste wirkte auch auf die unteren Ränge der Kirchenhierarchie. Ämterkauf, Korruption und verschwenderischer Lebensstil prägten das Verhalten der Kirchendiener bis in die Gemeinden hinein. Einige Bischöfe und sogar Kardinäle beklagten diesen Zustand und verwandten sich beim Papst vergeblich für die Beseitigung der Missstände. Auch in Italien selbst stießen diese Entwicklungen bisweilen auf harsche Kritik. Der florentinische Prediger *Girolamo Savonarola (1452-1498)*, eine charismatische Persönlichkeit, prangerte die Missstände leidenschaftlich an und trat für eine Rückkehr der Kirche und ihrer Vertreter zu ihren eigentlichen Aufgaben ein. Er endete auf dem Scheiterhaufen. Hatten die kirchlichen Behörden in den italienischen Staaten noch genügend Macht, um innerkirchliche Kritiker mundtot zu machen, so galt dies für die entlegeneren Teile des Habsburger Reiches nicht mehr.

Die Reformation, die in der Gestalt *Martin Luthers* ihren wichtigsten Initiator fand, verdankte ihre soziale und politische Sprengkraft nicht so sehr den theologischen Thesen des Mansfelder Priesters, sondern vielmehr der Tatsache, dass sich deutsche Fürsten fanden, die ihrer Katholikenpflicht nicht gehorchten und *Luther* weiterwirken ließen, ja förderten. *Luthers* theologischer Aufstand war ihnen willkommen, weil er ihnen einen guten Vorwand bot, um gegen den Kaiser zu opponieren. Dem Kaiser wiederum oblag der Schutz der Kirche und des Papstes. Es ging den mit der Reformation sympathisierenden deutschen Fürsten vorrangig darum, ihre Stellung als Landesherrscher auf Kosten des kaiserlichen Herrschaft zu stärken. Das Kaisertum wurde nicht direkt herausgefordert, sondern indirekt durch die Lossagung von der Kirche.

Die Luthersche Botschaft der Opposition gegen Rom wurde von der bäuerlichen Bevölkerung in der Mitte und im Norden Europas als Signal verstanden, sich gegen die überlieferten Autoritäten aufzulehnen – wie weit dies auch immer von den Absichten des Reformators entfernt sein mochte! Der Luthersche Widerspruch gegen die theologische Autorität des Papstes war nicht der erste und einzige seiner Zeit, aber aufgrund besonderer Umstände der zunächst einzig erfolgreiche. Die Alleingültigkeit der päpstlichen Lehrmeinung war mit der Verbreitung der Lutherschen Lehre erschüttert worden. Das Beispiel des deutschen Reformators fand bedeutende Nachahmer (*Jean Calvin, Huldrych Zwingli*).

Mit der in langen politischen Auseinandersetzungen erfochtenen Anerkennung der protestantischen Konfession („cuius regio, eius religio"; *Augsburger Religionsfrieden von 1555*) im Deutschen Reich wurde ein theologischer Pluralismus akzeptiert, der politische Folgen zeitigen musste. Die Frage harrte einer Antwort, wie das Verhältnis des Menschen zur weltlichen Herrschaft, wie seine Pflichten gegenüber dem Herrscher, aber auch wie die Pflichten des Herrschers gegenüber dem Beherrschten beschaffen seien. Die katholische Theologie verweigerte die Antwort. Auch die meisten Reformatoren vermieden klare Aussagen. Die Welt war interpretierbar geworden, nachdem der Bann kirchlicher Lehrsätze gebrochen war. Die weltliche Herrschaft verlangte nach einer politisch plausiblen, an den Erwartungen der Beherrschten orientierten Rechtfertigung.

 **Literatur:**

Herfried Münkler: Machiavelli. Die Begründung des politischen Denkens der Neuzeit aus der Krise der Republik Florenz, 5. Aufl., Frankfurt/M.: Fischer 1995.
Herfried Münkler: Im Namen des Staates. Die Begründung der Staatsraison in der frühen Neuzeit, Frankfurt/M.: Fischer 1987.
Rugiero Romano und *Alberto Tenenti* (Hrsg.): Die Grundlegung der modernen Welt (Fischer Weltgeschichte, Bd. 12), 19. Aufl., Frankfurt/M.: Fischer 1997.

4.2 Machiavelli

Niccoló Machiavelli (1469-1527) war als Bürger der oberitalienischen Stadt Florenz mit den politischen Wirren im Italien der Renaissance vertraut. Als Vertreter der florentinischen Republik verbrachte er einige Zeit im außeritalienischen Ausland. Daneben hatte er verschiedene Ämter in der Florentiner Stadtregierung inne. Größere politische Bedeutung blieb seinem Wirken versagt. Er selbst schied in Ungnade aus der Politik seiner Heimatstadt. Nach den Maßstäben seiner Zeit war Machiavelli ein Mensch von umfassender Bildung. Ganz ähnlich, wie es zu dieser Zeit in der Kunst geschah, suchte er in der Rückbesinnung auf die Verfassungen der Antike Lehren für die eigene Zeit. Er stützte seine politischen Schriften auf eigene Beobachtungen als Politiker, Diplomat und politisch interessierter Zeitgenosse. Insoweit schloss er an die aristotelische empirische Verfassungsanalyse an. Allerdings löste er sich vom aristotelischen Politikverständnis des von Natur aus geselligen Menschen und einer am guten Leben orientierten Verfassung.

4.2.1 Das Menschenbild

Machiavelli ist kein systematischer Theoretiker des politischen Denkens, da er keine geschlossene Theorie vom Staat oder vom Verhältnis des Bürgers zum Staat entwickelt. Seine Hauptschriften, der *Fürst* und die *Discorsi*, sind vordergründig Illustrationen, welcher Mittel sich ein Politiker bedienen muss, um gewisse Ziele zu erreichen. Der *Fürst* steht in der Tradition der Fürstenspiegelliteratur; die *Discorsi* sind eine Auseinandersetzung mit der römischen Geschichte, vor allem unter dem Gesichtspunkt der Stärken und Schwächen ihrer Verfassungsgebung. In seiner bekanntesten Schrift, dem *Fürsten*, bietet Machiavelli eine Fülle von Beispielen aus der Intrigenpolitik der Renaissance, in der sich Fürsten, Attentäter und Revolutionäre der verschiedensten Mittel bedienen, um ihre Absichten zu verwirklichen. Der *Fürst* kann als eine Handlungsanleitung gelesen werden, wie sich welche Politiker zur geeigneten Zeit der rechten Mittel bedienen, um ihren Willen durchzusetzen. Tatsächlich widmete Machiavelli seinen *Fürsten* dem Fürsten Medici, der aus einer der mächtigsten Florentiner Familien stammte. Von diesem erhoffte er sich eine energische Regierung und insbesondere Fortschritte bei der Einigung des politisch zersplitterten Italien. Die weniger bekannte, aber nicht minder bedeutende Schrift der *Discorsi* bemüht sich anhand antiker Beispiele um eine Antwort auf die Frage, wie eine Verfassung beschaffen sein muss, die eine starke, bestandssichere und gerechte Republik ermöglicht. Aus Machiavellis Schriften blickt ein negatives Menschenbild heraus. Nach Machiavelli ist die herausragende menschliche Eigenschaft das Begehren: der Wunsch, den persönlichen Vorteil ohne Rücksicht auf andere durchzusetzen. Diese Grundeigenschaft des Menschen äußert sich im Streben nach Reichtum, sei es um des Luxus' willen, sei es als Quelle politischer Macht.

„Hieraus entsteht eine Streitfrage, ob es besser sei, geliebt oder gefürchtet zu werden? Die Antwort lautet, man soll nach beidem trachten; da aber beides schwer zu vereinen ist, so ist es weit sicherer, gefürchtet als geliebt zu werden, sobald nur eins von beiden möglich ist. Denn man kann von den Menschen insgemein sagen, daß sie undankbar, wankelmütig, falsch, feig in Gefahren und gewinnsüchtig sind; so lange du ihnen wohltust, sind sie dir ergeben und bieten dir,

4.2 Machiavelli

> wie oben gesagt, Gut und Blut, ihr Leben und das ihrer Kinder an, wenn die Gefahr fern ist; kommt sie aber näher, so empören sie sich. Der Fürst, der sich ganz auf ihre Worte verläßt und keine anderen Zurüstungen gemacht hat, geht zugrunde, denn die Freundschaften, die erkauft und nicht durch großen Sinn und Edelmut erworben sind, erlangt man wohl, aber man besitzt sie nicht und kann in der Not nicht auf sie rechnen. Die Menschen scheuen sich weniger, den zu beleidigen, der sich beliebt macht, als den, der sich gefürchtet macht; denn die Liebe hängt an einem Bande der Dankbarkeit, das, wie die Menschen leider sind, bei jeder Gelegenheit zerreißt, wo der Eigennutz im Spiel ist; die Furcht vor Strafe aber läßt niemals nach."

Niccolò Machiavelli: Der Fürst, hrsg. von Horst Günther, Frankfurt/M.: Insel 2001, S. 83f.

Reichtum ist die Hauptquelle politischen Streits. Reichtum und Vorteilsstreben gefährden die Autorität und den inneren Frieden. Ein Zuviel an Reichtum erregt den Neid der Besitzlosen. Ein Herrscher, der nicht mit der erforderlichen Strenge regiert, ermutigt aufsässige oder konspirative Untertanen, ihn zu beseitigen. Das *als ob* des Ausnahmezustandes soll das Herrscherkalkül leiten. Ein guter Herrscher muss die Eigenschaften des Löwen und des Fuchses besitzen. Er muss die gleichen Schliche beherrschen wie seine Gegner. Wenn die Situation es erfordert, soll er entschlossen und unerschrocken handeln. Bei allem ist er der *necessità*, der natürlichen Gesetzmäßigkeit, unterworfen, ohne ihr jedoch hilflos ausgeliefert zu sein. Durch vorausschauendes Denken kann er sich auf sie einstellen. Durch politische Leidenschaft kann er den Zufälligkeiten der Geschichte, der *fortuna*, Herr werden.

4.2.2 Die Republik

Die ideengeschichtliche Bedeutung Machiavellis liegt darin, dass er Ethik und Politik voneinander trennt. Politik erscheint bei Machiavelli als Kunst der Herrschaftssicherung, als eine Art Betriebswirtschaftslehre politischer Macht. In diesem Sinne wird Machiavelli teilweise noch bis zum heutigen Tage ausgelegt – und missverstanden! Zweifellos trifft es zu, dass vor allem im *Fürsten* die Herrschaftstricks im Vordergrund stehen.

Doch selbst bei oberflächlicher Lektüre wird deutlich, dass die Präsentation der Gefahren, Chancen und Instrumentarien der Herrschaft auf einen dahinterliegenden Zweck bezogen wird. Machiavelli geht es in seinem Werk um notwendige Gebote der Herrschaftssicherung – dies aber nicht um der Herrschaft einer bestimmten Person willen, sondern zum Zweck einer stabilen politischen Ordnung oder modern gesprochen, eines freiheitlichen Staates: der Republik. Allein die Republik ist im Stande, ein friedliches und auch materiell auskömmliches Zusammenleben zu ermöglichen. In Anbetracht der zumeist niedrigen Beweggründe menschlichen Handelns verlangt der selbstbehauptungsfähige Staat einen Herrscher, der die Menschen kennt, sie entsprechend behandelt und damit letztlich einen höheren Zweck erfüllt: den Zusammenhalt des Ganzen, d.h. des Staates, gegenüber den Ambitionen Einzelner zu garantieren.

„Deshalb muß ein weiser Gesetzgeber einer Republik, der nicht sich, sondern dem Allgemeinwohl, nicht seinen eigenen Nachkommen, sondern dem gemeinsamen Vaterland nützen will, nach der unumschränkten Gewalt streben. Kein vernünftiger Mensch wird ihn wegen einer außerordentlichen Handlung tadeln, die er zur Gründung eines Reiches oder zur Errichtung einer Republik ausführt. Spricht die Tat gegen ihn, so muß der Erfolg ihn entschuldigen, und ist dieser gut, wie bei Romulus, so wird er ihn immer entschuldigen. Tadel verdient nicht, wer Gewalt braucht, um aufzubauen, sondern um zu zerstören. Freilich muß er so klug und tugendhaft sein, daß er die Gewalt, die er an sich gerissen hat, nicht an einen andern vererbt. Denn da die Menschen mehr zum Bösen als zum Guten neigen, könnte sein Nachfolger die Macht, die er zum Guten gebraucht hat, zu seinem Ehrgeiz mißbrauchen. Mag überdies ein Mann auch geeignet sein, eine Verfassung zu geben, so ist diese doch nicht von langer Dauer, wenn sie auf den Schultern eines einzelnen ruhen bleibt, wohl aber, wenn viele für ihre Erhaltung sorgen. Die Vielen eignen sich zwar nicht dazu, ein Staatswesen zu ordnen, weil sie bei ihrer Meinungsverschiedenheit das Recht nicht erkennen; wenn sie es aber erkannt haben, werden sie sich nicht vereinigen, um es wieder preiszugeben."

Niccolò Machiavelli: Discorsi. Staat und Politik, hrsg. von Horst Günther, Frankfurt/M.: Insel 2000, S. 45f.

4.2 Machiavelli

Machiavellis Werk zeigt eine Spannung. Hier der kluge und geschickte politische Führer, der historische Gelegenheiten nutzt und sich dabei guter wie schlechter menschlicher Eigenschaften bedient; dort ein an die antiken Klassiker erinnerndes Verfassungsdenken, das sich anhand historischen Anschauungsmaterials mit der Frage auseinandersetzt, welches die erstrebenswerteste und gleichwohl realistische Form des Staates sei. Machiavelli lehnt den Tyrannen ab. Mit der Monarchie freilich, der Fürstenherrschaft kann er sich gut abfinden. Er lässt keine Zweifel daran, dass er die gemischte Verfassung, die Republik, für die beste aller Verfassungen hält, weil sie auf der Gleichheit der Bürger fußt. Wo die Unterschiede zwischen Arm und Reich nicht allzu groß geraten, dort kann es nicht allzu viel Grund geben, die politische Ordnung zu beseitigen. Wo aber soziale Gegensätze deutlich hervortreten, dort wird sich keine Republik halten können. Die Armen werden die republikanische Verfassung dazu missbrauchen, sich zu bereichern und den bessergestellten Teil der Bürgerschaft zu bekämpfen. In solchen Verhältnissen hält Machiavelli die Monarchie für die geeignetere politische Ordnung.

4.2.3 Rezeption und Wirkung

Machiavelli ist ein Denker zwischen den Zeiten. Modern ist die Hervorhebung der Herrscherpersönlichkeit als Element der Politik. Die Reflexionen über die Verfassung sind dem Denken der Antike verhaftet. Auch die Idealvorstellung eines klug und gerecht handelnden Herrschers erinnert an politisches Denken aristotelischer Provenienz. Machiavelli stellt ferner Überlegungen zur Bedeutung der Religion für die Republik an. Grundsätzlich misst er der Religion eine positive Rolle zu. Er meint dabei aber nicht das christliche Religionsverständnis der hochmittelalterlichen Päpste, das zeitweise zum Ausgangspunkt eines Suprematiestreits zwischen Papst und Herrscher wurde. Machiavelli denkt hier eher an eine Religion im Sinne der Antike, d.h. eine Staatsreligion, die dazu beiträgt, das Ideal des freiheitlichen Bürgers zu kultivieren und eine Republik zu stabilisieren.

Machiavellis Werk darf nicht so verstanden werden wie häufig in den vergangenen Jahrhunderten: als lupenreiner Zynismus, als Handlungsanweisung für die beste Methode, sich mit Täuschung, Mord und

Verleumdung an die Macht zu bringen oder an der Macht zu halten. Machiavelli markiert einen Bruch mit der Politikanschauung der Antike und erst recht mit den politikfremden Vorstellungen des Mittelalters. Machiavelli repräsentiert eine Zeit, in der sich die Menschen und die Staaten aus überkommenen Lebensrhythmen und Moralbezügen herauslösten. Machiavelli und Florenz standen im Mittelpunkt jener geschichtsmächtigen Bewegung, die die moderne kapitalistische Wirtschaftsform hervorbrachte. Wirtschaftlicher Aufschwung durch handwerkliches Geschick und händlerische Tüchtigkeit, militärische Erfolge durch moderne Waffen und politischer Schutz durch Bündnisse mit mächtigen Nachbarn charakterisierten die Epoche. Alles dies vermittelte den Zeitgenossen die Vorstellung, dass nicht mehr göttliche Fügung allein ihr Schicksal bestimmte, sondern die Menschen selbst. Kurz: Die Menschen wurden sich ihrer Individualität, der Chancen zur Realisierung eigener Wünsche und auch der Grenzen bei der Durchsetzung ihrer Absichten bewusst. Im Bereich des politischen Denkens repräsentiert Machiavelli eben diesen Bruch mit dem lediglich theologisch hergeleiteten Politikverständnis. Bei ihm zeichnet sich ein innerweltliches Politikverständnis (*Max Weber*) ab. Machiavelli hat sich bis auf den heutigen Tag den Vorwurf eingehandelt, die Moral aus der Politik vertrieben und die Politik selbst auf Ränkespiele, Machtgewinn und Machterhalt verkürzt zu haben.

Machiavelli wird gegensätzlich gewürdigt. Die Negativsicht, die ihn als Advokaten aller denkbaren Herrschaftstricks zum Zwecke des Machtgewinns und Machterhalts gezeichnet hat, ist inzwischen in den Hintergrund getreten. Ihre Vertreter sind identisch mit den Exponenten der politischen Philosophie, für die *Aristoteles* mit seinem gemeinschaftsbedürftigen Menschen das unantastbare Maß für Mensch und Staat gesetzt hat. Ihre Würdigung reduzierte sich darauf, Machiavelli als Leugner aller Moral in politischen Dingen hinzustellen und ihn im Namen eben dieser Moral abzulehnen. In der modernen Interpretation steht Machiavelli für die scheuklappenfreie Beschreibung der Motive und Techniken des Herrschens in der Renaissance. Er hatte den Anspruch, die Herrschaftspraxis im zeitgenössischen Italien so zu beschreiben, wie sie war. So formuliert etwa *Herfried Münkler*, der eine der neueren ideengeschichtlichen Abhandlungen über Machiavelli und seine Zeit vorgelegt hat. In dieser Sicht stand Machiavelli in einer Reihe mit anderen Geistesgrößen der Renaissance, die sich nicht länger um die überlieferten Dogmen der Kirche und der Tradition kümmerten.

 **Literatur:**

Niccolò Machiavelli: Discorsi. Staat und Politik, hrsg. von Horst Günther, Frankfurt/M.: Insel 2000.
Niccolò Machiavelli: Der Fürst, hrsg. von Horst Günther, Frankfurt/M.: Insel 2000.
Herfried Münkler: Machiavelli. Die Begründung des politischen Denkens der Neuzeit aus der Krise der Republik Florenz, 5. Aufl., Frankfurt/M.: Fischer 1995.

4.3 Reformatoren und Monarchomachen

Der reformatorische Gedanke Luthers kennt allein das Evangelium als die göttliche Offenbarung. Der Christ ist aufgefordert, in der Auseinandersetzung mit Gottes Wort selbst zum Glauben zu finden. Damit entfällt die Rolle einer autokratisch verfassten Kirche, die mit letzter Verbindlichkeit auslegt, wie die Gebote und Lehren der Heiligen Schrift zu verstehen sind und was sie für die persönliche und öffentliche Lebensführung bedeuten.

Martin Luther (1483-1546) ging es bei seiner Lossagung von der römischen Kirche darum, den gläubigen Christen aus der Unmündigkeit zu befreien, in die ihn das Papsttum hineingebracht hat. So wie es für die Gläubigen keinen patentierten Weg zur *richtigen* oder einzig wahren Glaubenserfahrung gibt, so gibt es auch keine Mittel oder Prozeduren, um sich von Sünden zu reinigen oder sich sogar noch zu Lebzeiten eine Garantie zur Sündenvergebung zu erkaufen. Zu Beginn seiner reformatorischen Laufbahn ging Luther mit den Ablasspredigern des Heiligen Stuhls besonders hart ins Gericht. Luther empfand die Reformation als einen theologischen *Aufstand* gegen den Alleinvertretungsanspruch des Heiligen Stuhls und der römischen Priesterschaft hinsichtlich der Verkündung des Evangeliums. Politische Folgerungen aus dieser Lehre lehnte er aber ab.

Zur Zeit der Reformation (seit 1517) hatte sich in Europa eine bis dahin beispiellose Polarisierung zwischen dem Grundadel und Bauern sowie Pächtern ergeben. Nicht zuletzt im Herzland der Reformation selbst, insbesondere in den mitteldeutschen Gebieten, herrschten tiefgreifende gesellschaftliche Gegensätze, die lediglich eines Zündfunkens bedurften, um sich zu entladen. Die theologische Botschaft des Reformators Luther und seiner Anhänger wurde von den sozial bedrückten Bauern teilweise schlicht missverstanden. Sie wurde aber auch von Demagogen, die ein Hass auf die bestehende Ordnung beseelte, sowie von nüchtern kalkulierenden Köpfen bewusst politisch interpretiert. Damit wuchs die protestantische Botschaft über die Ablehnung der in Rom zentrierten geistlichen Autoritäten hinaus und richtete sich auf die Beseitigung der sich etablierenden landesherrschaftlichen Ordnung, die die Bauern eines Großteils ihrer angestammten Rechte beraubte. So erklärt es sich, dass die bäuerlichen Heere der Bauernkriege unter dem Banner des Reformators ins Feld zogen. Der Reformator selbst verurteilte die Bauernaufstände auf das Schärfste, ja er geißelte sie als sündiges Handeln wider die von Gott eingerichtete Weltordnung. Für die inzwischen zum Protestantismus konvertierten Fürsten, die selbst die den Bauern verhasste Ordnung verkörperten, fand er dagegen keine harten Worte. In diesem Punkt war Luther überaus konsequent: Rebellion gegen die bestehende Herrschaft kam für ihn der Auflehnung gegen die von Gott gewollte Ordnung der Dinge gleich – ganz unabhängig davon, ob der Herrscher nun Protestant oder Katholik war.

Ähnlich wie der frühmittelalterliche Kirchenvater *Augustinus* unterscheidet Luther zwischen dem Reich Gottes und dem irdischen Reich. Die noch vom Mittelalter beeinflusste Haltung Luthers zeigt sich darin, dass er sich ganz auf das Gottesreich konzentriert. In diesem vollzieht sich das für den Menschen maßgebliche Heilsgeschehen. Aus dem Reich Gottes abgeleitete Folgerungen für das politische Leben sind für Luther kein Thema. Der Mensch als solcher ist seinem Wesen nach zur Sünde verurteilt.

„Deshalb hat Gott die beiden Reiche eingerichtet, das geistliche, das durch den Heiligen Geist unter Christus Christen und gerechte Leute hervorbringt, und das weltliche [Reich], welches den Nichtchristen und Bösen wehrt, so daß sie äußerlich Frieden halten und still sein müssen, ob sie wollen oder nicht. [...]

4.3 Reformatoren und Monarchomachen

> Aber siehe zu, erfülle zuerst die Welt mit richtigen Christen, bevor du sie christlich und evangelisch regierst. Das aber wirst du niemals können. Denn die Welt und die große Masse sind und bleiben Unchristen, ob sie schon alle getauft sind und Christen heißen. [...] Denn Böse gibt es immer viel mehr als Gerechte. Ein ganzes Land oder die Welt mit dem Evangelium regieren wollen ist dasselbe, als wenn ein Hirte Wölfe, Adler und Schafe zusammen in einen Stall sperrte, frei durcheinanderlaufen ließe und sagte: Weidet und geht ordentlich und friedlich miteinander um."
>
> *Martin Luther*: Christ und Gesellschaft, in: Martin Luther: Auswahl in fünf Bänden, Bd. 5, hrsg. von Horst Beintker, Helmar Junghans und Hubert Kirchner, Berlin: Evangelische Verlagsanstalt 1982, S. 115f.

Luther geht nicht so weit, daraus nun zu folgern, es sei Gott gänzlich gleichgültig, unter welchen Bedingungen die weltlichen Dinge ihren Lauf nehmen. Der Mensch als eine in seinem Handeln fehlbare Schöpfung Gottes kann der Sünde nicht entrinnen, und so kann es keine weltliche Ordnung ohne eine Herrschaft geben, die der Sündhaftigkeit des Menschen Rechnung trägt. Der Dekalog reicht nicht aus, um das gedeihliche Zusammenleben der Menschen in der Welt zu regeln. Es bedarf mit Sanktionen bewehrter Gesetze, die den sündigen Menschen dazu anhalten, so zu handeln, wie er aus eigenem Antrieb nicht handeln kann. Die weltliche, sprich: politische Ordnung ist eine bloße Notordnung und als solche gegenüber dem Gottesreich zweitrangig. Sie steht innerhalb der Reichweite göttlicher Gebote. Die weltliche Herrschaft darf einer persönlichen Lebensführung, die sich an die Gebote des Evangeliums hält, nicht entgegenstehen. Sofern dies der Fall ist, stellt sich aus der Sicht des Evangeliums die Frage nach der Legitimität politischer Herrschaft. Luther selbst macht diese aber nicht weiter zum Thema. Er war und blieb in erster, auch in zweiter und dritter Linie Theologe, erst danach – und dies nicht einmal sehr ausgeprägt – auch ein politischer Denker.

Die in der reformatorischen Zäsur implizierten politischen Folgerungen auszuformulieren blieb anderen Reformatoren vorbehalten. Dies gilt insbesondere für den Reformator *Jean Calvin (1509-1564)*. Calvin war in Frankreich aufgewachsen und hatte sich angesichts der dort herrschenden Drangsalierung der Protestanten in der Stadtrepublik Genf eine neue Heimat gesucht. Dort gewann er als Reformator erheblichen Einfluss auf die Politik. Calvin formulierte die Reformation theologisch wie politisch wesentlich radikaler als Luther. Im Unterschied zu seinem deutschen Glaubensbruder kannte er in Genf kein Regiment unabhängiger Fürsten, die nach hausväterlichen Prinzipien ein vererbtes Territorium regierten. Genf war eine unabhängige Republik. Calvin bemisst die Rolle der Prediger oder Pastoren in der protestantischen Gemeinde noch geringer, als dies bei den Anhängern des Luthertums der Fall ist. Alle Gemeindeglieder stehen prinzipiell auf der gleichen Stufe; jedes soll sich seinen eigenen Zugang zum Evangelium erarbeiten. Bei Calvin wird ein direkter Bezug zwischen dem Regiment des Evangeliums im Reich Gottes und in den weltlichen Angelegenheiten hergestellt. Wenn auch Notordnung, so sollen die Verhältnisse in der Welt doch nicht nur deshalb nach christlichen Gesichtspunkten geordnet sein, um die Folgen der Sündhaftigkeit zu kontrollieren. Sie sollen auch dazu beitragen, dass sich der sündige Mensch durch sein Handeln in der Welt, durch Fleiß, den Erwerb von Eigentum und praktizierte Mildtätigkeit prüft, ob er des Gottesreiches würdig ist. Er bereitet sich auf die Erlösung im Jenseits vor, indem er Läuterung anstrebt und gute Werke verrichtet. Diese Prädestinationslehre wurde von Calvins Nachfolgern sehr stark popularisiert. Aufgrund einer Fehlgewichtung ihres Status' im Gesamtwerk des Reformators wurde sie als bestimmendes Charakteristikum des Calvinismus herausgestellt. In Westeuropa und Nordamerika sollte sie große Wirkung entfalten. *Max Weber* hat mit seiner einflussreichen Schrift über den Zusammenhang von Prädestinationslehre und Kapitalismus die säkularen Wirkungen des Kapitalismus hervorgehoben. Calvin muss als der für das westliche Europa wichtigere Reformator gelten. Der lutherische Protestantismus fand vor allem in Deutschland und Nordeuropa Verbreitung. Die überaus harten und grausamen Religionskämpfe in Frankreich waren hauptsächlich eine Auseinandersetzung der Allianz von Römischer Kirche und französischem Hof auf der einen und dem calvinistischen Protestantismus auf der anderen Seite. Sie sollten das politische Profil dieser Variante der Reformation stärker hervortreten lassen als das der lutherischen.

Eine weltliche Herrschaft, die den Christenmenschen daran hindert, in seinen Taten den Geboten Gottes zu folgen, die ihm etwa sein Eigentum nimmt und seinen Glauben missachtet, kann dem Calvinismus zufolge nach Gottes Willen nicht mehr *recht* oder gut sein. Sie zwingt den Gläubigen in die Entscheidung für die Herrschaft Gottes oder für die

4.3 Reformatoren und Monarchomachen 51

Herrschaft des Menschen. Der wahre Christ muss sich unter diesen Umständen bereits in der Welt für den Willen Gottes entscheiden. Wo von ihm verlangt wird, wider die Schrift zu handeln, dort darf er der weltlichen Autorität seinen Gehorsam verweigern. Allerdings steht dieser Gedanke noch unter dem Vorbehalt, dass der Gläubige nicht zum alleinigen Richter in eigener Sache werden darf. Der Einzelne ist in eine hierarchische Ordnung eingebunden, die ihm seinen Platz zuweist. Diese Ordnung bestimmt zugleich Ämter und Amtsträger, die seine Interessen im Herrschaftsgetriebe wahrnehmen. Exemplarisch sind hier die überkommenen Stände des Adels, des Klerus und der Gemeinen zu nennen. Nicht der einzelne Gläubige selbst, sondern die Repräsentanten des Adels und der Bürger wachen darüber, dass den ihnen anvertrauten Menschen nichts abverlangt wird, was gegen den Willen Gottes verstößt. Wo sie solche Verstöße reklamieren, ohne dass sie Gehör finden, ist es ihr Recht als Amtsträger, Widerstand zu leisten. Das hier skizzierte, noch aus der mittelalterlichen Ordnung übernommene Prinzip einer ständischen Gliederung des Gemeinwesens nahm dem Widerstandsgedanken einen Großteil seiner Radikalität. Vom Einzelnen her gedacht, sollte dieses Prinzip in einer späteren Epoche revolutionäre Wirkung entfalten.

Auch in Kreisen des französischen Adels gab es eine starke reformatorische Strömung (Hugenotten), die sich sogar gewisser Sympathien bei Hofe erfreute. Als sich der französische Hof unter dem massiven Einfluss Roms gegen die Reformation entschied, geriet das Land in eine Staatskrise. Aus politischer Opportunität hatte sich der Monarch auf die Seite der römischen Kurie geschlagen. Er nahm dabei in Kauf, dass er sich auf einen Schlag viele Adlige und Bürger zu Feinden machte. Die versuchte Auslöschung des Protestantismus in der Bartholomäusnacht 1572, ein Mordkomplott gegen die französischen Protestanten, war einer der tragischen Höhepunkte der an Gräueltaten nicht armen Neuzeit. Die französischen Protestanten setzten diesem Angriff ihre eigenen Vorstellungen von den Grenzen der Legitimität politischer Herrschaft entgegen. Ging es den französischen Königen in dieser Auseinandersetzung auch weniger um Glaubensfragen als um die Stärkung ihrer Macht auf Kosten der Fürsten und Landesherren in der weitläufigen französischen Provinz, also um lediglich konfessionell bemäntelte politische Interessen, so opponierten die Provinzadligen gegen diese Absichten eben auch unter der Flagge des Protestantismus. In diesem Zusammenhang bildete sich die

Denkschule der Monarchomachen heraus. Sie rechtfertigte unter bestimmten Voraussetzungen den Tyrannenmord als legitimes Mittel politischen Handelns. Die Monarchomachen erhoben ganz in der Tradition Calvins die überkommenen Stände zu Sachwaltern des Gemeinwohls. *Theodor Beza (1519-1604)* war einer der bekannteren Monarchomachen. Er sollte im strengen calvinistischen Regime der Genfer Republik nach dem Reformator selbst eine bedeutende Rolle spielen. Er formulierte die Idee der Monarchomachen wie folgt:

> „Ich behaupte also: Wenn die niederen Obrigkeiten in solche Notwendigkeit versetzt werden, dann sind sie verpflichtet, gegen die offensichtliche Gewaltherrschaft – sogar mit bewaffneter Hand, wenn sie können – für das Heil derer zu sorgen, die ihrer Pflichttreue und ihrer Obhut anvertraut sind, und zwar solange bis nach gemeinsamem Beschluß der Stände oder der ‚Gesetzeswächter' [...] besser auf die öffentlichen Angelegenheiten geachtet und für sie so gesorgt wird, wie es sich gehört. Das heißt nicht, aufrührerisch handeln oder sich gegen den Herrscher treulos zeigen, sondern vielmehr, aufs treuste seinen Eid beachten gegenüber denen, deren Führung jeder Amtmann übernommen hat, im Widerstand gegen den Eidbrecher und den Unterdrücker des Reiches, der dessen Beschützer hätte sein müssen."

Theodor Beza: Das Recht der Obrigkeiten gegenüber den Untertanen und die Pflicht der Untertanen gegenüber den Obrigkeiten, in: Jürgen Dennert (Hrsg.), Beza, Brutus, Hotman. Calvinistische Monarchomachen, Klassiker der Politik Bd. 8, Köln: Westdeutscher Verlag 1968, S. 16f.

Ein Monarch, der die religiöse Anschauung seiner Untertanen missachtet, handelt wider die von Gott gewollte weltliche Ordnung. Er setzt ein Unrecht in die Welt, das allein durch seinen Tod geahndet und beseitigt werden kann. Einzelheiten der monarchomachischen Lehren sind hier weniger wichtig als die Tatsache, dass sie dem Handeln der Herrscher theologisch begründete Grenzen stecken. Eine autokratische Politik konnte somit leicht in Widerspruch zur Forderung eines nach christlichen Maßgaben geführten Lebens geraten. Es lag an den Institutionen des Staates, insbesondere an den Vertretungen der Untertanen, den Erlösungsbezug der weltlichen Dinge nicht aus dem Auge zu verlieren – in krisenhaft zugespitzten Situationen konnte das als letzte Konsequenz

4.3 Reformatoren und Monarchomachen

auch die gewaltsame Beseitigung des Herrschers beinhalten! Dieser war dann eben kein historisch und christlich gebundener *Amtsinhaber* mehr, sondern ein der Schreckensvision des orientalischen Despoten angenäherter Tyrann. Kaum hundert Jahre später und im Kontext der ganz anderen angelsächsischen Sozialgeschichte gelangte mit ähnlichen Argumentationsmustern das liberale Denken in die Welt.

Literatur:

Martin Luther: Auswahl in fünf Bänden, hrsg. von Horst Beintker, Helmar Junghans und Hubert Kirchner, Berlin: Evangelische Verlagsanstalt 1982.
Josef Bohatec: Calvins Lehre von Staat und Kirche, Aalen: Scientia 1968.
Jürgen Dennert (Hrsg.): Beza, Brutus, Hotman. Calvinistische Monarchomachen (Klassiker der Politik Bd. 8), Köln: Westdeutscher Verlag 1968.
Luise Schorn-Schütte: Die Reformation. Vorgeschichte, Verlauf, Wirkung, München: C.H. Beck 1996.
Heinz-Horst Schrey (Hrsg.): Die Lehre Luthers von den zwei Reichen, Darmstadt: Wissenschaftliche Buchgesellschaft 1969.
Gunther Wolf (Hrsg.): Luther und die Obrigkeit, Darmstadt: Wissenschaftliche Buchgesellschaft 1972.

5. Vertragstheoretiker

5.1 Historischer Kontext

Das englische Königreich entwickelte sich im Verlaufe des 17. Jahrhunderts zu einer weiteren europäischen Großmacht. Es verdankte seinen politischen Status nicht so sehr erfolgreicher Kabinettspolitik und militärischer Stärke, sondern eher der durch den Ärmelkanal geschützten Lage und dem Aufblühen einer auf Schifffahrt, Handel und Gewerbe basierenden Wirtschaft. Bereits im 16. Jahrhundert hatte England unter Heinrich VIII. eine Sonderrolle in der europäischen Politik. Der englische Monarch weigerte sich, weiterhin die Autorität des Papstes anzuerkennen. Er sagte sich von der römischen Kirche los und beschritt den konfessionellen Sonderweg des Anglikanismus, einer autonomen Nationalkirche. Die Reformation fand zwar rasch ihren Weg nach England. Sie konnte sich dort aber nur unter Schwierigkeiten behaupten. Heinrich VIII. verfolgte die – wie in den Niederlanden oder Schottland in Gestalt des Calvinismus auftretenden – Protestanten mit aller Strenge. Er vermochte sie aber nicht vollständig zu unterdrücken. So richteten sich neben der anglikanischen Staatskirche mit dem König als Oberhaupt kleine calvinistische Gemeinden (die Reinen: die Puritaner) ein. Im 17. Jahrhundert sollten sie in den kommerziell erfolgreichen Klassen des Landes eine bedeutende Rolle spielen.

England verdankte seinen wachsenden Reichtum dem Export von Schafwolle in die niederländischen Zentren der europäischen Textilverarbeitung. Am Export verdienten englische Schiffseigner. Im Jahr 1588 versenkte diese irreguläre Flotte große Teile der damals für unbesiegbar gehaltenen spanischen Armada vor der englischen Küste. Dieses Ereignis markierte augenfällig den militärisch-politischen Niedergang Spaniens und den gleichzeitigen Bedeutungszuwachs Englands. In den folgenden Jahrzehnten verzeichneten die Einkünfte aus Schifffahrt und Handel ei-

5.1 Historischer Kontext

nen stetigen Anstieg. Neben den überkommenen Klassen der Bauern und Tagelöhner sowie dem adeligen Großgrundbesitz entstand vor allem in den küstennahen Städten ein kommerzielles Bürgertum. Dieses brachte es rasch zu Wohlstand und motivierte sogar Teile des Kleinadels, ihr Leben nicht im Hof- und Militärdienst, sondern vielmehr in Schiffsagenturen und Handelshäusern zu verbringen. In England entstand sukzessive eine handelskapitalistische Klasse, die das wirtschaftliche und politische Leben des Landes prägte.

Die Verfassungsentwicklung Englands hatte bereits seit dem hohen Mittelalter andere Wege eingeschlagen als im übrigen Europa. Zwar gab es auch in England ständische Versammlungen als Vertretungen des Klerus, des Adels und der Gemeinen. Aber die englischen Stände hatten ihre Macht nicht an den Monarchen verloren, wie es auf dem europäischen Kontinent geschehen war. Da die englischen Könige aufgrund ihrer maritimen Macht keine Übergriffe fremder Mächte auf ihr Territorium zu fürchten hatten, gab es für sie keinerlei Anlass, große stehende Heere nach europäischem Vorbild zu unterhalten. Folglich hatte der englische Hof keinen Grund, seine Untertanen fortwährend mit findigen Steuern, Abgaben oder Zöllen zu belasten.

Die englischen Stände trugen die traditionelle Bezeichnung Parlament. Die kleine, aber stetig wachsende Klasse der Händler und Gewerbetreibenden war geringeren steuerlichen oder quasi-steuerlichen Belastungen ausgesetzt als die entsprechenden Klassen in den kontinentaleuropäischen Staaten. Dadurch entstand in England ein günstiges Investitionsklima. Der bürgerlichen Klasse boten sich ausgezeichnete Chancen, ihr Vermögen zu mehren.

In das Unterhaus des Parlaments gelangten viele Vertreter der neuen, wirtschaftlich aufstrebenden Schichten. Sie wachten in der parlamentarischen Arbeit darüber, dass ihrem Stand keine umfassenderen steuerlichen Belastungen auferlegt wurden. In den 1720er Jahren scheiterten Versuche der englischen Stuart-Könige, nach dem Vorbild ihrer bourbonischen Verwandten auf dem französischen Thron ohne Einberufung des Parlaments zu regieren. Immer dann, wenn die Krone kurzfristig größere Mittel zur Kriegführung oder zur Vergrößerung des Heeres brauchte, war sie auf Steuerbeschlüsse des Parlaments angewiesen. Das Parlament diktierte für die Bereitstellung dieser Gelder Bedingungen. So setzte das Parlament 1627 durch, dass es in periodischen Abständen einberufen werden musste. Auch erreichte das Parlament, dass die Staatsausgaben der Genehmigung des Parlaments bedurften. Eine solche wurde aber nur dann erteilt, wenn die Krone zuvor die vom Parlament beanstandeten Entscheidungen geprüft hatte. Der Machtkampf zwischen Krone und Parlament verschärfte sich in den 1640er Jahren infolge konfessioneller Konflikte. Die Stuart-Könige waren Kraft Amtes Oberhäupter der anglikanischen Kirche, obgleich sie selbst katholischer Konfession waren. In der erfolgreichen Schicht der Händler und Gewerbetreibenden genoss der radikale Protestantismus (Puritanismus) große Popularität.

Im Zuge eines leichtfertig begonnenen Krieges gegen Schottland musste 1648 eilig das Parlament einberufen werden, um Gelder für die Aufstellung eines Heeres zu beschließen. England erlitt in dieser Auseinandersetzung eine Niederlage. Die Ursache des Krieges war ein Konflikt zwischen Karl I., der dabei als Interessenwahrer der anglikanischen Kirche handelte, und dem calvinistischen Schottland. Dieser Konflikt löste im Parlament heftige Debatten aus. Kritik an der Krone kam aus den Reihen der puritanischen Abgeordneten. Als der König daraufhin heilige Parlamentsprivilegien verletzte, indem er unter militärischer Bedeckung im Unterhaus erschien, provozierte er den Bürgerkrieg. Die Hinrichtung des Königs besiegelte schließlich 1649 die Niederlage der Royalisten. Die Nachfolge der Stuarts trat der Führer des Parlamentsheeres, Oliver Cromwell, an. Der Puritaner Cromwell verordnete England ein sittenstrenges Regime, das in der Bevölkerung bald unpopulär wurde. Nach dem Tode Cromwells kam es bald zur Restauration. Das Parlament holte die katholischen Stuarts 1660 auf den englischen Thron zurück. Der Stuart-König Karl II. versprach, die Privilegien der anglikanischen Staatskirche zu respektieren.

Die Stuart-Könige hielten ihr Versprechen, die religiösen Konflikte der vergangenen Jahrzehnte nicht wieder aufzurühren. Dennoch hielten sich aus den Zeiten des Bürgerkriegs politische Verdächtigungen. Hauptangriffspunkte blieben die staatskirchlichen Funktionen der Krone und die Nähe der Stuarts zum Katholizismus. Nach der Restauration war das Parlament unbestrittener Gegenpart der Krone. Unverändert war das Unterhaus der politische Ort, an dem die neue, wirtschaftlich erfolgreiche Klasse der Händler und Gewerbetreibenden ihre Interessen artikulierte. Im Parlament kam es nach der Restauration zu einer dauerhaften Spaltung der Abgeordneten in die Fraktionen der Tories und der Whigs. Die

5.1 Historischer Kontext

Tories waren der Auffassung, es sei das natürliche Recht der Krone zu herrschen. Der Monarch sei lediglich bei bestimmten Entscheidungen dazu verpflichtet, die Meinung des Parlaments zu respektieren. Demgegenüber behaupteten die Whigs, die Macht des Herrschers beruhe auf einem Vertrag zwischen Krone und Volk. Beide Teile hätten Rechte und Pflichten. Verletze die Krone ihre Pflichten, so entfalle für das Volk der moralische und rechtliche Grund, ihr weiterhin Gehorsam zu leisten. Diese hauptsächlich polemische Unterscheidung gelangte zu unverhoffter Bedeutung, als Jakob II., der zweite Stuart-König nach der Restauration, in ehrlichem Bemühen versuchte, das gespannte Verhältnis zwischen den Konfessionen durch eine tolerantere Politik zu entschärfen. Damit löste er eine politische Krise aus, die ihn letztlich den Thron kostete. Die Stuarts hatten nach der Rückkehr auf den englischen Thron geschworen, den Status der anglikanischen Staatskirche zu respektieren. Das Parlament reagierte heftig auf die Toleranzpolitik Jakobs. Noch während der König im Lande weilte, erklärte es den Thron für vakant und forderte ihn auf, England schleunigst zu verlassen. England war nach der Abreise des letzten Stuart-Königs ins französische Exil ohne amtierendes Königshaus.

Das Resultat dieser neuerlichen Verfassungsauseinandersetzung war die Erkenntnis, dass in Zukunft jegliche Macht einer Legitimation durch das Parlament bedurfte. Nach einigem Suchen fand sich schließlich eine europäische Dynastie dazu bereit, den englischen Thron zu besteigen. Das protestantische Haus Oranien, das 1689 die Nachfolge der Stuarts auf dem englischen Thron antrat, erklärte durch seine feierliche Bestätigung der *Bill of Rights*, dass es die Traditionen und Verfassungsgesetze Englands auf ewig respektieren und auch die religiösen Verhältnisse Englands garantieren werde. Mit diesem Akt wurde die unblutige *Glorious Revolution* abgeschlossen, die England zur ersten konstitutionellen Monarchie in der Geschichte umwandelte. Zwar behielt der König sein Recht zu regieren. In bestimmten, gesetzlich festgelegten Politikbereichen bedurfte er dabei freilich der Zustimmung des Parlaments. Das Parlament wurde zum Gradmesser für die Stimmungen und Interessen der kommerziellen Klasse, der das Land in wachsendem Maße seinen Wohlstand verdankte. Mehr als hundert Jahre vor dem revolutionären Großereignis Kontinentaleuropas, der Französischen Revolution, hatte sich in England somit eine frühliberale Wirtschaftsordnung etabliert, die in einem konstitutionellen Regime eine ihr gemäße Regierungsform besaß.

📖 Literatur:

Kurt Kluxen: Geschichte Englands. Von den Anfängen bis zur Gegenwart, 5. erw. Aufl., Stuttgart: Kröner 2001.

5.2 Hobbes

Thomas Hobbes (1588-1679) stammte aus kleinen Verhältnissen. Trotzdem gelang es ihm, sich eine exquisite Bildung anzueignen. Er wirkte als Privatgelehrter und bestritt wie viele andere Gelehrte dieser Zeit seinen Lebensunterhalt als Erzieher der Sprösslinge des englischen Hochadels. Hobbes war in dieser Eigenschaft unter anderem die Erziehung des englischen Thronfolgers, des späteren Königs Karl II., anvertraut, der nach dem Sturz der Stuart-Dynastie 1649 in Paris lebte. Durch die Verbindung mit den Stuarts war Hobbes in England zur Unperson geworden. Aber auch am Exilhof der Stuarts verlor er bald jede Protektion, weil seine Schriften als Angriffe auf das Papsttum und die katholischen Stuarts fehlinterpretiert wurden. Dieser Umstand befreite Hobbes in England jedoch keineswegs vom Ruf eines Stuart-treuen Royalisten. Seine Schriften durften in England nicht erscheinen. So blieb Hobbes Zeit seines Lebens ein zwar lebhaft diskutierter, durchweg aber scharf abgelehnter Autor. Sein Werk wirkte im Verborgenen, in der Halblegalität. Er selbst hatte von der großen Resonanz, die sein Werk fand, wenig Nutzen.

Hobbes' politische Philosophie ist im wesentlichen in den beiden Schriften *Vom Bürger* und *Leviathan* enthalten. Hobbes hatte sich im Laufe seines Studiums intensiv mit *Aristoteles* und mit den mittelalterlichen Scholastikern auseinandergesetzt und beide zur Erklärung des Staates für untauglich befunden. Er lebte im Geist der frühen Naturwissenschaft. Deren höchste Vollendung verkörperte die Mechanik. Für jede Bewegung, jeden Vorgang musste es eine nachweisbare Ursache geben. Ursachen zeitigen Wirkungen, die ihrerseits wieder Ursachen für Vorgänge darstellen. Die von einer winzigen Feder getriebene Taschenuhr, welche aufgrund ihrer geringen Größe als das technisch anspruchsvollste und vollendetste Produkt seiner Zeit galt, wurde zum Sinnbild für eine Wissenschaft vom Staat, die streng kausalitätsbezogen argumentierte. Ganz befangen in mechanistischen Vorstellungen, konstruierte Hobbes das menschliche Verhalten als Kausalreaktion auf von außen wirkende Reize. Nach seiner Vorstellung zeichnet sich der Mensch durch Begierden aus, die sich im Kern sämtlich aus dem Verlangen erklären lassen, genießen zu können und Schmerz abzuwehren. Im Hobbesschen Menschenbild bewegen sich die Menschen schematisch und gleichförmig, je nachdem, ob ihnen Schmerz zugefügt wird oder ob sie durch Gewinn oder Belohnung in einen freudigen oder zufriedenen Zustand versetzt werden.

5.2.1 Der Naturzustand

In einem radikalen Bruch mit den Aristotelikern und allen bekannten Denkern der frühen Neuzeit unterstellt Hobbes, dass der Mensch von Natur aus kein geselliges Wesen, sondern vielmehr ausschließlich auf seinen Vorteil bedacht sei. Ohne den Zwang äußerer Antriebe lebe er nicht in Gemeinschaft mit anderen. In seinem *Leviathan* konstruiert Hobbes ein vorstaatliches Stadium der menschlichen Existenz, das er als Naturzustand bezeichnet. In diesem Naturzustand leben die Menschen isoliert voneinander; sie gehen einander aus dem Weg. Wo dies nicht möglich ist, kommt es unvermeidlich zu Konflikten. Einige Menschen versuchen, ihren Vorteil rücksichtslos auf Kosten der Gesundheit oder des Lebens ihres Nachbarn zu realisieren. Andere, die selbst nicht von derartigen Absichten getrieben werden, trauen ihren Mitmenschen jedoch immerhin zu, dass diese ihnen nach Leben und Gesundheit trachten. Egoismus, Misstrauen, Betrug und Gewalt sind die logische Konsequenz beim Zusammentreffen der Menschen im Naturzustand. Per definitionem kennt dieser Naturzustand kein Gesetz. Jeder verkörpert sein eigenes Gesetz, und dieses Gesetz kennt nur einen gemeinsamen Nenner: die Entschlossenheit, in einer gewalttätigen und regellosen Umgebung zu überleben. So konzentriert sich alles menschliche Handeln darauf, den Fremden oder Nachbarn, der ja ein Feind, ein Räuber oder Mörder sein könnte, zu töten und zu übervorteilen, bevor dieser schlicht den Spieß umdreht. Hobbes überschreibt den Naturzustand mit „homo homini lupus" – der Mensch sei des Menschen Wolf. Niemand kann sich im Naturzustand seines Lebens sicher sein. Im offenen Kampf behauptet sich das Recht des Stärkeren. Aber selbst die Starken leben in ständiger Furcht. Auch für sie gibt es keinen absoluten Schutz. Wenn sie schlafen oder ruhen, dann kann es auch einem Schwachen gelingen, sie zu töten.

> „Die Natur hat die Menschen hinsichtlich ihrer körperlichen und geistigen Fähigkeiten so gleich geschaffen, daß trotz der Tatsache, daß bisweilen der eine einen offensichtlich stärkeren Körper oder gewandteren Geist als der andere besitzt, der Unterschied zwischen den Menschen alles in allem doch nicht so beträchtlich ist, als daß der eine aufgrund dessen einen Vorteil beanspruchen könnte, den ein anderer nicht ebensogut für sich veranlagen dürfte. Denn was die Körperstärke betrifft, so ist der Schwächste stark genug, den Stärksten zu töten – entweder durch Hinterlist oder durch ein Bündnis mit anderen, die sich in der selben Gefahr wie er selbst befinden. [...]
> Deshalb trifft alles, was Kriegszeiten mit sich bringen, in denen jeder eines jeden Feind ist, auch für die Zeit zu, während der die Menschen keine andere Sicherheit als diejenige haben, die ihnen ihre eigene Stärke und Erfindungskraft bieten. In einer solchen Lage ist für Fleiß kein Raum, da man sich seiner Früchte nicht sicher sein kann; und folglich gibt es keinen Ackerbau, keine Schiffahrt, keine Waren, die auf dem Seeweg eingeführt werden können, keine bequemen Gebäude, keine Geräte, um Dinge, deren Fortbewegung viel Kraft erfordert, hin- und herzubewegen, keine Kenntnis von der Erdoberfläche, keine Zeitrechnung, keine Künste, keine Literatur, keine gesellschaftlichen Beziehungen, und es herrscht, was das Schlimmste von allem ist, beständige Furcht und Gefahr eines gewaltsamen Todes – das menschliche Leben ist einsam, armselig, ekelhaft, tierisch und kurz. [...]
> Eine weitere Folge dieses Krieges eines jeden gegen jeden ist, daß nichts ungerecht sein kann. Die Begriffe von Recht und Unrecht, Gerechtigkeit und Ungerechtigkeit haben hier keinen Platz. Wo keine allgemeine Gewalt ist, ist kein Gesetz, und wo kein Gesetz, keine Ungerechtigkeit. Gewalt und Betrug sind im Krieg die beiden Kardinaltugenden."

Thomas Hobbes: Leviathan oder Stoff, Form und Gewalt eines kirchlichen und bürgerlichen Staates, hrsg. und eingeleitet von Iring Fetscher, 10. Aufl., Frankfurt/M.: Suhrkamp 2000, S. 94, 96, 98.

All das führt zur Quintessenz der subjektiven Vernunft: Der Selbsterhaltungsreflex im Naturzustand ist Hobbes' Triebkraft für die Begründung des Staates. Der Staat kommt nicht durch tiefschürfende Reflexion in die Welt. Er resultiert aus der psychischen Grundausstattung des Menschen. Auch der einfachste Mensch ist in der Lage, sich um eines billigen Vorteils willen des Verstandes zu bedienen. Die Alternative zum Leben im Staat wären Leid, Schmerz und Furcht. Und dies sind Zustände, die der Mensch unter allen Umständen zu vermeiden trachtet.

In der Gegenwart, da Sozial- und Geisteswissenschaften mit historischen Kenntnissen operieren, kann es zu Irritationen führen, dass sich Hobbes, nach den Maßstäben seiner Zeit ein gelehrter Mensch, in die Vorstellung vertiefen konnte, einen solchen Naturzustand hätte es tatsächlich geben können. So zu denken wird dem Anliegen Hobbes' aber nicht gerecht. Hobbes geht es nicht darum, reale historische Zustände zu beschreiben oder zu unterstellen. Der Maßstab einer quellenmäßig abgesicherten Geschichtsforschung greift hier nicht. Er ist ein Produkt des 19. Jahrhunderts; vorher gab es keine systematische Geschichtsforschung. Hobbes geht es allein darum, eine rationale Erklärung zu geben, welche äußeren Umstände die Menschen davon überzeugen könnten, ihre natürliche Willens- und Handlungsfreiheit an einen Dritten, an einen Herrscher, oder modern gesprochen an den Staat, abzutreten. Mit der Ausmalung des so grausamen Naturzustandes führt Hobbes den Menschen vor Augen, was sie erwartet, wenn der Staat zusammenbricht und wenn es demzufolge keine durchsetzungsfähige staatliche Autorität mehr gibt. Bürgerkrieg, Gesetzlosigkeit und der Kampf eines jeden gegen jeden wären die unausweichlichen Folgen. Angesichts dieser Konsequenzen wird jeder die mit persönlichen Einschränkungen verbundene Sicherheit im Staat der allgemeinen Unsicherheit und Gewalttätigkeit eines staatslosen Zustandes vorziehen.

5.2.2 Der Vertrag

Betrachten wir die Konstruktion des Staates aus dem Naturzustand heraus näher: An einem Punkt gelangen die Menschen, die in ständiger Furcht um ihr Leben existieren, zu der vernünftigen Einsicht, dass jede andere Form des Lebens der gegenwärtigen vorzuziehen sei. Die Menschen kommen überein, auf ihren freien Willen zu verzichten. Der Verzicht auf den freien Willen ist hier so zu interpretieren, dass darauf verzichtet wird, einem anderen den eigenen Willen aufzuzwingen. Die Unerträglichkeit des Naturzustandes überzeugt die Menschen, einen Vertrag zu schließen, in dem sie einander versprechen, sich künftig dem Willen eines Dritten zu unterwerfen. Dieser Dritte, der Souverän, ist der Staat. Der Souverän selbst ist durch das Versprechen nicht gebunden.

„Ein *Staat* wird *eingesetzt* genannt, wenn bei einer *Menge* von Menschen *jeder mit jedem* übereinstimmt und *vertraglich übereinkommt*, daß jedermann, sowohl wer *dafür* als auch wer *dagegen stimmte*, alle Handlungen und Urteile jedes *Menschen* oder jeder *Versammlung von Menschen*, denen durch die Mehrheit das *Recht* gegeben wird, die Person aller zu *vertreten*, das heißt, ihre *Vertretung* zu sein, in der selben Weise *autorisieren* soll, als wären sie seine eigenen, und dies zum Zweck eines friedlichen Zusammenlebens und zum Schutz vor anderen Menschen.
Von dieser Einsetzung eines Staates werden alle *Rechte* und *Befugnisse* dessen oder derer abgeleitet, denen die höchste Gewalt durch die Übereinstimmung des versammelten Volkes übertragen worden ist. [...]
Da von den Vertragsschließenden das Recht, ihre Person zu verkörpern, demjenigen, den sie zum Souverän ernennen, nur durch einen untereinander und nicht zwischen ihm und jedem einzelnen von ihnen abgeschlossenen Vertrag übertragen wurde, kann seitens des Souveräns der Vertrag nicht gebrochen werden, und folglich kann sich keiner seiner Untertanen von seiner Unterwerfung befreien, indem er sich auf Verwirkung beruft. Daß der zum Souverän Ernannte keinen vorherigen Vertrag mit seinen Untertanen abschließt, ist offensichtlich, denn sonst müßte er ihn entweder mit der ganzen Menge als einer Vertragspartei abschließen, oder er müßte verschiedene Verträge mit jedermann abschließen."

Thomas Hobbes: Leviathan oder Stoff, Form und Gewalt eines kirchlichen und bürgerlichen Staates, hrsg. und eingeleitet von Iring Fetscher, 10. Aufl., Frankfurt/M.: Suhrkamp 2000, S. 136f.

Der eigentliche Entstehungsgrund des Staates, der den Menschen künftig ihr Handeln vorschreibt, ist somit die individuelle Vernunft, ein subjektives Kosten-Nutzen-Kalkül. Der Staat gibt den Menschen das Vertrauen auf Sicherheit. Dafür entrichten sie den Preis der Freiheit. Der Vergleich mit Soll und Haben im Hauptbuch eines Kaufmanns drängt sich auf.

Bringt die Firma nichts mehr ein, so wird es höchste Zeit, sich nach einem kapitalstarken Partner umzusehen, der sich am Unternehmen beteiligt, im Gegenzug aber auch bei künftigen Entscheidungen das letzte Wort hat. So bietet sich die Chance eines bescheidenen, mit geringen Risiken behafteten Wohlstands oder eines nüchtern kalkulierten Neuanfangs, der berechenbare Vorteile verspricht. Es hieße Hobbes sehr einseitig und eng zu interpretieren, verstünde man ihn so, als plädiere er für den Teufel eines modern verstandenen totalitären Staates, um den Beelzebub der Eigentums- und Gewaltkriminalität auszutreiben. Bei dieser Lesart stellte sich die Frage, was mit dem Tausch staatlicher Willkür gegen private Gewalt gewonnen wäre.

Hobbes macht zum Verhältnis von Bürger und Staat eindeutige Aussagen. Durch den Unterwerfungsvertrag sind allein die Untertanen gebunden, und zwar an den Willen des Herrschers, der selbst keinerlei Beschränkungen unterliegt. Der Hobbessche Leviathan bzw. Staat kennt ferner keine konfessionellen oder positiv-rechtlichen Schranken in Gestalt individueller Glaubensfreiheiten oder Eigentumsansprüche. Trotz alledem können Hobbes' Schriften im Lichte späterer Vertragstheoretiker so gelesen werden, als trage der darin enthaltene Politikentwurf bereits den Keim des angelsächsischen Frühliberalismus in sich.

5.2.3 Die Grenzen der Herrschaft

Der erste Grund für die Entstehung des Staates bzw. für die Übertragung der bislang beim Einzelnen verbliebenen Rechtsetzungsbefugnisse auf den Souverän ist das Interesse der Menschen, Gefahren für das nackte Überleben auszuschalten. Aus der Entscheidung für den Staat ergibt sich eine Beschränkung seiner Macht. Der Staat hat kein *natürliches* Recht, einen Militärdienst leistenden Untertanen in eine Schlacht zu schicken, in der ihn mit einiger Wahrscheinlichkeit Tod oder Verwundung erwarten. Mithin erhält der Soldat nach den den Staat konstituierenden – nirgendwo statuierten und gleichwohl plausiblen – Vertragsbedingungen das Recht, gegebenenfalls zu desertieren. Hier steht das positive Recht des Staates gegen das auch nach dem Herrschaftsvertrag fortbestehende natürliche Recht des Untertanen, Leben und körperliche Unversehrtheit zu bewahren.

> „Immer wenn jemand sein Recht überträgt oder darauf verzichtet, so tut er dies entweder in der Erwägung, daß im Gegenzug ein Recht auf ihn übertragen werde, oder weil er dadurch ein anderes Gut zu erlangen hofft. Denn es handelt sich um eine willentliche Handlung, und Gegenstand der willentlichen Handlungen jedes Menschen ist ein *Gut für ihn selbst.* Und deshalb gibt es einige Rechte, die niemand durch Worte oder andere Zeichen aufgeben oder übertragen haben kann, da sich diese Auslegung verbietet. Erstens kann niemand das Recht aufgeben, denen Widerstand zu leisten, die ihn mit Gewalt angreifen, um ihm das Leben zu nehmen, da nicht angenommen werden kann, er strebe dadurch nach einem Gut für sich selbst. Dasselbe gilt für Verletzungen, Ketten und Gefängnis, einmal deshalb, weil eine solche Duldung keinen Vorteil nach sich ziehen würde wie etwa die Duldung, daß ein anderer verletzt oder eingesperrt wird, zum anderen auch, weil niemand sagen kann, wenn er Leute mit Gewalt gegen sich vorgehen sieht, ob sie seinen Tod beabsichtigen oder nicht."
>
> *Thomas Hobbes*: Leviathan oder Stoff, Form und Gewalt eines kirchlichen und bürgerlichen Staates, hrsg. und eingeleitet von Iring Fetscher, 10. Aufl., Frankfurt/M.: Suhrkamp 2000, S. 101.

Im Konflikt zwischen den Forderungen des Herrschers und dem natürlichen Recht des Einzelnen auf sein Leben muss der Unterwerfungsvertrag so verstanden werden, dass das letztgenannte eindeutig Vorrang hat. Auch der zum Tode Verurteilte, dem es auf dem Weg zur Hinrichtungsstätte gelingt, zu entfliehen, hat dazu ein natürliches, wenn auch kein positives Recht. Der Herrscher hat zwar das positive Recht, an einem Missetäter die Todesstrafe vollziehen zu lassen. Der Verurteilte hingegen hat das natürliche Recht, den Herrscherwillen zu ignorieren. Der Herrscher droht mit Tod und Strafe eine Behandlung an, die sich von den Gefahren im Naturzustand nicht mehr unterscheidet. Er hat Kraft des von ihm verkündeten Gesetzes das Recht, den flüchtigen Deserteur oder Todeskandidaten zu verfolgen und im Erfolgsfall hinzurichten. Die Macht, den Deserteur zu verfolgen und vom Leben zum Tode zu befördern, ist letztlich eine Erfolgsfrage. Wenn dieser ergriffen wird, nützt ihm die Berufung auf sein natürliches Recht auf Leben nichts. Für den Herrscher ist das natürliche Recht unverbindlich.

5.2 Hobbes

Aus dem Verhältnis von natürlichem und gesetzlichem Recht lassen sich bei Hobbes zwei politische Konsequenzen für das Verhalten des Herrschers herausfiltern:

- Das positive Recht des Herrschers, seine ausschließliche Gesetzgebungsbefugnis, gilt nicht absolut. Es wird überlagert vom vorstaatlichen Recht des Individuums, sein Leben und seine Gesundheit, kurz: seine Existenzbedingungen, auch gegen den Herrscherwillen zu verteidigen.
- Rechtsfragen sind letztlich auch Machtfragen. Ein mächtiger Herrscher wird keine Schwierigkeiten haben, seinem Recht auch dann Geltung zu verschaffen, wenn es dem natürlichen Selbsterhaltungsrecht des Einzelnen widerspricht. Nur der schwache, unfähige Herrscher wird es überhaupt so weit kommen lassen, dass sich eine Konkurrenz zwischen seinem Recht und dem natürlichen Recht des Untertanen ergibt.

Aus den natürlichen Schranken des Herrscherrechts resultieren weitere Folgerungen, die Hobbes in verschiedenen Teilen seines Werkes erwähnt, ohne sie freilich in einen systematischen Zusammenhang zu stellen:

- Hobbes verlangt vom Herrscher, dass er die Religion des Landes bestimmt. Offensichtlich stehen ihm dabei die konfessionskriegsähnlichen Fronten im englischen Bürgerkrieg vor Augen. Wenn der Herrscher kraft Gesetzes die Staatsreligion verordnet, dann sind alle Untertanen gehalten, diese Religion zu respektieren. Allerdings macht Hobbes deutlich, dass es ihm dabei lediglich um die äußere Beachtung der religiösen Riten geht. Was der Untertan wirklich glaubt, wem er in seinen Gebeten wirklich Glauben bezeugt (in der bildhaften Formel „in foro interno"), ist nicht mehr Angelegenheit des Herrschers. Hier erfreut sich der Untertan einer inneren Glaubensfreiheit. Dieser wahre, innere Glauben kann nicht zur Gefahr für den maßgeblichen äußeren Frieden zwischen den Untertanen werden.
- Ein Herrscher, der das Regierungsgeschäft als engstirnige Reglementierung aller Lebensbereiche und Handlungen auffasst, wird unweigerlich auf Probleme stoßen. Je mehr Gesetze der Herrscher gibt,

desto größer wird die Wahrscheinlichkeit, dass sie sich an den Interessen der Untertanen reiben und dass die Untertanen sie zu umgehen suchen. Der kluge Herrscher wird sich nach Hobbes darauf beschränken, nur so viele Gesetze zu geben, wie im Interesse einer Aufrechterhaltung des gesellschaftlichen Friedens notwendig erscheinen. Würden die Menschen angesichts eines Übermaßes an gesetzlichen Regelungen dazu übergehen, sich zwar formell den Gesetzen zu unterwerfen, sie aber inhaltlich zu ignorieren oder auszuhöhlen, hätte das zwangsläufig eine Untergrabung der herrscherlichen Autorität zur Folge. Auch hier ist dem Herrscher durch eine Klugheits-, nicht durch eine Rechtsschranke eine Grenze gezogen.

5.2.4 Rezeption und Wirkung

Hobbes wird von einem revisionistischen Strang der Politikwissenschaft als Anwalt des frühen Kapitalismus interpretiert. Erstmals fand *Crawford B. MacPherson* mit dieser Sichtweise Beachtung. In dem Phänomen aufkeimender Klasseninteressen im frühneuzeitlichen England sieht er die Triebkraft für Hobbes' Überlegungen. Die Einordnung der Hobbesschen Staatstheorie in den historischen Kontext eröffnet aufschlussreiche Erkenntnisse: Im Zeichen des Bürgerkriegs waren in England Recht und Gesetz zusammengebrochen. Der üblicherweise sichere Handelsverkehr zwischen den Landesteilen war durch Straßenräuberei und Übergriffe der Bürgerkriegsparteien gefährdet. Die unsicheren Fronten zwischen Royalisten und Parlamentstruppen schufen in breiten Kreisen der Bevölkerung Unklarheit darüber, wessen Gesetz in ihrer Region derzeit Gültigkeit besaß. Kurz: die englische Gesellschaft dieser Zeit schrie nach Rechtssicherheit!

Der Bürgerkrieg führte vor Augen, welche politische Zweckbestimmung die Hobbessche Philosophie ganz aktuell gehabt haben könnte. Hobbes war Zeitgenosse einer Gesellschaft, die sich bereits weitgehend von den Beschränkungen der aus dem Mittelalter überlieferten Wirtschafts- und Sozialordnung emanzipiert hatte. Moderne politische Beobachter haben daraus den Schluss gezogen, Hobbes sei ein frühliberaler politischer Denker. Hobbes wolle den Staat anscheinend dort stark und legitim, wo die Menschen zur Verständigung auf Regeln nicht fähig sind. Und Hobbes wolle offenkundig keinen Staat, der die inneren Überzeugungen seiner Bürger reglementiert. Ihm genügten äußere Übereinstimmung mit den staatlichen Vorgaben und staatlicher Zwang, wo die Erwartungen des Staates nicht mit den Interessen Einzelner übereinstimmen.

An Hobbes' Grundgedanken knüpfte der weitaus populärere *John Locke* an, der den breitenwirksameren Herrschaftsvertragsentwurf konzipierte. *Locke* hatte allerdings den historischen Vorteil, dass er zum Lieblingsphilosophen aller erklärten Liberalen wurde. Über die amerikanische Unabhängigkeitserklärung und die Schriften der *Federalist Papers* avancierte er sozusagen zum geistigen Mitbegründer der in den USA herrschenden politischen Philosophie.

Hobbes war Jahrhunderte lang verfemt. Er war lange auch nur einigen Philosophen und politikphilosophischen Wissenschaftlern geläufig. Erst im 20. Jahrhundert sollte seine Dämonisierung einen neuen Höhepunkt erreichen. Ausgerechnet ein deutscher Staatsrechtler, *Carl Schmitt (1888-1985)*, verschaffte Hobbes in Deutschland die erste größere Beachtung. Dabei verfälschte *Schmitt* Hobbes in mancherlei Hinsicht. *Schmitt*, ein geschworener Gegner der Weimarer Republik, gehörte in die Tradition der deutschen Staatslehre. Für ihn war Hobbes einer der wichtigsten Denker, weil er das Wesen des Politischen erkannt habe. Demnach ist Politik die Fähigkeit, Freund und Feind zu definieren und den Feind zu besiegen. Die Unterscheidung von Freund und Feind ist die Grundlage der Staats- und Gemeinschaftsbildung. Gleichgesinnte schließen sich zusammen, um ihre Vorstellung von einer politischen Ordnung zu verwirklichen. Der Staat dient dazu, diese Ordnung gegen ihre Gegner zu verteidigen. Die beste Art der Verteidigung ist es, den Gegner politisch auszuschalten. Nur ein Staat, der die politische Einheit seiner Bürger verkörpert, kann sich auch nach außen hin behaupten. Ein Staat, der innerlich zerrissen ist, bringt nicht die Kraft auf, sich gegen seine äußeren Feinde zu wehren.

Von anderer Seite wurde Hobbes unterstellt, er habe, indem er den Staat aus dem blanken Überlebensinteresse der Menschen konstruiere, die Frage nach der Wertebindung der Politik vernachlässigt und als erster wirkungsmächtiger Denker die Allmacht des Staates gedacht und gerechtfertigt. Diese Interpretationen verpflanzen Hobbes ahistorisch in die Gedanken- und Ereigniswelt des 20. Jahrhunderts. Das ist mehr als problematisch. Doch belassen wir es nicht dabei und halten Ausschau nach weiteren Gründen für die Dämonisierung von Hobbes.

Für die aristotelischen Vertreter der politischen Theorie, so *Arendt* und *Strauss*, ist die Moralfähigkeit des Menschen, d.h. seine Unterscheidung zwischen Falsch und Richtig, die eigentliche Grundlage aller Politik. Politik dreht sich um das Gerechte – vom rechten Maß bei politischen Entscheidungen über das Gute als Leitfaden politischen Handelns bis hin zum Bemühen um eine gemeinschaftsfördernde politische Ordnung. Interessen sind eine Eigenschaft des schnöden Ich, auch wenn sie hier und dort Zweckgemeinschaften fördern. Das politische Handeln im aristotelischen Sinn hebt sich über das Interesse empor. Richtiges Handeln blickt auf die Menschen, die Zeit und die Umstände. Es kennt keine Patentformel. Hobbes wird vorgeworfen, sich um überindividuelle Normen nicht zu kümmern und die Gemeinschaftsbildung dem Willen eines Monarchen oder Diktatoren zu überlassen. Dieser mag zwar Ordnung schaffen – aber um den Preis der Unterdrückung von Verschiedenheit. Er mag auch Recht setzen – aber es steht ihm frei, das Gerechte mit Füßen zu treten. Kurz: Indem Hobbes das individuelle Interesse zum Ausgangspunkt erhebt, übt er Verrat an der Tradition von 2000 Jahren antiker und christlicher Philosophie. In dieser Kritik ist Hobbes allerdings nur der Stellvertreter für eine Denkrichtung, welche die gesamte philosophische Moderne charakterisiert: die Bindungslosigkeit des Menschen in einer Welt, die von der Autonomie des Einzelnen her gedacht ist. Hier scheint mehr rückwärtsgewandte Kritik an der Moderne im Spiel als die werk- und zeitgerechte Interpretation des Klassikers! Hobbes und viele nach ihm suchten bereits eine Politikerklärung, die sich auf die Alltagsbeobachtung und die Alltagserfahrung stützt. Für Hobbes, den Zeitzeugen des englischen Bürgerkriegs, der französischen Adelsaufstände und des Dreißigjährigen Krieges, waren Selbstsucht, Eigeninteresse sowie Sicherheit und Ordnung überzeugendere Annahmen für die Ursachen politischer Ereignisse als die philosophischen und theologischen Morallehren der Antike und des abendländischen Mittelalters.

Der amerikanische Sozialphilosoph *John Rawls (1921-)* arbeitet ebenfalls mit der Vertragsmetapher. Um die Menschen vollkommen gleichberechtigt darüber diskutieren zu lassen, welcher Institutionen es bedarf, die keinen Unterschied zwischen arm und reich, gebildet und weniger gebildet machen, lässt er sie hinter einem *Schleier des Nichtwissens* verschwinden. Dieser Schleier blendet die Kenntnis der individuellen Biographien und künftigen Lebensumstände aus. Keiner weiß, wie seine eigene Lage in der zu gründenden Ordnung sein wird. Dieser Rawlssche Urzustand ist mit dem Hobbesschen Naturzustand insofern vergleichbar, als eine bessere politische Ordnung auf der Grundlage des bloßen rationalen Kalküls individueller Akteure entstehen kann. Haben sich die Menschen prinzipiell auf eine politische Ordnung verständigt, hebt sich der Schleier, die Ungleichheit wird wieder erkennbar. Die unterschiedlichen Interessen werden jetzt aber durch Institutionen moderiert, die auf einem Basiskonsens über Verfahren und Ziele fußen. Neben Sicherheit und Freiheit gehört auch der Grundsatz dazu, dass keine politische Maßnahme getroffen werden darf, welche die Situation des am schlechtesten Gestellten nicht wenigstens minimal verbessert. Hier kommt das moderne Moment der sozialen Gerechtigkeit (*Sozialstaat*) ins Spiel.

Hobbes hat den sozialen Frieden durch vertragliche Übereinkunft nur *im Staat* für möglich gehalten. Entsprechende *Vereinbarungen zwischen den Staaten* schließt er aus. Der innergesellschaftliche Krieg lässt sich durch den Staat bannen. Zwischen den Staaten bleibt indes stets die Möglichkeit des Krieges. Die Gründe, welche Menschen zur Unterwerfung unter den Staat veranlassen, sind existentiell. Es geht um Leben und Tod, Sicherheit und Unversehrtheit für den Einzelnen. Der Staat hingegen ist artifiziell, eine Erfindung der Menschen – ein Apparat zu einem bestimmten Zweck! Existentielle Nöte kennt dieser Staat nicht. Er funktioniert oder er funktioniert nicht; er behauptet sich oder er geht unter. Allerdings haben die Herrschenden ein vitales Interesse daran, dass der Staat integer bleibt. Deshalb sind sie gut beraten, sich nicht auf kriegerische Auseinandersetzungen einzulassen, in denen der Zusammenbruch des Staates droht. Hobbes formuliert hier – indirekt – eine Klugheitsregel: Die Herrscher sollten sich nicht leichtfertig in Kriege stürzen. Für Hobbes sind die zwischenstaatlichen Beziehungen kein großes Thema. Sie kommen in seinem Werk nur am Rande vor.

Literatur:

Thomas Hobbes: Leviathan oder Stoff, Form und Gewalt eines kirchlichen und bürgerlichen Staates, hrsg. und eingeleitet von Iring Fetscher, 10. Aufl., Frankfurt/M.: Suhrkamp 2000.

Thomas Hobbes: Vom Menschen. Vom Bürger, eingel. und hrsg. von Günter Gawlick, 3. Aufl., Hamburg: Meiner 1994.
Crawford B. Macpherson: Die politische Theorie des Besitzindividualismus, Frankfurt/M.: Suhrkamp 1990.
Peter-Cornelius Mayer-Tasch: Hobbes und Rousseau, Aalen: Szientia 1976.
Herfried Münkler: Thomas Hobbes, 2. vollst. überarb. Aufl., Frankfurt/M. und New York: Campus 2001.
John Rawls: Eine Theorie der Gerechtigkeit, 12. Aufl., Frankfurt/M.: Suhrkamp 2001
Carl Schmitt: Der Begriff des Politischen, 6. Aufl., Berlin: Duncker & Humblot 1996.
Carl Schmitt: Politische Theologie. Vier Kapitel zur Lehre von der Souveränität, 7. Aufl., Berlin: Duncker & Humblot 1996.
Leo Strauss: Naturrecht und Geschichte, 2. Aufl., Frankfurt/M.: Suhrkamp 1989.

5.3 Locke

John Locke (1632-1704) stammte ähnlich wie *Hobbes* aus kleinen Verhältnissen. Er studierte Politik und Philosophie und wurde zum Hauslehrer einer der ersten Familien Englands, deren ihm direkt anvertrauter Zögling, der Earl of Shaftesbury, später einflussreicher Sprecher der Whig-Fraktion im englischen Parlament werden sollte. In früheren ideengeschichtlichen Betrachtungen gab es, wie oben geschildert, die Tradition, *Hobbes* als Vertreter eines totalen Staates zu dämonisieren. Locke erschien demgegenüber als strahlender Held eines politischen Denkens, das den Einzelnen mit seinen Individualrechten in den Mittelpunkt stellt und den Staat erst auf den zweiten Rang im menschlichen Zusammenleben verweist. Dabei fußt Lockes politischer Entwurf auf ähnlichen Voraussetzungen wie *Hobbes'* Konstruktion des Herrschaftsvertrags. Wie bei *Hobbes* wird der Staat vom Einzelnen her gedacht.

5.3.1 Der Naturzustand und der Gesellschaftszustand

Auch Locke konstruiert seine politische Theorie auf der Grundlage eines gedachten Naturzustandes. Der Staat kommt erst als Ergebnis der Unerträglichkeit des Naturzustandes zustande. Locke geht davon aus, dass

5.3 Locke

Neid, Habgier und Machtstreben als Antriebe menschlichen Handelns wirken. Sein Menschenbild gerät nicht gar so negativ wie jenes, das dem Hobbesschen Staatsentwurf zugrunde liegt. Im Lockeschen Naturzustand gilt wie bei *Hobbes* die Regel, dass jeder Mensch sein eigenes Gesetz bildet, nach dem er handelt. Im Naturzustand geht es keineswegs friedfertig zu. Trachtet jemand einem anderen nach dem Leben, so hat dieser andere das Recht, den Angreifer gefangen zu nehmen und ihn fortan als Sklaven in seine Dienste zu stellen. Nun ist der Lockesche Naturzustand freilich kein undifferenzierter Krieg aller gegen alle. Durch die Entstehung des Eigentums erfährt er eine gewisse Fortentwicklung. Die Menschen des Naturzustands leben von den Früchten des Bodens. Wer zur Sicherheit seines Lebensunterhalts ein Stück Boden bearbeitet, vermischt nach Lokke diesen Boden mit seiner Arbeit und dadurch entsteht Eigentum. Eigentum beruht auf Arbeit. Ist der Boden erst durch die Arbeit *veredelt*, so hat kein anderer mehr Anspruch darauf.

„Obwohl die Erde und alle niederen Lebewesen allen Menschen gemeinsam gehören, so hat doch jeder Mensch ein *Eigentum* an seiner eigenen *Person*. Auf diese hat niemand ein Recht als nur er allein. Die *Arbeit* seines Körpers und das *Werk* seiner Hände sind, so können wir sagen, im eigentlichen Sinne sein Eigentum. Was immer er also dem Zustand entrückt, den die Natur vorgesehen und in dem sie es belassen hat, hat er mit seiner *Arbeit* gemischt und ihm etwas eigenes hinzugefügt. Er hat es somit zu seinem *Eigentum* gemacht. Da er es dem gemeinsamen Zustand, in den es die Natur gesetzt hat, entzogen hat, ist ihm durch seine *Arbeit* etwas hinzugefügt worden, was das gemeinsame Recht der anderen Menschen ausschließt. Denn da diese *Arbeit* das unbestreitbare Eigentum des Arbeiters ist, kann niemand außer ihm ein Recht auf etwas haben, was einmal mit seiner Arbeit verbunden ist. Zumindest nicht dort, wo genug und ebenso gutes den anderen gemeinsam verbleibt. [...]
Da aber Gold und Silber, die im Verhältnis zu Nahrung, Kleidung und Transportmöglichkeiten für das Leben des Menschen von geringem Nutzen sind, ihren *Wert* nur von der Übereinkunft der Menschen erhalten haben, wofür aber die Arbeit doch zum größten Teil den *Maßstab* setzt, ist es einleuchtend, daß die Menschen mit einem ungleichen und unproportionierten Bodenbesitz einverstanden gewesen sind. Denn sie haben durch stillschweigende und freiwillige Zustimmung einen Weg gefunden, wie ein Mensch auf redliche Weise mehr

> Land besitzen darf als er selber nutzen kann, wenn er nämlich als Gegenwert für den Überschuß an Produkten Gold und Silber erhält, jene Metalle, die in der Hand des Besitzers weder verderben noch umkommen und die man, ohne jemandem einen Schaden zuzufügen, aufbewahren kann. Diese Verteilung der Dinge zu einem ungleichen Privatbesitz haben die Menschen, außerhalb der Grenzen der Gemeinschaft und ohne Vertrag, nur dadurch ermöglicht, daß sie dem Gold und Silber einen Wert beilegten und stillschweigend in den Gebrauch des Geldes einwilligten. Denn in Staaten regeln die Gesetze das Eigentumsrecht, und der Landbesitz wird durch positive Satzungen genau bestimmt."
>
> *John Locke*: Zwei Abhandlungen über die Regierung, hrsg. und eingeleitet von Walter Euchner, 8. Aufl., Frankfurt/M.: Suhrkamp 2000, S. 216f, 230f.

Wenn zahlreiche Menschen Eigentum an Boden erworben haben, kommt es zu einer allgemeinen Unterscheidung zwischen Eigentümern und Nicht-Eigentümern. Auch unter den Eigentümern entstehen Unterschiede. Abhängig von der Tüchtigkeit des Einzelnen wird der bewirtschaftete Boden reichere oder schlechtere Ernten einbringen. Ungleichheit, so ein Zwischenfazit der Lockeschen Theorie, ist ein unvermeidliches Merkmal jeder menschlichen Gesellschaft. Lockes Eigentumstheorie bleibt bei diesem Befund nicht stehen. Sie wird durch Thesen von der Entstehung des Geldes weiterentwickelt. Da von den Bodeneigentümern unterschiedliche wirtschaftliche Ergebnisse erzielt werden, ergibt sich mit der Zeit ein Problem. Nach Locke ist es unvernünftig, dass ein erfolgreicher Bauer mehr erntet und bevorratet, als er und seine Familie verzehren können. Es kann und darf (im Sinne der christlichen Lehre) nicht sein, dass ein tüchtiger Bodeneigentümer bei der Bewirtschaftung seines Landes so große Ernten einbringt, dass bis zur nächsten Ernte ein Teil davon verderben muss, weil die Vorräte weit über den Eigenbedarf hinausgehen. Infolgedessen ist es nur vernünftig, wenn die Tüchtigen dazu übergehen, den Teil ihrer Ernte, den sie selbst nicht verbrauchen können, in Gold und Silber einzutauschen. Wenn die Früchte des Feldes verderben, so ist dies nicht nur unvernünftig, sondern auch ein sündhaftes Vergehen wider die göttlichen Gebote, auf die sich Locke in seinen Schriften immer wieder beruft – wenn auch eher im Blick auf die Absicherung seiner naturrechtlichen politischen Theorie gegen Einwände der kirchlichen Zensur.

5.3 Locke

Tauscht der Mensch jedoch verderbliche Güter in unverderbliches Geld, im Sinne der damaligen Zeit also in Gold- und Silbermünzen, so wandelt er die Ergebnisse seiner Arbeit in Gegenstände um, die er wiederum für den Erwerb anderer Dinge benutzen kann, die ihm entweder das Leben versüßen oder aber dazu beitragen, sein Vermögen weiter zu mehren. Dabei verstößt er weder gegen christliche noch gegen Vernunftgebote. Legitime Quellen des Reichtums sind praktisch alle gewerblichen Verrichtungen und Gegenstände, die in Geld ausgedrückt werden können.

5.3.2 Der Staat

Mit der Entstehung des Geldes nimmt die Ungleichheit unter den Menschen, auch unter den Eigentümern (die jetzt nicht mehr ausschließlich als Bodeneigentümer definiert sind), rasch zu. Die Tüchtigen können große Vermögen erwerben. Weniger Tüchtige werden sich mit der nackten Subsistenz begnügen müssen. Geld schafft nicht nur neue Erscheinungsformen des Reichtums und neue Chancen, Reichtum zu gewinnen. Als Begleiterscheinung entstehen Neid, Missgunst, auch Habsucht und Verbrechen. Raub, Diebstahl und Betrug bürgern sich als wohlfeile Wege ein, um ohne große Mühen in den Besitz von Dingen zu gelangen, die ein angenehmes Leben ermöglichen. Mit der Einführung des Geldes und mit der Entstehung beweglichen Eigentums unterstellt Locke den aus dem Naturzustand heraustretenden Menschen die Fähigkeit, sich auf gewisse Regeln für das Zusammenleben zu verständigen. Ohne die Verständigung, dass Geld jederzeit in Boden- oder Sacheigentum umgewandelt werden kann, wäre die Einführung des Geldes sinnlos. Nur stellt sich eben im Laufe der Zeit heraus, dass die Regeln des Geld- und Eigentumserwerbs nicht von allen akzeptiert werden. Zwar gilt auch weiterhin die bereits den Naturzustand charakterisierende Prämisse, wonach jeder sein eigenes Gesetz verkörpert, d.h. dass er selbst dafür zu sorgen hat, dass andere ihm nicht ungestraft nach Leben und Eigentum trachten. Aber angesichts wachsender Vermögensunterschiede, einer kleinen Zahl von Vermögenden und einer großen Zahl von weniger Vermögenden und Besitzlosen, bei denen sich Neid und mangelnder Respekt vor den Eigentumsrechten breit machen, wird es für die Besitzenden immer schwieriger, der Respektierung ihrer Rechte Geltung zu verschaffen.

> „Da aber keine *politische Gesellschaft* bestehen kann, ohne daß es in ihr eine Gewalt gibt, das Eigentum zu schützen und zu diesem Zweck die Übertretungen aller, die dieser Gesellschaft angehören, zu bestrafen, so gibt es nur dort eine *politische Gesellschaft*, wo jedes einzelne ihrer Mitglieder seine natürliche Gewalt aufgegeben und zugunsten der Gemeinschaft in all denjenigen Fällen auf sie verzichtet hat, die ihn nicht davon ausschließen, das von ihr geschaffene Gesetz zu seinem Schutz anzurufen. Auf diese Weise wird das persönliche Strafgericht der einzelnen Mitglieder beseitigt, und die Gemeinschaft wird nach festen, stehenden Regeln zum unparteiischen und einzigen Schiedsrichter für alle. Durch Männer, denen von der Gemeinschaft die Autorität verliehen wurde, jene Regeln zu vollziehen, entscheidet sie alle Rechtsfragen, die unter den Mitgliedern dieser Gesellschaft auftreten können, und bestraft jene Vergehen, die von irgendeinem Mitglied gegen die Gesellschaft begangen werden, mit den vom Gesetz vorgesehenen Strafen. Daran kann man leicht beurteilen, welche Menschen in einer *politischen Gesellschaft* zusammenleben und welche nicht. Diejenigen, die zu einem einzigen Körper vereinigt sind, eine allgemeine feststehende Gesetzgebung und ein Gerichtswesen haben, das sie anrufen können und das genügend Autorität besitzt, die Streitigkeiten unter ihnen zu entscheiden und Verbrecher zu bestrafen, bilden zusammen eine *bürgerliche Gesellschaft*."

John Locke: Zwei Abhandlungen über die Regierung, hrsg. und eingeleitet von Walter Euchner, 8. Aufl., Frankfurt/M.: Suhrkamp 2000, S. 253.

Locke gelangt zu derselben Konsequenz, die bei *Hobbes* aus der Sorge um das schiere Überleben resultiert: zur Gründung des Staates. Der Lockesche Staat verdankt seine Entstehung nicht nur dem Motiv, das bei *Hobbes* so übermächtig im Vordergrund steht – dem Schutz des Lebens und der Unversehrtheit. Locke geht es darum, dass der Staat neben dem Leben auch die Freiheit seiner Bürger sichert. Die berühmte, in ähnlicher Weise auch in den amerikanischen Verfassungsdokumenten anzutreffende Formel von „life, liberty, and estate" (das Letztere als Chiffre für Eigentum ganz allgemein), weist auf diesen engen Zusammenhang hin. Der Mensch, der es zu Eigentum bringt, kann diesen Reichtum nur solange nutzen oder genießen, wie er lebt. Freiheit, verstanden als wirtschaftliche Handlungsfreiheit, hat wenig Sinn, wenn kein Eigentum vorhanden ist.

5.3 Locke

Der Staatsgründungszweck hat bei Locke viel deutlicher als bei *Hobbes* einen wirtschaftlichen Bezug. Er wendet sich ausschließlich an die Eigentümer. Nicht-Eigentümer, ja Sklaven, deren Existenz Locke im Übrigen rechtfertigt, haben in einem staatenlosen Zustand, der bereits das Eigentum kennt, durch Neid und Missgunst wenig zu verlieren. Der Lockesche Staat ist ein Staat der wirtschaftlich Tüchtigen.

5.3.2.1 Die Beschaffenheit und die Grenzen des Staates

Im Unterschied zu *Hobbes*, der sich über die Ausgestaltung des Staates kaum Gedanken macht, bietet Locke ein ausgefeiltes Gewaltenteilungsmodell an. Die Lockesche Gewaltenteilung verdient große Beachtung, da sie einem Regierungssystem, wie es heute in den westlichen Industriegesellschaften dominiert, weitaus näher kommt als das übliche, auf *Montesquieu* zurückgehende Gewaltentrennungsmodell. Diese Leistung liegt darin begründet, dass Locke seine Gewaltenteilungslehre am englischen Konstitutionalismus des späten 17. Jahrhunderts orientiert. Er führt ein Gewaltenteilungsmodell vor, das aus der konkreten Anschauung der englischen Verfassungsverhältnisse gewonnen ist. Die Tatsache, dass sich Locke um die Struktur des Staates ausführliche Gedanken macht, hat mit den anthropologischen und gesellschaftlichen Prämissen seiner Staatstheorie zu tun. Locke konstruiert den Staat um den Einzelnen, oder genauer, um den einzelnen Eigentümer, herum. Die schwerwiegendsten Eingriffe des Staates in das Leben des Untertanen definiert Locke als Gesetze, insbesondere als Strafgesetze, aber durchaus auch als Steuergesetze, die ja allein für jene Untertanen einkommens- oder vermögensmindernd wirken, die über Eigentum verfügen. Hieraus resultiert der Grundsatz, der in der amerikanischen Revolution in den knappen Slogan „no taxation without representation" gefasst wurde. Steuern und Staatsausgaben sollen nach Locke nur dann erlaubt sein, wenn die Vertreter der Betroffenen, also insbesondere Repräsentanten der Besitzenden, zustimmen. Der Ort dieser Beteiligung ist die Legislative. Die Mitglieder der Legislative müssen sich in bestimmten Abständen um die Erneuerung ihres Mandats bemühen. Nur Steuerpflichtige dürften gewählt werden. So beschließen die Steuer- und Abgabenzahler selbst, ob sie dem Staat einen Teil ihres Vermögens als Steuern abtreten.

„Mit ihrem Eintritt in die Gesellschaft verzichten nun die Menschen zwar auf die Gleichheit, Freiheit, und exekutive Gewalt des Naturzustandes, um sie in die Hände der Gesellschaft zu legen, damit die Legislative soweit darüber verfügen kann, wie es das Wohl der Gesellschaft erfordert. Doch geschieht das nur mit der Absicht jedes einzelnen, um damit sich selbst, seine Freiheit und sein Eigentum besser zu erhalten (denn man kann von keinem vernünftigen Wesen voraussetzen, daß es seine Lebensbedingungen mit der Absicht ändere, um sie zu verschlechtern). *Man kann deshalb auch nie annehmen, daß sich die Gewalt der Gesellschaft oder der von ihr eingesetzten Legislative weiter erstrecken soll als auf das gemeinsame Wohl.* Sie ist vielmehr verpflichtet, das Eigentum eines jeden dadurch zu sichern, indem sie gegen jene drei erwähnten Mängel Vorsorge trifft, die den Naturzustand so unsicher und unbehaglich machten. Wer immer daher die Legislative oder höchste Gewalt eines Staatswesens besitzt, ist verpflichtet, nach festen, *stehenden Gesetzen* zu regieren, die dem Volke verkündet und bekanntgemacht wurden, und nicht nach Beschlüssen des Augenblicks; durch *unparteiische* und aufrechte *Richter*, die Streitigkeiten nach jenen Gesetzen entscheiden müssen. Weiter ist er verpflichtet, die Macht dieser Gemeinschaft im Inneren *nur zur Vollziehung dieser Gesetze*, nach außen zur Verhütung und Sühne fremden Unrechts und zum Schutz der Gemeinschaft vor Überfällen und Angriffen zu verwenden. Und all dies darf zu keinem anderen *Ziel* führen als *zum Frieden, zur Sicherheit* und *zum öffentlichen Wohl* des Volkes."

John Locke: Zwei Abhandlungen über die Regierung, hrsg. und eingeleitet von Walter Euchner, 8. Aufl., Frankfurt/M.: Suhrkamp 2000, S. 281.

Lockes Gewaltenteilungslehre stellt in erster Linie auf staatliche Funktionen ab und erst in zweiter Linie auf Institutionen. Die Legislativfunktion kommt der Legislative, einer gewählten Repräsentativversammlung, und der Krone, dem Monarchen, gemeinsam zu. Daneben unterscheidet Lokke die Prärogative, d.h. das Recht des Herrschers, im Rahmen der vom Parlament beschlossenen Gesetze politische Entscheidungen zu treffen. Er nennt ferner die Exekutivgewalt, die Ausführung der Gesetze, sowie schließlich die Föderativgewalt, worunter das Recht des Herrschers verstanden wird, mit anderen Herrschern völkerrechtliche Verträge zu schließen. Prärogative, Exekutive und Föderative liegen beim Herrscher. Damit ist präzise ein Verfassungszustand umschrieben, wie er im zeitge-

5.3 Locke

nössischen England nach der *Glorious Revolution* von 1688/89 erreicht war: Eine konstitutionelle Monarchie, in der jedoch alle Akte, die den Bürgern vermögenswirksame Belastungen auferlegen oder die in ihre persönliche Freiheit eingreifen, von den Vertretern der Betroffenen gebilligt werden müssen. Diese letzte Bedingung sah Locke bereits als ausreichende Garantie gegen unzulässige Übergriffe der Regierung an. Aus diesem Grund spielt die unabhängige Judikatur im Lockeschen Staatsentwurf keine herausragende Rolle.

Geschieht es jedoch tatsächlich, dass der Herrscher illegitim in die Untertanenrechte eingreift, so macht Locke die Untertanen selbst zu Hütern ihrer Rechte. Ein Herrscher, der mit seinen Handlungen die eigentlichen Zwecke der Staatsgründung infrage stellt, verwirkt sein Recht, weiterhin Herrscher zu sein. Die Untertanen dürfen sich gegen diesen Herrscher wehren, indem sie von ihrem natürlichen, durch die Staatsgründung ja keineswegs aufgehobenen Recht Gebrauch machen: indem sie also bei Anschlägen auf ihr Leben und Eigentum ihrem *natürlichen* Interesse gehorchen. Locke stattet die Untertanen also mit einem Widerstandsrecht aus. Dieses Widerstandsrecht kann aber vor keiner staatlichen oder irdischen Instanz eingeklagt werden. Es handelt sich um ein erfolgsabhängiges Recht. Setzt sich der Widerstand der Untertanen durch, so erfolgt eine Korrektur der zweckentfremdeten Herrschaft. Scheitert der Widerstand, so behauptet sich die Macht, d.h. das positive Recht. Mit Blick auf den Gründungszweck des Staates dauert der Unrechtszustand an. Locke drückt deshalb das Widerstandsrecht als „appeal to heaven" aus: Gott selbst, menschlicher Vernunft entzogen, trifft die letzte Entscheidung, ob das natürliche oder das Herrscherrecht die Oberhand behält.

5.3.3 Rezeption und Wirkung

Locke fand in England wie auch in den Eliten der britischen Kolonien Nordamerikas und später der unabhängigen USA ungeheuer große Resonanz. Der Staat ist ein lästiges, aber unverzichtbares Übel. Er wird ganz plastisch in den Dienst einer Gesellschaft gestellt, die sich bereits auf die Legitimität von Vermögensunterschieden geeinigt und sich damit auf die Schutzwürdigkeit der Freiheit als die Freiheit des Tüchtigen verständigt hat. Locke erscheint wie ein politiktheoretischer Spiegel der gesellschaftlichen Veränderungen im England des späteren 17. Jahrhunderts, das sich auf dem Weg zu einer nach heutigen Maßstäben marktwirtschaftlichen Gesellschaft befand.

John Locke ist der Nice guy des liberalen Stranges der Vertragstheorie. Seine Wirkung auf das politische Denken ist enorm. Das Programm des liberalen Verfassungsstaates und der marktgesteuerten Gesellschaft erfreut sich heute weit jenseits der dem Namen nach liberalen Parteien ungebrochener Zustimmung. Nur das allgemeine Stimmrecht musste hinzutreten und als dessen Ergebnis schließlich die soziale Umverteilung, um Lockes Entwurf in die Gegenwart zu verlängern. Doch eben der Umverteilungsgedanke bringt den Lockeschen Grundriss durcheinander. Die Habenichtse beschließen über die Steuern mit und vergreifen sich auf diesem Wege am Eigentum der Reichen. Der von Locke repräsentierte Liberalismus und die Ideen der bürgerlichen Rechtsgleichheit und der Demokratie beißen einander. Der moderne Liberalismus hat sich mit beidem arrangiert. Dessen ungeachtet macht er sich bis heute zum Anwalt der Vermögenden und Begünstigten, indem er entschieden gegen die steuerliche Umverteilung wettert und den Staat am liebsten auf Law-and-order-Funktionen zurücksetzen möchte. Den stärksten Eindruck hat Locke in der politischen Praxis der USA hinterlassen. Der *raue Individualismus* in der Besiedlung und wirtschaftlichen Entwicklung der heutigen Vereinigten Staaten atmet Lockeschen Geist. Wenn heute bekannte Ökonomen, die stark in die Politik hineinwirken, wie z.B. *Milton Friedman*, in elegant geschriebenen, auch dem Laienpublikum verständlichen Büchern vom Primat des Individualinteresses her gegen die Präferenz für staatliche Lösungen argumentieren, dann handelt es sich um die feingeschliffenen Produkte eines Denkens, dessen Ursprünge auf Locke verweisen.

📖 Literatur:

John Locke: Zwei Abhandlungen über die Regierung, hrsg. und eingeleitet von Walter Euchner, 8. Aufl., Frankfurt/M.: Suhrkamp 2000.
Walter Euchner: John Locke zur Einführung, Hamburg: Junius 1996.
Milton Friedman: Kapitalismus und Freiheit, Frankfurt/M. u.a.: Ullstein 1984.
Crawford B. Macpherson: Die politische Theorie des Besitzindividualismus, Frankfurt/M.: Suhrkamp 1990.
Leo Strauss: Naturrecht und Geschichte, 2. Aufl., Frankfurt/M.: Suhrkamp 1989.

5.4 Kontrast: Kants praktische Vernunft als Staatsgrund

Unter den zahlreichen Vertretern des Vertragsdenkens außerhalb der angelsächsischen Tradition ragt der preußische Philosoph *Immanuel Kant (1724-1804)* heraus. Kants Ausgangspunkt ist die Autonomie des Einzelnen als höchstes Gut. Etwas plastischer ausgedrückt heißt dies nichts anderes, als dass die Freiheit das Höchste ist, was der Einzelne besitzt. Freiheit kann im Zusammenleben mit anderen aber keine unbegrenzte Freiheit sein. Die Absolutsetzung der Willensfreiheit des Einen kollidiert absehbar mit dem gleichen Anliegen des Anderen. Als Lösung bleibt, wenn sich keiner unterwirft, nur ein Kräftemessen. Gewalt und Drohen indes stehen im Widerspruch zur Freiheit. Beide entziehen sich der Vernunft als Lösungsweg.

5.4.1 Die Freiheit

Die zahlreichen Einzelnen finden durch die Reflexion ihrer eigenen Interessen und die ihrer Nachbarn zu der Einsicht, dass deren Autonomie genauso viel zählt wie ihre eigene. Folglich kann es ein friedfertiges, vernunftgemäßes Zusammenleben nur dann geben, wenn alle die Grenzen ihrer Freiheit dort ziehen, wo diese auf Kosten der Freiheit ihrer Nachbarn geht. Der Verlauf dieser Grenzen ist eine Sache der Vereinbarung. Es zählt allein, dass diese Grenzen von allen respektiert werden. Innerhalb dieser Grenzen bedeutet ein Handeln nach freiem Willen vernünftige, wohlverstandene Freiheit. Sie lässt im Zusammenleben mit anderen jedem einzelnen Raum für die persönliche Entfaltung und begründet gleichzeitig eine gemeinsame Identität als freie Menschen. So lautet denn auch der Kernsatz in Kants Traktat über die praktische Vernunft, der kategorische Imperativ, wie folgt: „Handle stets so, dass Dein Handeln zum allgemeinen Gesetz erhoben werden kann". Als Volksweisheit lautet der gleiche philosophische Satz etwa so: „Was Du nicht willst, dass man Dir tu', das füg' auch keinem anderen zu."

> „Was kann das aber wohl für ein Gesetz sein, dessen Vorstellung, auch ohne auf die daraus erwartete Wirkung Rücksicht zu nehmen, den Willen bestimmen muß, damit dieser schlechterdings und ohne

Einschränkung gut heißen könne? Da ich den Willen aller Antriebe beraubet habe, die ihm aus der Befolgung irgend eines Gesetzes entspringen könnten, so bleibt nichts als die allgemeine Gesetzmäßigkeit der Handlungen übrig, welche allein dem Willen zum Prinzip dienen soll, d.i. ich soll niemals anders verfahren, als so, *daß ich auch wollen könne, meine Maxime solle ein allgemeines Gesetz werden.*"

Immanuel Kant: Kritik der praktischen Vernunft / Grundlegung zur Metaphysik der Sitten, in: Werkausgabe Band VII, hrsg. von Wilhelm Weischedel, 15. Aufl., Frankfurt/M: Suhrkamp 2000, S. 28.

Bei Kant handeln die Menschen nicht nach Sicherheits- oder Überlebensinstinkten, wie es bei *Hobbes* geschieht. Sie denken vernünftig, indem sie von sich auf andere schließen und indem sie die kalkulierbare Reaktion des Anderen auf das eigene Handeln antizipieren. Kant ist kein Moralist. In diesem Punkt wird er häufig falsch verstanden. Er ist Ethiker. Es geht ihm nicht um Gut oder Böse, sondern um Falsch und Richtig. Und was falsch und richtig ist, bestimmt sich a) nach der Vernunft und b) nach der Situation. Verhaltensmaßgaben, die hier einigungs- und friedensstiftend wirken, weil sie akzeptiert werden, greifen dort zu kurz, oder sie gehen anderswo wieder zu weit. Welches Maß richtig ist, das lässt sich nicht abstrakt bestimmen, sondern verlangt das Ansehen von Land und Leuten (heute würde man explizit die Geschichte und die Alltagskultur anfügen). In Betrachtung und Würdigung dieser Umstände können sozialverträgliche Ethiken reifen. Aber diese Umstände sind für Kant nicht von Interesse, da philosophisch unerheblich.

5.4.2 Der Staat

Handelten nun alle Menschen nach ihrer Vernunft, so bräuchte es keinen Staat, um die sozialen Beziehungen zu regulieren. Kant ist als Beobachter, nicht als Philosoph, alltagsklug genug, um zu wissen, dass Menschen wider die Vernunft handeln. Hass, Habgier, Liebe und andere Leidenschaften gewinnen nicht selten die Oberhand über den nüchternen Gebrauch der Vernunft. Deshalb wird die sich selbst regulierende Menschengemeinschaft nur in groben Annäherungen erreicht werden können.

5.4 Kontrast: Kants praktische Vernunft als Staatsgrund

Jede Annäherung bedeutet aber, dass ein mehr oder minder großer Rest an Verhaltensweisen bleibt, die nicht der Vernunft gehorchen. Dieser Rest genügt bereits, um eine reine Vernunftordnung zu verhindern. Wer mit der irrationalen Gewaltandrohung eines anderen konfrontiert ist und einsieht, dass Vernunftappelle nichts nützen, handelt selbst vernünftig, wenn er sich für die gewaltsame Gegenwehr wappnet. Das Ergebnis wird ein Hobbesscher Krieg aller gegen alle sein, und dieser endet bekannterweise mit der Unterwerfung unter den Staat. So ist es auch bei Kant. Ohne den Beistand des Staates kann sich selbst eine Gesellschaft von Bürgern, die überwiegend vernünftig handeln, nicht behaupten. Es braucht die zwangsbewehrte Ordnungsinstanz des Staates, um die Unvernünftigen in Schach zu halten. Dieser Staat soll den Bürgern aber nicht gegen ihren Willen übergestülpt werden. Kant schwebt eine Republik vor, eine politische Ordnung mit gewählten repräsentativen Organen. Diese Repräsentanten freier Menschen gießen die Maximen, auf die man sich als Freiheitsgarantien verständigt hat, in Gesetzesform. Kant ist hier offensichtlich von *Locke* und vom republikanischen Pathos der amerikanischen Unabhängigkeitsbewegung beeinflusst gewesen. Im Vergleich zu *Locke* hebt Kants Freiheitsbegriff nicht auf den Eigentümerstatus des Menschen ab, sondern auf seine Qualität als Mensch. Der Freiheitsbegriff wird im Positiven wie im Negativen universell verstanden. Ein Staat ohne die von Kant beschriebenen Eigenschaften der Republik kann schlecht zum Freiheitsgaranten werden. Dieser Staat steht über der Gesellschaft und gehorcht dem Willen des Menschen an seiner Spitze. Dieser Herrscher mag im günstigen Falle vernünftig handeln, in anderen Fällen aber nicht.

„Die erstlich nach Prinzipien der *Freiheit* der Glieder einer Gesellschaft (als Menschen); zweitens nach Grundsätzen der *Abhängigkeit* aller von einer einzigen gemeinsamen Gesetzgebung (als Untertanen); und drittens, die nach dem Gesetz der *Gleichheit* derselben (als *Staatsbürger*) gestiftete Verfassung – die einzige, welche aus der Idee des ursprünglichen Vertrags hervorgeht, auf der alle rechtliche Gesetzgebung eines Volkes gegründet sein muß – ist die *republikanische*. [...]
Nun hat aber die republikanische Verfassung, außer der Lauterkeit ihres Ursprungs, aus dem reinen Quell des Rechtsbegriffs entsprungen zu sein, noch die Aussicht in die gewünschte Folge, nämlich den ewigen Frieden; wovon der Grund dieser ist. – Wenn (wie es in die-

ser Verfassung nicht anders sein kann) die Beistimmung der Staatsbürger dazu erfordert wird, um zu beschließen, ‚ob Krieg sein solle, oder nicht', so ist nichts natürlicher, als daß, da sie alle Drangsale des Krieges über sich selbst beschließen müßten (als da sind: selbst zu fechten; die Kosten des Krieges aus ihrer eigenen Habe herzugeben; die Verwüstung, die er hinter sich läßt, kümmerlich zu verbessern; zum Übermaße des Übels endlich noch eine, den Frieden selbst verbitternde, nie (wegen naher immer neuer Kriege) zu tilgende Schuldenlast selbst zu übernehmen), sie sich sehr bedenken werden, ein so schlimmes Spiel anzufangen: [...]."

Immanuel Kant: Schriften zur Anthropologie, Geschichtsphilosophie, Politik und Pädagogik 1, in: Werkausgabe Band XI, hrsg. von Wilhelm Weischedel, 12. Aufl., Frankfurt/M: Suhrkamp 2001, S. 204ff.

Kants Gedanken zum Verhältnis der Staaten untereinander knüpfen an diese Republikidee an. Sind die Staaten freiheitlich verfasst, dann ist vernünftigerweise zu erwarten, dass sie den Krieg scheuen werden. Der Krieg als ein großmaßstäbliches Gewaltereignis verstößt gegen jede Vernunft. Für die Bürger kann es keinen Grund geben, den Staat und damit sich selbst in Kriege zu verwickeln, ihr Leben aufs Spiel zu setzen, Unterdrückung zu erleiden und die Freiheit anderer Völker mit Füßen zu treten. Autokratische Staaten, in denen die Bürger keine Freiheit genießen, tun sich leichter damit, das Leben der Menschen aufs Spiel zu setzen. Ideal wäre eine Übereinkunft aller Menschen, in einem einzigen Staat, in einem Weltstaat zu leben. Dann gäbe es für die Herrscher keinen Grund mehr, Kriege zu beginnen, um Länder und Völker zu erobern. Der realistische Beobachter Kant hält dies jedoch für wenig wahrscheinlich. Die Bräuche und Lebensumstände der Völker sind zu verschieden, als dass sie nach einer einzigen Formel leben könnten. Ohne dies näher zu thematisieren, bringt Kant hier Geschichte und Kultur ins Spiel. Die Welt wird eine Staatenwelt bleiben.

5.4.3 Rezeption und Wirkung

Viel abstrakter, als es bei den englischen Vertragstheoretikern geschieht, schlägt Kant etliche Themen an, die sich auch dort finden. Die größere

5.4 Kontrast: Kants praktische Vernunft als Staatsgrund

Plastizität und Robustheit des Lockeschen Entwurfs resultiert aus der Tatsache, dass *Locke* sich auf das Interesse als Motiv des Habenwollens und Bewahrens kapriziert. Kant geht ebenfalls von Interessen aus. Er spezifiziert sie nur nicht groß, fasst sie aber allemal weiter als Besitzinteressen. Kant ist im modernen Sinne noch viel mehr ein liberaler Denker als *Locke*. Dennoch hat er weit weniger in die politische Welt hineingewirkt. *Locke* repräsentierte Zeitgeist: Was wunder? Auch ganz unphilosophische Köpfe konnten die Lockesche Botschaft gut verstehen – legitimierte sie doch den politischen Alltag! Kant hingegen baute seine vernünftige politische Welt in philosophischen Schriften. Sein Preußen mochte gemessen am übrigen Europa immer noch eine recht aufgeklärte Monarchie sein. Von Bürgerfreiheit, repräsentativen Institutionen und vom Staat als Instrument im Dienste einer Vernunftethik war es weit entfernt. Der Baustoff des Kantschen Werkes sind Ideen. Kant wird als erster großer Vertreter des Idealismus in der deutschen Philosophie verstanden.

Für die Politikwissenschaft ist Kant vor allem mit seinen Gedanken zum Zusammenhang von freiheitlicher Verfassung und internationaler Friedfertigkeit bedeutsam geworden. In den akademischen Internationalen Beziehungen gibt es die These, dass demokratische Staaten weniger Kriege führen, weil ihre Bürger die Zeche für den Krieg zahlen müssen. Die Schule der Internationalen Politik um *Ernst-Otto Czempiel* hält die innerstaatliche Geltung der Menschen- und Bürgerrechte und die praktizierte innergesellschaftliche Toleranz sogar für ausschlaggebend bei der Kriegsverhinderung. Solange die Gesellschaften noch Repression und Diskriminierung praktizieren, wird auch ihr Außenverhalten nicht vollständig friedlich gestimmt oder gar friedensfördernd sein.

Zu guter Letzt sei in diesem Zusammenhang vermerkt, dass der Kantsche Entwurf den deutschen Denkstil dokumentiert. Zu einer Zeit, da die bürgerlichen Schichten anderswo die philosophischen Schriften dankbar plünderten, um daraus Argumente für politische Kritik zu gewinnen, blieben die Philosophen in deutschen Landen unter sich. Stellvertretend für eine stagnierende Gesellschaft führten sie Debatten, die allemal die Gelehrten, sonst aber kaum jemanden mobilisierten. Der Stil war entsprechend – hochabstrakt, deduktiv und im philosophischen Fachjargon Themen und Probleme verfremdend, die im revolutionären Frankreich und im frühliberalen Großbritannien ganz handgreiflich zutage traten und offen angesprochen werden konnten. In der philosophischen Substanz war die Differenz zu Denkern in anderen Gesellschaften gering. Der Unterschied in der Präsentation und in der Wirkung war indes frappierend. Wenn die politische Bildung und die Politikwissenschaft in Deutschland viel stärker aus dem Fundus der politischen Philosophie der angelsächsischen und der französischen Welt des 18. und 19. Jahrhunderts schöpfen als aus dem der deutschen Philosophie, dann liegen hier die Gründe.

Literatur:

Immanuel Kant: Werke in zwölf Bänden, hrsg. von Wilhelm Weischedel, Frankfurt/M.: Suhrkamp 1995ff.
Otfried Höffe: Immanuel Kant, 5. überarbeitete Aufl., München: C.H. Beck 2000.
Günter Schulte: Immanuel Kant, Frankfurt/M. und New York: Campus 1991.

6. Souveränität als Thema des politischen Denkens

6.1 Historischer Kontext

Der Gedanke der letztlichen Entscheidungsmacht im Staat prägte das französische politische Denken vom 16. bis weit ins 18. Jahrhundert. Die in aller Heftigkeit ausgetragenen konfessionellen Auseinandersetzungen im Gefolge der Reformation stellten im Frankreich des 16. Jahrhunderts die Frage nach legitimer politischer Herrschaft eindringlicher als im Heiligen Römischen Reich Deutscher Nation. Dieses wurde zur gleichen Zeit zwar ebenfalls von Konfessionskriegen erschüttert. Es besaß jedoch im Unterschied zu Frankreich keine effektive zentralstaatliche Autorität. Das Deutsche Reich war eine Konföderation kleiner und größerer Staaten, die formell Glieder eines umspannenden, aber auf dieser Ebene ineffektiven Staatsgebildes waren. Frankreich war zu dieser Zeit zwar noch kein im modernen Sinne zentralistischer Staat, aber die Macht und der Herrschaftsanspruch des Königshauses waren dort bereits deutlich ausgeprägt. Konkurrierende politische Machtzentren in Gestalt unabhängiger oder quasi-unabhängiger Gliedstaaten gab es nicht. Stattdessen existierte eine Adelsopposition gegen das Königshaus. Der Konflikt zwischen der Krone und Teilen des Adels hatte neben konfessionellen Gründen auch die Untertöne eines ausgeprägten Misstrauens, ja einer Feindschaft etlicher Fürsten in der entlegenen französischen Peripherie gegen den in Paris ansässigen Königshof.

Die französischen Calvinisten, die Hauptströmung des Protestantismus in Frankreich, konzentrierten sich in weiten Kreisen des gehobenen Bürgertums und der Gewerbetreibenden. Nun hatte Frankreich im Unterschied zu Spanien die calvinistischen Protestanten, die Hugenotten (hergeleitet von *Eidgenossen* in Anlehnung an die Schweizer Reformatoren) zunächst toleriert. Aufgrund einer besonderen Konstellation innerhalb der Bourbonendynastie – die Königin, eine Medici, war eine glühende Anhängerin der Gegenreformation – entschloss sich die Krone mit der sogenannten Bartholomäusnacht (1572) zu einem vernichtenden Pogrom gegen die hugenottischen Untertanen. Zwar konnte sich der französische Protestantismus von diesem Schlag nie wieder erholen; in der ferneren Provinz hielten sich aber vereinzelte hugenottische Hochburgen. Teile des Provinzadels erkannten in den Ereignissen den Versuch, die Stellung des Adels in den Provinzen zu untergraben. Dies brachte auch Teile des katholischen Adels gegen die Krone auf.

Diese Streitigkeiten warfen die Frage auf, worin denn die Quelle der Herrschaftslegitimation liege und welcher Instanz im Staat das Recht zukomme, mit letzter Autorität politische Entscheidungen zu treffen. Ludwig XIV. (1643-1715) brachte den Absolutismus zur Entfaltung. Gegen den Provinzadel, der als Rivale des in Paris ansässigen Königtums gesehen wurde, betrieb Louis XIV. die Stärkung des Königtums. Er verlegte den Hof von Paris in die kleinere Nachbarstadt Versailles, entfaltete dort eine prächtige Hofhaltung und verlieh neue Ränge und Titel. Es entwickelte sich ein luxuriöses gesellschaftliches Leben. Wer sich davon ausschloss oder ausgeschlossen wurde, verlor an sozialer Geltung unter den Standesgenossen. Beraten von den Kardinälen Richelieu und später Mazarin begannen die Bourbonenkönige, sich von den Ständen unabhängig zu machen. Zur Finanzierung des königlichen Haushalts oktroyierten sie neue Abgaben, die nicht der Zustimmung der Stände bedurften. Es wurde eine landesweite, von Paris aus gesteuerte Verwaltung etabliert. Ihre Repräsentanten in den Provinzen waren keine ortsansässigen Adligen, sondern vom König eingesetzte Beamte (Intendanten).

Die Parlamente, d.h. königliche Gerichtshöfe (im Unterschied zur gleichbenannten gesetzgebenden Körperschaft in England), hatten die Herrscherakte traditionell anhand schriftlichen und Gewohnheitsrechts auf ihre Rechtmäßigkeit zu überprüfen. Sie waren eine Zwischengewalt, eine Art Puffer zwischen Volk und Krone. Diese Parlamente waren nach dem Ausmanövrieren der Stände zu Reservaten des französischen Adels geworden. Sie boten den Sprösslingen des Adels eine geachtete Karriere. Die Parlamente nahmen die Machtsteigerung der Krone nicht widerstandslos hin. Um ihren Widerstand kam es 1649 in Paris sogar zu bürgerkriegsartigen Auseinandersetzungen.

Die Zentralisierungserfolge der Krone riefen 1650 eine letztes Mal den Widerstand des Provinzadels hervor. Die Fronde, ein konspirativer

6.1 Historischer Kontext

Adelsbund, scheiterte mit ihrem Versuch, die Entmachtung jener Thronberater zu erzwingen, die den Zentralismus weiter vorantrieben. Verwaltung und Armee hatten dem Adel bereits unter der Herrschaft Ludwigs XIV. eine Reihe von Positionen geboten, die ihn für den Verlust seiner traditionellen Einflusses in der Provinz entschädigten. Seine soziale Geltung verband sich unter Ludwigs Nachfolgern immer mehr mit der Person des Königs. Selbst wichtige Repräsentanten des Provinzadels beschlossen, ihr Leben künftig nicht mehr fern vom Zentrum des politischen Geschehens zu verbringen, sondern in Versailles, dem einzigen Ort Frankreichs, wo es möglich war, auf die Person des Königs und seine Berater politischen Einfluss zu gewinnen. Ein Leben in Versailles und die Teilnahme an den gesellschaftlichen Ereignissen am Königshof zwangen den Adel zu großen Ausgaben. So setzte im Zusammenhang mit der Entfaltung des absolutistischen Königtums die Verarmung des Adels ein, der in wachsendem Ausmaß auf Schuldenerlasse und hochdotierte königliche Ämter angewiesen war. In diesem Zusammenhang erlangten die Bourbonenherrscher eine Machtfülle, die unter den europäischen Fürsten ihresgleichen suchte – und der diese erkennbar nacheiferten.

Das bis zur Französischen Revolution stark anwachsende Bürgertum erwarb große Reichtümer, die es in die Lage versetzten, dem verarmten Adel Land, Güter, ja sogar Ämter und Titel abzukaufen. Dieses Bürgertum stand in Opposition zum königlichen Regime. Es war von den hohen Steuer- und Abgabenlasten betroffen. Am Versailler Hof wurden Entscheidungen häufig nicht vom König selbst getroffen. Sie kamen in komplizierten, undurchschaubaren Intrigen höfischer Cliquen zustande, die sich um die Gunst des Königs bemühten.

Der Geist der Aufklärung hatte im intellektuellen Leben Frankreichs tiefe Wurzeln geschlagen. Den Schlüssel zur Erklärung der Welt bot danach allein der menschliche Geist, d.h. die Anwendung mathematischer Erkenntnisse und logischer Schlüsse auf alles, so auch auf Staat und Politik. Kritische Geister, die sich an den Schriften *René Descartes' (1596-1650)* und anderer rationalistischer Philosophen geschult hatten, akzeptierten nicht ohne weiteres, dass die Beschlüsse des Herrschers allein deshalb vernünftig sein sollten, weil sie auf Macht beruhten. Offensichtlich ging es in der Politik des französischen Absolutismus unvernünftig zu.

Teile der politischen und literarischen Elite Frankreichs verachteten die Zustände am Versailler Hof. Dort reifte eine oppositionelle Gegenkultur heran, die eine Versöhnung mit dem als marode und korrupt geltenden absolutistischen Regime strikt ablehnte. In den Ereignissen, für die sich in den Geschichtsbüchern die Bezeichnung Französische Revolution eingebürgert hat, brach 1789 der Absolutismus zusammen. Anlass dieser säkularen Krise war der finanzielle Bankrott des Staates. Er hatte seinen letzten Anstoß kurioserweise vom französischen Engagement für die Unabhängigkeit der nordamerikanischen britischen Kolonien erhalten. Die amerikanische Unabhängigkeitsbewegung war mit Subsidien, Militärberatern und maritimem Beistand unterstützt worden. Die tiefer liegenden Ursachen der Revolution waren die quälende Besteuerung der Landbevölkerung und die Fernhaltung des Bürgertums von der politischen Verantwortung.

Am Vorabend der Französischen Revolution hatte das absolutistische System restlos abgewirtschaftet. Praxisfremde Philosophen gewannen vorübergehend beherrschenden Einfluss. Der Absolutismus hatte den politischen Denkern praktische Erfahrung mit der Politik verwehrt. Sie kannten Politik lediglich als Thema von Salongesprächen und literarischen Disputen. Das Bürgertum trennte sich in der Revolution von seinen früheren intellektuellen Bundesgenossen. Es bemaß seinen Standort fortan nach den zu erwartenden Folgen der Politik für den eigenen Geldbeutel. Vor diesem Hintergrund gebar die Revolution letztlich Napoleon Bonaparte, den starken Mann, der Frankreich mit wechselnden Titeln als Diktator (Erster Konsul 1799, Kaiser 1804) eine straffe politische Führung gab. Diese blieb aber stets an seine Person gebunden.

Institutionen sind das beherrschende Thema der französischen politischen Denker vom 16. bis zum 18. Jahrhundert. Die französischen Klassiker hatten es mit Verhältnissen zu tun, in denen nur noch bürokratische Institutionen von Bedeutung waren, die dem Herrscherwillen gehorchten. Hier liegt eine der Ursachen für den von kritischen französischen Denkern bevorzugten Weg des Verfassungsvergleichs, um erstens Institutionen auf die Spur zu kommen, die sich bereits in anderen Kulturen bewährt hatten, und um zweitens zu fragen, ob solche Institutionen auch für die französischen Verhältnisse taugten. Es kommt noch ein weiteres Moment ins Spiel: *Aristoteles* war zu dieser Zeit philosophisches und wissenschaftliches Gemeingut der Intellektuellen. *Aristoteles* hatte sich in seinem Werk ausgiebig mit dem Problem der Verfassung befasst, das er unter dem Gesichtspunkt des Vergleichs und ihrer Bewährung in der Praxis erörterte.

 **Literatur:**

Günter Barudio (Hrsg.): Das Zeitalter des Absolutismus und der Aufklärung (Fischer Weltgeschichte, Bd. 25), 10. Aufl., Frankfurt/M.: Fischer 1991.
Heinz-Otto Sieburg: Geschichte Frankreichs, 5. erw. Aufl., Stuttgart: Kohlhammer 1995.

6.2 Bodin

Der aus kleinen Verhältnissen stammende *Jean Bodin (1529/30-1596)* erhielt als Mitglied des Karmeliter Mönchsordens eine juristische und philosophische Ausbildung. Später betätigte er sich als Gelehrter. Bodin war Zeitgenosse der heftigen Auseinandersetzungen zwischen Adel und Krone sowie zwischen Hugenotten und Katholiken. Sein Hauptwerk sind die *Sechs Bücher über den Staat*, eine breit angelegte rechtsvergleichende Studie. Darin breitet Bodin sein Anliegen aus, eine politische Formel zu begründen, die alle ihm aus der Historie bekannten Formen des politischen Streits ausschaltet. Bodins Denken ist von der Vorstellung einer grundsätzlichen – antiken – Gemeinschaftsbezogenheit des Menschen und von der Idee des Römischen Rechts, d.h. vom Recht als praktischer, erfahrungsbezogener Wissenschaft beeinflusst.

Anklänge an das von *Thomas von Aquin* beeinflusste, zu dieser Zeit herrschende christliche politische Denken zeigt sich in Bodins Annahme, dass der Staat und das Handeln des Menschen in der Gemeinschaft letztlich auf den Willen Gottes zurückgingen. Der Mensch sei dank der Vernunft begabt, in der Ordnung der weltlichen Dinge die Hand Gottes zu erkennen. Durch die Betonung innerweltlicher Gotteserkenntnis tritt Bodin allerdings aus den mittelalterlichen Bahnen der Politikbetrachtung heraus. Politik und Staat sind eine Sache der menschlichen Vernunft. Gott hingegen entzieht sich dem Vernunftdenken, er verlangt den Glauben. Auf diese Weise befreit sich das langjährige Ordensmitglied Bodin aus dem Dilemma, entweder gegen kirchliche Lehrmeinungen verstoßen oder den Anspruch an eine historisch untermauerte Analyse preisgeben zu müssen. Ganz im Sinne des *Aristoteles* setzt Bodin voraus, dass sich die Existenz des Menschen im Staat erfülle. Der gute Staat und der tugendhafte Untertan bedingen einander.

6.2.1 Die Republik

Bodins Thema sind die Republiken. Als Republik fasst er jedes Staatswesen, das eine Rechtsordnung darstellt. Ausdrücklich geht es Bodin dabei aber nicht um die aus der Antike überlieferten klassischen Republiken, d.h. Stadtstaaten, sondern um Flächenstaaten. Das Phänomen des einheitlich regierten Flächenstaates war zu Bodins Zeit neu in Europa. Die heutige Staatenlandschaft Europas begann sich erst in der späten Renaissance herauszukristallisieren. Das überragende Problem flächenmäßig ausgedehnter Staaten sieht Bodin in der Herstellung einer effektiven Rechtseinheit. Er setzt voraus, dass Großstaaten Zusammenschlüsse verschiedener Häuser darstellen. Staaten entstehen aus dem Entschluss einer Vielzahl von weit verzweigten Haushalten, sich künftig einer gemeinsamen politischen Autorität zu unterstellen. Diese Häuser werden als Herrenhäuser verstanden. Es handelt sich also um freie Fürsten, die ihre Herrschaft freiwillig zugunsten größerer Herrschaftsverbände aufgeben. Dieser Entschluss folgt aus der Einsicht in die Vorteile eines solchen Zusammenschlusses. Der Staat muss gewisse Grenzen achten. Mit der Staatsgründung setzt die Unterscheidung zwischen dem Öffentlichen und dem Privaten ein.

> „Wie auch immer man das Land verteilt, es geht nicht an, daß alle Güter Gemeinbesitz sind, wie Plato dies – übrigens auch bezüglich der Frauen und Kinder – in seinem ersten Staatsentwurf gefordert hat, um aus seinem Gemeinwesen jene beiden Worte ‚mein' und ‚dein' zu verbannen, die seiner Ansicht nach die Ursache aller Übel sind, die Staaten zustoßen können. Er bedachte jedoch nicht, daß, wenn dies richtig wäre, das einzige Kriterium für einen Staat hinfällig wäre. Denn es gibt kein öffentliches Eigentum, wenn es nicht auch privates Eigentum gibt. Öffentliches Eigentum ist ohne Privateigentum nicht vorstellbar. [...]

6.2 Bodin

> Hieraus folgt eindeutig, daß Gott die Staaten so geordnet hat, daß dem Staat das, was der Allgemeinheit gehört, dem einzelnen das, was ihm gehört, gebührt."

Jean Bodin: Sechs Bücher über den Staat, Band 1, hrsg. von Peter Cornelius Mayer-Tasch, München: C.H.Beck 1986, S. 110f.

Die staatliche Rechtseinheit bezieht sich lediglich auf den öffentlichen Bereich, auf Herrschaftsangelegenheiten oder anders ausgedrückt: auf die Gesetze. In Analogie zur Person des Vaters in der Familie, dessen Willen dort das Gesetz verkörpert, gilt im Staat der Herrscherwille als einziges Gesetz – und zwar absolut! Daneben gibt es den ausdifferenzierten Bereich der privaten Rechtsverhältnisse, die sich dem Zugriff des Herrschers entziehen. Dazu gehört neben persönlicher Freiheit das Eigentum. Über fremdes Eigentum darf der Souverän nur mit Zustimmung des Betroffenen verfügen. Hier wird eine Schranke für den Herrscher sichtbar.

6.2.2 Der Herrscher

Von einem wirklichen Staat kann nur dort die Rede sein, wo eine klar bestimmte letzte Entscheidungsinstanz existiert: der Herrscher. Dieser bestimmt für alle Untertanen und im Verhältnis zu anderen Staaten verbindlich, was das Recht und der Wille des Staates sei. Die Verbindlichkeit dieses Willens ist endgültig. Es gibt keine weltliche Einrichtung, die diesem Herrscher, dem Souverän, übergeordnet wäre.

> „Daraus folgt, daß das Hauptmerkmal des souveränen Fürsten darin besteht, der Gesamtheit und den einzelnen das Gesetz vorschreiben zu können und zwar, so ist hinzuzufügen, ohne auf die Zustimmung eines Höheren, oder Gleichberechtigten oder gar Niedrigeren angewiesen zu sein. Denn wenn der Fürst kein Gesetz ohne die Zustimmung eines über ihm Stehenden erlassen darf, dann ist er in Wirklichkeit Untertan. Braucht er hingegen die Zustimmung eines ihm Gleichgestellten, so ist er [bloßer] Teilhaber und wenn seine Untertanen, sei es als Senat oder als Volk, zustimmen müssen, dann ist er nicht souverän."

Jean Bodin: Sechs Bücher über den Staat, Band 1, hrsg. von Peter Cornelius Mayer-Tasch, München: C.H.Beck 1986, S. 292.

Bodin definiert Souveränität letztlich als das Recht und die Fähigkeit des Herrschers, verbindliche Entscheidungen zu treffen. Von allen Staatsformen hält er die Monarchie für die beste Manifestation souveräner Herrschaft, weil sie die Unteilbarkeit der Souveränität am eindeutigsten ausdrückt. Es wäre falsch, Bodin zu unterstellen, er wolle der Herrscherwillkür Tür und Tor öffnen. Er ist noch Aristoteliker, sein Herrscher ist der Ethik eines guten Lebens verpflichtet. Bodin versteht die Staaten als Republiken, also als Gebilde, die durch eine Rechtsordnung charakterisiert sind. Auch der Herrscher ist an das Recht (Thron- oder Erbfolge) gebunden.

Zum Gedanken des Widerstands gegen einen Herrscher, der ethische Grundsätze verletzt, äußert sich Bodin unklar. Ein allgemeines Widerstandsrecht lehnt er jedenfalls ab. Allein eine Gehorsamsverweigerung im Sinne *Calvins*, d.h. beschränkt auf die Amtsträger, wird in Andeutungen erkennbar. Zwar muss sich der Souverän nicht vor anderen Menschen verantworten. Er ist aber selbst ein Mensch, und als ein solcher muss er sich vor Gott für seine Handlungen rechtfertigen. Aber es handelt sich um eine Form der Rechenschaftspflicht, die sich außerhalb der Welt und in einer Sphäre vollzieht, die allein dem Glauben vorbehalten ist.

6.2.3 Rezeption und Wirkung

Für Bodins Zeitgenossen bedeutete die Verantwortung vor Gott mehr, als dies heutzutage zu ermessen ist. Diese Verantwortung ist eine Mahnung an den guten Herrscher, dass er seine rechtlich unumschränkten Befugnisse nicht überstrapazieren darf. Die aristotelischen Elemente im Werk Bodins sollten Warnung genug sein, diesen anzuklagen, er wolle eine nackte Willkürherrschaft rechtfertigen. Die Verantwortung vor Gott ist vielmehr – ähnlich wie in der späteren Formulierung *Lockes* vom Widerstandsrecht – als ein *appeal to heaven* zu deuten. Demnach muss der Herrscher bei allen Handlungen seine Sterblichkeit im Auge behalten. Nach christlicher Auffassung folgt danach die Abwägung von Fehl und Tadel vor dem Thron Gottes. Die entsprechende Formulierung Bodins kann allein als Aufruf zum maßvollen Umgang mit der Macht verstanden werden.

Bodins Souveränitätstheorie hat bis heute Bedeutung. So erinnert die klassische Staatsdefinition (*Georg Jellinek (1851-1911)*) – Staatsvolk, Staatsgebiet und effektive Staatsgewalt – an Bodin. Ein großes Thema, das sich in ähnlicher Weise auch bei *Hobbes* findet, beherrscht Bodins Denken: die Herstellung des gesellschaftlichen Friedens durch eindeutige und verbindliche Regeln. Vor dem Hintergrund einer anderen Bildungstradition und eines anderen Menschenbildes (*Aristoteles*) kommt Bodin, der eine Generation vor *Hobbes* lebte, bereits zu ähnlichen Schlussfolgerungen wie dieser. Nur fehlt bei Bodin noch die für *Hobbes* typische Individuumszentriertheit der Staatszwecke und – ebenso wichtig – dessen gänzlicher Verzicht auf die Bindung positiven Herrscherrechts an unantastbare Normen.

Literatur:

Jean Bodin: Sechs Bücher über den Staat, 2 Bde., hrsg. von Peter Cornelius Mayer-Tasch, München: C.H.Beck 1986.
Peter Cornelius Mayer-Tasch: Jean Bodin. Eine Einführung in sein Leben, sein Werk, seine Wirkung, Düsseldorf: Parerga 2000.
Gerd Treffer: Jean Bodin. Zum Versuch einer juristisch-philosophischen Bewältigung des religiösen Bürgerkrieges in Frankreich, München: Tuduv 1977.

6.3 Montesquieu

Charles-Louis de Secondat de la Brède de Montesquieu (1689-1755) stammte aus einer geadelten Familie des französischen Provinzbürgertums. Nach einem Studium der Rechte erhielt er einen Sitz im Parlament von Bordeaux. Der damit verbundene Sold ermöglichte es ihm, wissenschaftliche Studien zu betreiben. Später verkaufte Montesquieu, wie es zu dieser Zeit nicht unüblich war, sein Richteramt an einen Nachfolger und widmete sich nur mehr seinem schriftstellerischem Werk. Besonderen Einfluss auf sein Denken hatte ein Englandaufenthalt. Hierbei erhielt er eine plastische Anschauung von der Funktionsweise des britischen Konstitutionalismus. Herkunft, Vita und Werk weisen Montesquieu somit als

Angehörigen jener Klasse aus, die dem Absolutismus der Bourbonen skeptisch bis ablehnend gegenüberstand.

6.3.1 Die Ablehnung der Despotie

Montesquieus beherrschendes Thema ist ein rechtlich geordnetes Regierungssystem, das die Allmacht des Herrschers verhindert. Montesquieu sieht den Untertanen als Träger gewisser Rechte, die vor dem willkürlichen Zugriff eines Herrschers geschützt werden müssen. Unschwer lassen sich hier die Erfahrungen des französischen Parlamentsjuristen und Englandreisenden erkennen. Die Hauptgefahr, die es mit einem freiheitssichernden Regierungssystem zu bannen gilt, ist die Despotie, d.h. die Regierungspraxis eines Herrschers, der keine rechtlichen Bindungen akzeptiert. Das Thema Despotie zielt unverkennbar auf das absolutistische System der Bourbonen. In den *Perserbriefen*, einem fiktiven Reisebericht über die von Willkür geprägten politischen Zustände im Orient, karikiert Montesquieu die Zustände am Versailler Hof mit all seinen Hofintrigen, Kabalen und korrupten Beamten. Systematisch setzt sich Montesquieu mit der Despotie und ihren Gegenformen, den konstitutionell verfassten Regierungssystemen, in seinem Hauptwerk *Vom Geist der Gesetze* auseinander. Dieses in enzyklopädischer Breite angelegte Buch ist eine umfassende rechtsvergleichende Studie. Sie beschränkt sich nicht auf die Gegenüberstellung von Regierungsformen. Vielmehr fragt sie nach den Ursachen, die verschiedenen Regierungsformen zugrunde liegen. Dabei erörtert Montesquieu Faktoren wie Klima, geographische Lage und rassische Eigenschaften, die aus heutiger Sicht nicht sonderlich belangvoll erscheinen. Den Kern des *Geistes der Gesetze* wie des Montesquieuschen Werkes insgesamt bilden Überlegungen zu den Vorzügen und Nachteilen unterschiedlicher Regierungssysteme.

6.3.2 Das Menschenbild

Das Montesquieusche Menschenbild ist schnell umrissen. In einem angenommenen Naturzustand leben die Menschen vereinzelt und kennen deshalb auch keine Moral. Sobald jedoch Menschen aufeinandertreffen, verlieren sie das Maß und die Zurückhaltung, die jeder einzelne von ihnen vor der unbezähmbaren Natur an den Tag gelegt hat. Im Anderen erkennt der Mensch ein Wesen, das ihm vielleicht ebenbürtig, auf alle Fälle aber nicht von vornherein überlegen ist. So kommt es zum Streit, schließlich zum Krieg. Von daher können die Menschen gar nicht anders handeln, als sich in eine Herrschafts- oder Rechtsordnung einzufügen. Welcher Art diese Ordnung ist, bestimmt sich unter anderem nach den Bräuchen des betreffenden Landes, nach klimatischen Faktoren oder danach, ob es sich um ein Inselvolk oder ein kontinentales Volk handelt. Bei der Aufzählung der Bedingungen, die das Regieren in verschiedenen Völkern bestimmen, lässt es Montesquieu jedoch nicht bewenden. In seiner politischen Theorie überwiegen die normativen vor den empirischen Elementen. In Anknüpfung an *Aristoteles* unterscheidet Montesquieu gute und schlechte Regierungsformen. Auch sein Verfahren des Rechtsvergleichs steht in dieser Tradition. In wesentlichen anderen Punkten, so in der Abkehr von der Annahme der natürlichen Sozialität des Menschen, ist Montesquieu kein Aristoteliker mehr.

6.3.3 Die Regierungsformen

Die schlechteste Regierungsform ist die Despotie in allen ihren Erscheinungen. Die klassischen Formen der Despotie finden sich im Orient und in Russland. Nach Montesquieus Auffassung werden sie allein durch die Furcht – das tragende Prinzip der Despotie – zusammengehalten. Alle, auch die nicht-despotischen Regierungsformen, haben eine natürliche Tendenz, in despotische Formen zurückzufallen. Demnach verkörpert die Despotie das absolute Restminimum von Staatlichkeit überhaupt. Keine auch mit noch so vielen Mängeln behaftete Gesellschaft kommt ohne die Despotie aus. Freilich gibt es auch Völker mit Regierungssystemen, die auf anderen Grundlagen als der Furcht vor einer unberechenbaren Staatsgewalt funktionieren.

„Drei Formen von Regierungen gibt es: die *republikanische*, die *monarchische* und die *despotische*. [...] Ich setze drei Definitionen voraus, oder vielmehr drei Tatsachen: ‚Republikanisch ist diejenige Regierung, bei der das Volk als Körperschaft beziehungsweise bloß

> ein Teil des Volkes die souveräne Macht besitzt. Monarchie ist diejenige Regierung, bei der ein einzelner Mann regiert, jedoch nach festliegenden und verkündeten Gesetzen, wohingegen bei der despotischen Regierung ein einzelner Mann ohne Regel und Gesetz alles nach seinem Willen und Eigensinn abrichtet.'"
>
> *Charles de Montesquieu*: Vom Geist der Gesetze, eingeleitet von Kurt Weigand, Stuttgart: Reclam 1994, S. 106.

Diese Regierungssysteme nennt Montesquieu die *gouvernements modérés*, die gemäßigten Regierungssysteme, unter die er so unterschiedliche Formen wie die Demokratie, die Aristokratie oder die Monarchie subsumiert. Staatsrechtliche Formen sind ihm dabei weniger wichtig als die Art und Weise, wie Herrschaft ausgeübt wird. Besondere Bedeutung kommt der Frage zu, ob sich ein Herrscher mit intermediären Gewalten arrangieren muss, die das Volk an der Herrschaft beteiligen.

6.3.4 Das Gesetz

Der Angelpunkt der Montesquieuschen Regierungsformenlehre ist das Gesetz. Das Gesetz regelt das Zusammenleben der Menschen in einer territorial umgrenzten Gemeinschaft ohne Ansehen der Person. Das Gesetz hat die Eigenschaft, dass es öffentlich bekannt ist. Die Konsequenzen gesetzeswidrigen Handelns können berechnet werden. Demzufolge ist die Despotie per definitionem gesetzlos. In der Despotie gibt es zwischen dem Willen oder einer Laune des Herrschers und dem Gesetz kein Unterschied. In vergleichbaren Situationen entscheidet ein Despot heute so und morgen anders. Der Untertan hat keine Möglichkeit, die Lebensplanung, den Broterwerb und die Erziehung seiner Kinder auf eine kalkulierbare politische Ordnung abzustellen. Folglich begegnet er den Repräsentanten des Staates mit Furcht. Er richtet sein Leben so ein, dass er mit dem Staat möglichst wenig zu tun hat. Sich in den engsten privaten Winkel zurückziehende Menschen verlieren die Fähigkeit, private, so auch wirtschaftliche, Initiativen zu ergreifen, die der Besserung ihres materiellen Loses dienen. Auf diese Weise können sie auch nicht zum Wohlstand der Gesellschaft beitragen und damit Zufriedenheit und Glück stiften – die eigentlichen Grundlagen staatlicher Stabilität und Stärke. Angesichts des aufklärerischen, fortschrittsgläubigen Geistes seiner Zeit kann diese Überlegung Montesquieus bei großzügiger Interpretation so gedeutet werden, dass eine despotische Herrschaft die Entfaltung des schöpferischen Potentials behindert, dessen die Menschheit nach dem Stand von Wirtschaft, Wissenschaft und Technik fähig wäre. Im Unterschied zur Despotie erscheinen die Differenzen zwischen den gemäßigten Regierungssystemen zwar nicht belanglos, aber eher sekundär.

6.3.5 Die Republiken und die Eigenschaften der Herrschenden

Die beste Regierungsform ist nach Montesquieu, der hier offenkundig noch im Banne antiker Politikvorstellungen steht, die Republik. Die Republik unterscheidet er ferner in demokratische und aristokratische Republiken. Diesen ordnet er ähnlich wie der Despotie tragende Prinzipien zu. In der demokratischen Republik partizipiert das gesamte Volk an der staatlichen Souveränität. Dort gilt das Prinzip der Tugend, die Liebe zum einfachen Leben und die Achtung der Gleichheit. Die aristokratische Republik ist nach dem Prinzip der Mäßigung aufgebaut. Der Souverän, hier eine Klasse, übt sein Regiment über die restliche Bevölkerung mit Zurückhaltung und Augenmaß aus. Als Gegenleistung werden die Beherrschten den Herrschenden den Gehorsam nicht verweigern. Auch die Monarchie zählt zu den gemäßigten Regierungssystemen. Ihr tragendes Prinzip ist das der Ehre, also das Bestreben, sich vor anderen auszuzeichnen, dabei Gerechtigkeit zu üben und eingegangene Verpflichtungen zu respektieren. Die Ehre kann einen Staat ebenso zum Zweck führen, gute Gesetze zu geben, wie die beiden anderen Varianten der Republik.

Die Kombination der drei guten Regierungsformen mit bestimmten Eigenschaften der Herrschenden zeigt, unter welchen Voraussetzungen sich das betreffende Regierungssystem voll entfalten kann. Die demokratische Republik ohne Tugend entartet zu einem Staatsgebilde, in dem der Luxus und die Maßlosigkeit die gesamte Bürgerschaft mehr oder weniger korrumpieren. Die aristokratische Republik, in der die Mäßigung in Verfall gerät, führt dahin, dass die Herrschaft einer Klasse in Unterdrückung umschlägt. Diese wird von den Beherrschten auf Dauer nicht hingenommen. Die Monarchie ohne Ehre versinkt in Korruption, im Streben des Monarchen und seiner Beamten nach materiellen Vorteilen. Das Resultat ist eine schlechte Regierung, die sich von der Despotie nicht mehr unterscheidet. Auch die Republiken steuern bei Verlust ihrer tragenden Grundsätze auf verschiedene Formen despotischer Herrschaft zu.

„Zwischen der Natur der Regierung und ihrem Prinzip besteht folgender Unterschied: Ihre Natur macht sie zu dem, was sie ist, ihr Prinzip bringt sie zum Handeln. Das eine ist ihre besondere Struktur, das andere sind die menschlichen Leidenschaften, die sie in Bewegung setzen. [...]
Zum Fortbestand oder zur Stützung einer monarchischen oder einer despotischen Regierung ist keine sonderliche Tüchtigkeit vonnöten. Unter der einen regelt die Kraft des Gesetzes alles oder hält alles zusammen, unter der anderen der immer schlagkräftige Arm des Herrschers. In einem Volksstaat ist aber eine zusätzliche Triebkraft nötig: die *Tugend*. [...]
Wie Tugend der Volksregierung not tut, tut sie auch der Aristokratie not. Allerdings ist sie nicht so unbedingt erforderlich. [...]
Die aristokratische Regierung besitzt aus sich selbst eine gewisse Stärke, die der Demokratie abgeht. Die Adligen bilden innerhalb ihrer eine Körperschaft, die das Volk vermöge ihrer Vorrechte und ihrem Eigeninteresse niederhält. Die Existenz von Gesetzen genügt – und schon werden sie in dieser Richtung angewendet.
So leicht es indes dieser Körperschaft fällt, die anderen niederzuhalten, so schwer fällt es ihr, sich selber im Zaum zu halten. [...]
Die *Selbstzucht* ist somit die Seele dieser Regierung. Darunter verstehe ich eine auf Tugend gegründete Selbstzucht, die nicht aus Feigheit oder Trägheit des Gemüts stammt. [...]
In den Monarchien bringt die Politik die wichtigen Dinge mit so wenig wie möglich Tugend zuwege. Ähnlich besteht bei schönen Maschinen die Kunst gerade darin, so wenig wie möglich Triebwerke, Energie und Räder zu verwenden. [...]
Für die Triebkraft, die ihr fehlt, hat sie eine andere: die *Ehre*. [...]
Die Ehre ist den despotischen Staaten – wo man oft nicht einmal eine Wortbezeichnung dafür hat – unbekannt. Sie herrscht in den Monarchien. Dort beseelt sie den ganzen Staatskörper, die Gesetze und sogar die Tugenden. [...]

6.3 Montesquieu

Wie Tugend in einer Republik, Ehre in einer Monarchie vonnöten ist, so ist unter einer despotischen Regierung *Terror* nötig. Tugend ist hier nicht notwendig, und Ehre wäre hier gefährlich."

Charles de Montesquieu: Vom Geist der Gesetze, eingeleitet von Kurt Weigand, Stuttgart: Reclam 1994, S. 119f, 123f, 126, 128.

In den Republiken gewährleistet die Verständigung des Volkes bzw. der Aristokratie auf gute Gesetze, dass keine Willkürherrschaft Platz greifen kann. Anders steht es in der Monarchie. Allein durch die Ehre unterscheidet sich die Monarchie von der Despotie. In beiden Herrschaftsformen bestimmt letztlich nur einer. Eine wirkliche Monarchie indes, die es verdient, zu den gemäßigten Regierungssystemen gerechnet zu werden, schaltet zwischen dem Willen des Souveräns und das Volk eine Reihe intermediärer Instanzen, die den Herrscherwillen in einem förmlichen Verfahren begutachten und mitgestalten. Namentlich Adel und Parlament haben den Auftrag, den Herrscherwillen mithilfe gewisser Zustimmungs- und Prüfungsrechte zu kontrollieren. Die Monarchie als eine gute, gemäßigte Regierungsform wird unter diesen Vorgaben den Republiken relativ ähnlich. Zwar herrscht in dieser Staatsform ein Monarch. Aber die Regierung und Gesetzgebung des Staates involvieren weitere Gewalten, die ihre Legitimation *nicht* aus dem monarchischen Prinzip gewinnen. Die politische Beteiligung des Adels, nach Lage der Dinge wohl Thronräte oder Stände, und die Mitsprache der Parlamente, in der französischen Tradition also Gerichtshöfe, die Herrscherakte an bestehenden Gesetzen und Gewohnheitsrechten maßen, leiten sich aus anderen Begründungen als aus dem Prinzip der Alleinsouveränität des Monarchen her. Auch die Montesquieusche Monarchie erscheint letztlich als eine Republik im allgemeineren Sinne, in der sich Herrschaftsbefugnisse auf den Monarchen *und* andere Institutionen *verteilen*. Montesquieus Monarchievorstellung entspricht dem Ideal der seit *Aristoteles* gepriesenen gemischten Verfassung. In Anbetracht der so eindringlich beschworenen Gefahr eines Absinkens in die Despotie formuliert Montesquieu in seiner Darstellung der Monarchie – zu seiner Zeit immerhin das gebräuchliche Regierungssystem – ein allgemeines Gewaltenteilungspostulat für die gemäßigten Regierungsformen.

6.3.6 Die Gewaltenteilung

Im sechsten Kapitel des elften Buches des *Geistes der Gesetze* präzisiert Montesquieu seine Gewaltenteilungsidee. Dieser Teil des Montesquieuschen Werkes, dem der Verfasser den größten Teil seiner Popularität verdankt, entstand unter dem Einfluss eines Englandaufenthalts. Montesquieu beschreibt in diesem Kapitel die Institutionen der englischen Verfassung und bettet sie gleichsam als Vorbild in sein staatstheoretisches Werk ein. Die englische Verfassung konstituiert ein typisches gemäßigtes Regierungssystem. Sie gewährleistet durch das Gleichgewicht ihrer Institutionen die Freiheit der britischen Untertanen. An dieser Stelle rekurriert Montesquieu abermals auf das Gesetz. Dessen prozedurale Regularien sind ihm ebenso wichtig für die freiheitliche Regierung wie die Inhalte des Gesetzes. In England verteilen sich nach Montesquieus Darstellung die Rechte des Souveräns auf drei Gewalten, a) die Krone als Exekutive, b) das Parlament als Legislative und c) den unabhängigen Richterstand als Judikative. Der König als Exekutive hat das Privileg, zu regieren und die vom Parlament beschlossenen Gesetze anzuwenden. Das Parlament, die Vertretung des Volkes – darunter auch des Adels – hat die Aufgabe, die Gesetze zu beschließen. An der Gesetzgebungsfunktion ist nicht nur die Legislativkörperschaft beteiligt, sondern auch die Krone als Exekutivgewalt. Die Krone kann durch ihr Veto verhindern, dass vom Parlament Gesetze beschlossen werden, die nach ihrer Ansicht überflüssig, falsch oder unzweckmäßig sind. Der Richterstand wacht darüber, dass die Krone im Geist der Gesetze regiert. Er besitzt das Recht, Handlungen der Exekutive zu annullieren, die gegen bestehendes Recht verstoßen. Wirkliche Freiheit kann es nach Montesquieu nur dort geben, wo sich wie in England jede dieser drei Gewalten darauf beschränkt, die ihr zugewiesenen Aufgaben zu erfüllen. Maßt sich eine Gewalt an, Aufgaben im Bereich einer anderen Gewalt zu besorgen, so ist das ausgeklügelte Gewaltenkontrollsystem gefährdet, und es kommt zu Störungen im politischen Leben, die letztlich die Freiheit der Untertanen in Frage stellen. Despotische Verhältnisse treten ein, wenn es einer Gewalt gelingt, die Gesetzgebungs-, Regierungs- und Rechtsprechungsbefugnisse bei sich zu konzentrieren. Solange noch mindestens zwei unabhängige Gewalten bestehen, ist das Gleichgewicht der Gewalten bereits empfindlich gestört. Aber eine

6.3 Montesquieu

gewisse Restkontrolle der schwächeren gegenüber der stärkeren Gewalt bleibt immerhin noch gewährleistet.

> „Politische Freiheit für jeden Bürger ist jene geistige Beruhigung, die aus der Überzeugung hervorgeht, die jedermann von seiner Sicherheit hat. Damit man diese Freiheit genieße, muß die Regierung so beschaffen sein, daß kein Bürger einen anderen zu fürchten braucht. Sobald in ein und derselben Person oder derselben Beamtenschaft die legislative Befugnis mit der exekutiven verbunden ist, gibt es keine Freiheit. Es wäre nämlich zu befürchten, daß derselbe Monarch oder derselbe Senat tyrannische Gesetze erließe und dann tyrannisch durchführte.
> Freiheit gibt es auch nicht, wenn die richterliche Befugnis nicht von der legislativen und von der exekutiven Befugnis geschieden wird. Die Macht über Leben und Freiheit der Bürger würde unumschränkt sein, wenn jene mit der legislativen Befugnis gekoppelt wäre, denn der Richter wäre Gesetzgeber. Der Richter hätte die Zwangsgewalt eines Unterdrückers, wenn jene mit der exekutiven Gewalt gekoppelt wäre.
> Alles wäre verloren, wenn ein und derselbe Mann beziehungsweise die gleiche Körperschaft entweder der Mächtigsten oder der Adligen oder des Volkes folgende drei Machtvollkommenheiten ausübte: Gesetze erlassen, öffentliche Beschlüsse in die Tat umsetzen, Verbrechen und private Streitfälle aburteilen."

Charles de Montesquieu: Vom Geist der Gesetze, eingeleitet von Kurt Weigand, Stuttgart: Reclam 1994. S. 216f.

Montesquieus Modell der Gewaltenteilung und -verschränkung mit seiner strengen Unterscheidung von Legislative, Exekutive und Judikative hat die Verfassungsgeschichte denkbar stark beeinflusst. Dabei handelt es sich hierbei vorrangig um ein mit Illustrationen aus dem britischen Verfassungsleben veranschaulichtes Modell für eine ideale Verfassung. Als Beschreibung der zeitgenössischen britischen Verfassungszustände trifft es weitgehend daneben. Zum Zeitpunkt, als Montesquieus monumentales Werk *Vom Geist der Gesetze* erschien, hatte Großbritannien bereits das Stadium eines Regierungssystems erreicht, in dem die Elemente der Gewaltenverbindung größere Bedeutung erlangt hatten als jene Verfassungsmomente, die sich im Sinne einer Gewaltentrennung hätten interpretieren lassen. So stand die britische Regierung damals tatsächlich schon zur Disposition einer Parlamentsmehrheit. Die Regierungsfunktionen wurden bereits in hohem Maße nicht mehr von der Krone ausgeübt, sondern von einem informellen Gremium, dem Kabinett. Dessen Arbeit war auf die Zustimmung des Parlaments angewiesen. Das Vetorecht der Krone war bereits stark geschwächt. Die für den damaligen englischen Parlamentsbetrieb so wichtigen parlamentarischen Parteien und die schemenhafte Herausbildung einer institutionalisierten parlamentarischen Opposition nimmt Montesquieu im einschlägigen Kapitel seines Hauptwerks nicht zur Kenntnis. Dieses Manko ist verzeihlich. Erst nach weit mehr als hundert Jahren erkannte *Walter Bagehot (1826-1877)*, ein prominenter britischer Publizist, als Erster diese Entwicklung.

6.3.7 Rezeption und Wirkung

Die wirkungsgeschichtliche Kraft des Montesquieuschen Werks ist gewaltig. Die Väter der amerikanischen Verfassung schätzten unter den im 18. Jahrhundert bekannten politischen Theoretikern außer *Locke* besonders Montesquieu. Dessen Gewaltenmodell mit seiner strikten Trennung von Exekutive, Legislative und Judikative fügte sich gut in die Vorstellungen der einflussreichsten Verfassungsväter der USA, vor allem *James Madisons*, ein, nach denen sich die Freiheit nur noch dort behaupten könne, wo staatliche Macht kontrolliert werde. Das beste Mittel, die Konzentration politischer Macht zu verhindern, sei demnach die Bindung jeder Herrschaft an mehrere unabhängige, aber im Gesetzgebungsprozess aufeinander angewiesene staatliche Organe (Gewaltenverschränkung). Ob eine Deutung Montesquieus im Sinne der Madisonschen Theorie der *checks and balances* die wirklichen Intentionen Montesquieus trifft, ist ausgesprochen fragwürdig! Politische Ideen reichen oft weiter und wirken in andere Richtungen, als es sich ihre Urheber auszumalen vermögen. Zu einem guten Teil verdankt Montesquieu seinen Rang als einem der bedeutendsten politischen Denker seinen Gewaltenteilungsvorstellungen. Dabei ist das Thema des Montesquieuschen Werks weiter gespannt, gehen Montesquieus Analysen tiefer, als es das berühmte *eine Kapitel* seines Hauptwerkes vermuten lässt. Unter den politischen Denkern der Neuzeit muss Montesquieu als einer der letzten gelten, der in einem großen

Wurf aristotelische Impulse verarbeitet hat. Mit der gemischten Verfassung wandte er eine wichtige Kategorie des frühesten abendländischen Denkens – die Politie in der Staatsformenlehre des *Aristoteles* – auf die Verhältnisse seiner Zeit an, indem er die empirische Beobachtung und die politische Normvorgabe miteinander verband.

Relativiert man die überkommene Sprache Montesquieus, so zeigen seine Gedanken über die Ursachen und Erscheinungsformen der zeitgenössischen Regime unerwartet modern anmutende Einsichten in das Zusammenspiel von Institutionen, Bräuchen und Anschauungen. In moderner Form lassen sich Montesquieus Betrachtungen als frühe Einsichten in die Bedeutung der *politischen Kultur* umschreiben. Nach den politischen Katastrophen des 20. Jahrhunderts leuchtet es unmittelbar ein, dass ein fehlender gesellschaftlicher Konsens über die Minimalfreiheiten freiheitliche Verfassungen zugrunde richten kann. Dass aus jahrzehntelanger Unterdrückung und Bevormundung unmittelbar eine muntere Demokratie sprießt, sobald nur eine entsprechende Verfassung geschaffen ist, dürfte eher die Ausnahme als die Regel sein. Der Blick auf die Nachfolgestaaten der Sowjetunion und auf Südosteuropa zeigt, dass es glücklicher Umstände und historischer Anknüpfungspunkte bedarf, wie es in Ungarn, Polen und Tschechien der Fall ist, um den Verfassungswandel und gesellschaftliche Erwartungen zur Deckung zu bringen. Die zahlreichen gescheiterten Anläufe eines dauerhaften Wandels zur Demokratie in der Dritten Welt bieten überreichliches Anschauungsmaterial für die Erfahrung, dass allein die Bereitstellung eines Verfassungsapparates nicht ausreicht, um den irreversiblen Übergang zur Demokratie zu garantieren.

Literatur:

Charles de Montesquieu: Vom Geist der Gesetze, eingeleitet von Kurt Weigand, Stuttgart: Reclam 1994.
Norbert Campagna: Charles de Montesquieu. Eine Einführung, Düsseldorf: Parerga 2001.
Michael Hereth: Montesquieu zur Einführung, Hamburg: Junius 1995.

6.4 Rousseau

Jean-Jacques Rousseau (1712-1778) gilt als ein Gigant unter den politischen Denkern der Neuzeit. Dabei ist die politische Theorie Rousseaus nur ein Element eines umfassenden literarischen Werkes, das neben pädagogischen Schriften Romane, Schauspiele, ja sogar Musikstücke einschließt. Rousseau wurde als Sohn eines Genfer Uhrmachers in bescheidene bürgerliche Verhältnisse geboren. Recht früh verließ er seine Heimatstadt, zeitweilig konvertierte er zum Katholizismus. Im Unterschied zu den bisher referierten Theoretikern des 16., 17. und 18. Jahrhunderts war Rousseau nach allen bereits damals geltenden Maßstäben ein wissenschaftlicher Autodidakt. Er hatte sich mit einer Reihe von Schriften vertraut gemacht, die zum gehobenen Bildungsgut gehörten. Selbst hatte er nie eine systematische Ausbildung genossen. Dennoch fand Rousseau größte Beachtung in der literarischen Szene Frankreichs, wo er die meiste Zeit seines Lebens verbrachte. So unorthodox Rousseaus Bildungsweg, so ungewöhnlich und sprunghaft war sein Lebenswandel. Nur selten ging Rousseau einem bürgerlichen Broterwerb nach. Sein Milieu waren die Pariser Salons und die literarischen Zirkel, in denen Adel und Bildungsbürgertum zusammenkamen, um in dem zur Mode gewordenen Stil des aufgeklärten Denkens über philosophische, politische und Themen der schönen Literatur zu räsonieren. Rousseaus politisches Werk umfasst eine Fülle von Schriften, die zusammengenommen recht heterogene Tendenzen und Aussagen enthalten. Eine Gesamtinterpretation des Rousseauschen Werkes fällt schwer, weil viele der Aussagen, die sich in den genannten Werken finden, im Rousseauschen Spätwerk aufgehoben oder stark revidiert werden.

6.4.1 Zivilisationskritik und Menschenbild

Ausgangspunkt des Rousseauschen Denkens ist die Zivilisationskritik. Rousseau erlangte schlagartig Berühmtheit, als er auf eine Preisfrage der Akademie von Dijon, ob der Fortschritt der Wissenschaft und Künste zur Verbesserung der menschlichen Verhältnisse beigetragen habe, in der eingesandten und preisgekrönten Arbeit mit einem emphatischen „nein" antwortete. Nach Rousseau haben Wissenschaft, Technik, Literatur und

6.4 Rousseau

Kunst den ursprünglichen, seinen natürlichen Instinkten und Neigungen gehorchenden Menschen verbildet. Diese anthropologische Ausgangsprämisse veranlasst Rousseau, ähnlich wie *Hobbes*, sich ausführlich mit dem ursprünglichen Menschen und mit dem Übergang von einem ungeregelten, naturhaften Zustand zum Leben in der staatlichen Gemeinschaft zu befassen. Der Mensch des Naturzustandes kennt keine Moral, kein gut und kein böse. Er kann mit einem Tier verglichen werden, das das zum Überleben Erforderliche unternimmt, sich im Übrigen aber von Zufällen, Neigungen und von der Vermeidung von Gefahr und Schmerz leiten lässt. Unter der Voraussetzung eines gewissen natürlichen Bevölkerungswachstums treten diese unverbildeten Naturmenschen miteinander in Kontakt. Rousseau unterstellt hier eine natürliche Fähigkeit des Menschen zum Leben in Gemeinschaft. Die ersten Formen der Vergesellschaftung werden bei ihm noch ohne das Dazwischentreten einer übergeordneten staatlichen Instanz gedacht. In dieser Phase wird der Prozess der Vergesellschaftung von den Menschen noch nicht oder jedenfalls nicht überwiegend als Nachteil empfunden. Die Menschen entdecken, dass es vorteilhaft sein kann, wenn nicht jeder für sich schutzlos den Naturkatastrophen ausgesetzt ist, sondern dass vielmehr gemeinsam etwas getan werden kann, um sich Schutz gegen das Wirken der Naturgewalten zu verschaffen. Die Menschen arbeiten zusammen, um etwa durch den Bau von Dämmen oder Deichen Sturmfluten zu kontrollieren. Die Konfrontation des Menschen mit der Natur zeigt ihm, dass der Umgang mit seinesgleichen Vorteile bringt.

Die Entstehung des Staates in einer Gesellschaft, die bereits kollektiver Leistungen fähig ist, bedarf einer plausiblen Erklärung. Offenkundig ist es nicht die natürliche Sozialität der Menschen, die den Staat erzwingt, sondern vielmehr die Tatsache, dass zwischen den Menschen Konflikte entstehen, die sie ohne den Schiedsspruch oder das Machtwort eines Dritten nicht zu lösen vermögen. Ähnlich wie *Locke* erklärt Rousseau die Entstehung des Staates in seinem frühen Werk damit, dass soziale Unterschiede, besonders das Entstehen von Gegensätzen zwischen Arm und Reich, die Ursachen für Streit und einen Bedarf an allgemein verbindlichen Gesetzen seien. So entstünde die Notwendigkeit eines Staates spätestens dann, wenn unter den bereits vergesellschafteten Menschen einer ein Stückchen Boden umzäune und erkläre, es gehöre ihm, und niemand sonst habe das Recht, diesen Boden zu bearbeiten oder von ihm zu ernten. Der Sündenfall in der Menschheitsgeschichte ist somit das Eigentum. Den Eigentumsaspekt sollte Rousseau in seinem späteren Werk wesentlich weniger negativ bewerten.

6.4.2 Die Rekonstruktion der Moral im Staat

Das Grundthema Rousseaus ist die Wiederherstellung der zwischenzeitlich verloren gegangenen Neigung des Menschen im Naturzustand, das Richtige zu tun, d.h. Erscheinungen nicht nach artifiziellen, von Menschen selbst gemachten Maßstäben von gut und böse zu begrüßen oder zu verurteilen. Unter den unumkehrbaren Bedingungen der modernen Zivilisation soll die ursprüngliche Einheit von Moral und Lebensform künstlich wiederhergestellt werden. Das Mittel für diese Wiederherstellung ist der Staat. Rousseau verbindet die Zivilisationskritik mit der optimistischen Überzeugung, dass die moderne Zivilisation in der Lage ist, eben jene Übel, die sie in die Welt gebracht hat, auch wieder zu beseitigen: Sein Denken ist fortschrittsgläubig.

Halten wir zunächst fest, dass der Mensch im Naturzustand als isoliertes Einzelwesen gesehen wird, das in seiner natürlichen Unschuld und in seiner Unkenntnis moralischer Begriffe nur so lange existieren kann, wie es die Gemeinschaft mit anderen vermeidet und sich so vor der Erfahrung des Unfriedens bewahrt. Der Verlust dieser ursprünglichen Natürlichkeit ist endgültig. Die Überwindung der zivilisatorischen Übel kann der Mensch nur in Gemeinschaft mit anderen erreichen. Der gute, nicht durch künstlich erzeugte Begierden gelenkte Mensch gelangt zu einer neuen, unverfälschten Moralität, indem er sich mit der Gemeinschaft identifiziert. Er stellt sein Denken, Handeln und Bewusstsein nicht auf private Bedürfnisse, sondern auf die Bedürfnisse der in einem Staat vereinigten Menschen als Ganzes ab. Die durch eine entsprechende Staatskonstruktion zu realisierende präzedenzlose Moral ist der Unschuld des naturhaften, einfachen Menschen überlegen – sie setzt bei allen Gliedern der Gesellschaft ein Bewusstsein von der Konvergenz der eigenen und der gemeinschaftlichen Bedürfnisse voraus.

Die zu seiner Zeit existierenden Staatswesen verwirft Rousseau ausnahmslos. Diese Staaten, zumeist moderne Flächenstaaten, seien bereits durch das schlechte Beispiel ihrer Herrscher, durch die schlechten Sitten der Untertanen, durch Traditionen und alte Gesetze verdorben. Lediglich junge Völker, die noch nach einer passenden Staatsform suchten, erachtet Rousseau als fähig, einen seiner Vorstellung entsprechenden Staat zu bilden. Am Anfang der Rousseauschen Staatstheorie steht die Idee eines *législateur*, eines Verfassungsgebers, der (mit einem *deus ex machina* in einem Theaterstück vergleichbar) aus nicht näher erläuterten Gründen auftritt, um eine Situation zu retten, die sonst in heilloser Verwirrung enden würde. Die Aufgabe dieses *législateur* ist es nun, den Menschen, die nach einer politischen Existenzform suchen, ein Verfassungsprogramm vorzuschlagen. Hierbei ist der springende Punkt, dass die Souveränitätsfrage in dieser Verfassung *richtig* beantwortet wird. Die Figur des *législateur* wird verständlicher, wenn man berücksichtigt, dass Rousseau die politische Verfassung seiner Heimatstadt, der Stadtrepublik Genf, idealisierte. Wie alle politischen Denker der damaligen Zeit war er mit *Aristoteles* und mit der Verfassungsstruktur der griechischen Polis bestens vertraut. Ein Staat, der sich aus der Vielfalt der überwiegend großflächigen Staaten durch ein überlegenes Herrschaftsmodell und eine moralisch geläuterte Gesellschaft herausheben könnte, war nach seinen Vorstellungen allein in den engen Grenzen einer Stadtrepublik denkbar. Indes lassen sich in Rousseaus Werk auch Anhaltspunkte dafür erkennen, dass er in der Idee des Föderalismus, für den die zeitgenössische Schweiz eine gewisse Anschauung bot, eine praktikable Möglichkeit erblickte, die Vorteile des überschaubaren Kleinstaates mit denen eines mächtigen Flächenstaates in Übereinstimmung zu bringen.

6.4.3 Der Législateur

Rousseau schwebte mit dem *législateur* ein Verfassungsautor in der Art eines Solon vor. Solon war in der griechischen Antike als Verfassungsexperte bekannt. Seine Empfehlungen wurden von einer Reihe von Poleis gesucht, da sich seine Verfassungsentwürfe im Allgemeinen gut bewährt hatten. Das Bedürfnis nach einer Verfassung entsteht nach den anthropologischen Prämissen des Rousseauschen Werkes plausiblerweise immer dann, wenn sich die Menschen der Tatsache bewusst werden, dass sie nur noch als Glieder desselben Staates in Zukunft friedfertig werden nebeneinander existieren können. Insofern setzt das Auftreten des *légis-*

lateur eine Krise im menschlichen Zusammenleben voraus. Nun schlägt der Rousseausche *législateur* aber nicht wie ein antiker Handelsreisender in Verfassungsangelegenheiten irgendeine Verfassung, sondern eine *bestimmte* Verfassung vor. An der Souveränität, an der Herrschaft im Staat, sollen *alle* Bürger teilhaben. Nachdem der *législateur* den Menschen eine Verfassung vorgelegt und diese erläutert hat, zieht er sich aus der Politik zurück. Er ist lediglich Ideenproduzent, Impulsgeber – kein Herrscher! Nun liegt es an den Menschen, als Bürger dieses Verfassungswerk mit Leben zu erfüllen.

> „Der Gesetzgeber ist ein in jeder Hinsicht außergewöhnlicher Mann im Staat. Wenn er es schon von seinen Gaben her sein muß, so ist er es nicht weniger durch sein Amt. Dies ist weder Verwaltung noch Souveränität. Dieses Amt, durch das die Republik errichtet wird, findet keinen Eingang in ihre Verfassung. Es ist ein besonderes und höheres Amt, das nichts mit menschlicher Herrschaft gemein hat; wie der, der über Menschen befiehlt, nicht über Gesetze befehlen darf, so darf, wer über Gesetze befiehlt, nicht auch über Menschen befehlen; andernfalls würden seine Gesetze als Diener seiner Leidenschaft oft nur seine Ungerechtigkeiten verewigen, er könnte nie vermeiden, daß Sondergesichtspunkte die Heiligkeit seines Werkes entstellen. [...]
> Derjenige, der die Gesetze verfasst, hat also oder soll keinerlei Gesetzgebungsbefugnis haben, und das Volk kann, selbst wenn es wollte, sich dieses nicht übertragbaren Rechtes nicht begeben; weil gemäß dem Grundvertrag nur der Gemeinwille die Einzelnen verpflichtet und weil man sich nur dann vergewissern kann, daß ein Sonderwille mit dem Gemeinwillen übereinstimmt, wenn man ihn der freien Abstimmung des Volkes unterworfen hat: ..."
>
> *Jean-Jacques Rousseau*: Vom Gesellschaftsvertrag oder Grundsätze des Staatsrechts, hrsg. von Hans Brockard, Stuttgart: Reclam 1986, S. 44f.

Der *législateur* bestimmt den Souverän, die Staatsform und die Staatsreligion (*réligion civile*), worunter man sich bei Rousseau – ähnlich wie bei *Hobbes* – einen gewissen Mindeststandard an einheitlichen staatsbürgerlichen Verhaltensmaßstäben, also die Kanonisierung von Bürgertugenden, vorzustellen hat. Dieser letzte Punkt ist von besonderer Bedeutung. Er zeigt, dass der Rousseausche Idealstaat ein funktionierendes politisches Erziehungsprogramm voraussetzt. Alle Bürger sollen an der Souveränität teilhaben; jeder Bürger ist Gesetzgeber. Damit Gesetzgebungsfragen aber keinen Streit unter den Bürgern auslösen, sondern vielmehr Einigung stiften, darf es dem Staat nicht gleichgültig sein, wie seine Bürger denken. Meinungsvielfalt würde nur dazu führen, dass sich über ein Problem, das qua Gesetz entschieden werden soll, verschiedene Ansichten bilden, so dass sich am Ende die Auffassung einer Mehrheit durchsetzt. Dabei ist allerdings fraglich, ob diese Mehrheit aus der Sicht des für alle Bürger Nützlichen und Zweckmäßigen die richtige Entscheidung trifft. Für die Beurteilung des Souveräns ist ein jenseits der Mehrheitsregel liegender Maßstab wichtiger, der – in modernen Begriffen – als Gemeinwohlvorstellung umschrieben werden kann.

6.4.4 Der Vertrag

Der staatsbegründende Gesellschaftsvertrag kommt bei Rousseau durch das gegenseitige Versprechen der künftigen Bürger zustande, dem Willen des Souveräns fortan absoluten Gehorsam zu leisten. Dieses Gehorsamsversprechen ist jedoch anders als bei *Hobbes* kein Unterwerfungsakt, weil jeder Bürger selbst Mitteilhaber an der Souveränität ist. Die Bindungswirkung des Versprechens ist demgegenüber viel stärker ausgeprägt als bei *Hobbes*. Wer dieses Versprechen nicht leistet, muss den Staat verlassen, wobei ihm allerdings keine Nachteile entstehen sollen; er darf seine Habe mitnehmen. Wer das Versprechen indes leistet, sich später aber nicht daran hält, muss mit dem Leben dafür zahlen (Hochverrat). Durch die im Vertrag begründete Vereinigung mit anderen bleibt der Einzelne so frei, wie er es vorher war. Freilich genießt er diese Freiheit im Vertragszustand als Bürger, als *citoyen*, der den Staat vernunftgeleitet und mit voller Überzeugung akzeptiert. Behält er auch im Staat noch Vorbehalte gegen den Willen des Souveräns, so missversteht er seine Freiheit als diejenige eines *bourgeois*, der im Staat lediglich ein Instrument für den eigenen Vorteil sieht.

6.4.5 Die Volonté générale

In der Seele jedes Menschen widerstreiten einander zwei Gefühle: der *amour propre* und der *amour de soi*. Der *amour de soi* drückt den allen Menschen angeborenen Selbsterhaltungstrieb aus. Dieser wird von der Vernunft gesteuert und befähigt den Menschen, als *citoyen* Gesetzgeber zu sein. Der *amour propre* bezeichnet demgegenüber die Selbstsucht, den individuellen Vorteil als Richtschnur für das Handeln im Staat. Er charakterisiert die Disposition eines *bourgeois*. Im *amour de soi* manifestiert sich zum einen eine ganz rationale Liebe zu sich selbst, sie reflektiert aber gleichzeitig auf die Bedürfnisse der übrigen *citoyens*, die so in die Idee der Eigenliebe einfließen. Wenn und soweit die Bürger bei Gesetzesentscheidungen ihren privaten Interessen, Vorurteilen und Sympathien folgen, artikulieren sie eine *volonté particulière*. Wenn sie jedoch nach übergeordneten Gesichtspunkten entscheiden, insbesondere in den Blick fassen, was allen Bürgern gemeinsam nützt, dann handeln sie nach den Prinzipien einer vernünftigen Willensbildung, aus der die *volonté générale*, das Gemeinwohl, hervorgeht.

„Die erste und wichtigste Folge der oben aufgestellten Prinzipien ist, daß allein der Gemeinwille die Kräfte des Staates gemäß dem Zweck seiner Errichtung, nämlich dem Gemeinwohl, leiten kann: denn wenn der Widerstreit der Einzelinteressen die Gründung von Gesellschaften nötig gemacht hat, so hat der Einklang derselben Interessen sie möglich gemacht. Das gemeinsame nämlich in diesen unterschiedlichen Interessen bildet das gesellschaftliche Band, und wenn es nicht irgendeinen Punkt gäbe, in dem alle Interessen übereinstimmen, könnte es keine Gesellschaft geben. Nun darf aber die Gesellschaft nur gemäß diesem Gemeininteresse regiert werden.
Ich behaupte deshalb, daß die Souveränität, da sie nichts anderes ist als die Ausübung des Gemeinwillens, niemals veräußert werden kann und daß der Souverän, der nichts anderes ist als ein Gesamtwesen, nur durch sich selbst vertreten werden kann; die Macht kann wohl übertragen werden, nicht aber der Wille. [...]
Aus dem gleichen Grund, aus dem die Souveränität unveräußerlich ist, ist sie auch unteilbar. Denn der Wille ist entweder allgemein, oder er ist es nicht; er ist derjenige des Volkskörpers oder nur der eines Teils. Im ersten Fall ist dieser erklärte Wille ein Akt der Souveränität und hat Gesetzeskraft. Im zweiten Fall ist er nur ein Sonderwille oder

6.4 Rousseau

ein Verwaltungsakt; es handelt sich bestenfalls um eine Verordnung.
[...]
Es gibt oft einen beträchtlichen Unterschied zwischen dem Gesamtwillen und dem Gemeinwillen; dieser sieht nur auf das Gemeininteresse, jener auf das Privatinteresse und ist nichts anderes als eine Summe von Sonderwillen: aber nimm von ebendiesen das Mehr und das Weniger weg, das sich gegenseitig aufhebt, so bleibt als Summe der Unterschiede der Gemeinwille.

Wenn die Bürger keinerlei Verbindung untereinander hätten, würde, wenn das Volk wohlunterrichtet entscheidet, aus der großen Zahl der kleinen Unterschiede immer der Gemeinwille hervorgehen, und die Entscheidung wäre immer gut. Aber wenn Parteiungen entstehen, Teilvereinigungen auf Kosten der großen, wird der Wille jeder dieser Vereinigungen ein allgemeiner hinsichtlich seiner Glieder und ein besonderer hinsichtlich des Staates; man kann dann sagen, daß es nicht mehr so viele Stimmen gibt wie Menschen, sondern nur noch so viele wie Vereinigungen. Die Unterschiede werden weniger zahlreich und bringen ein weniger allgemeines Ergebnis. Wenn schließlich eine dieser Vereinigungen so groß ist, daß sie stärker ist als alle anderen, erhält man als Ergebnis nicht mehr die Summe der kleinen Unterschiede, sondern einen einzigen Unterschied; jetzt gibt es keinen Gemeinwillen mehr, und die Ansicht, die siegt, ist nur eine Sonderanschauung."

Jean-Jacques Rousseau: Vom Gesellschaftsvertrag oder Grundsätze des Staatsrechts, hrsg. von Hans Brockard, Stuttgart: Reclam 1986, S. 27f, 31.

In dem von Rousseau beschriebenen Staat, in dem das Volk selbst die Souveränität innehat, genügt es nicht, bei Gesetzesentscheidungen lediglich die Mehrheit auszuzählen. Entscheidend sind die Motive, von denen sich die Bürger leiten lassen. Selbst wenn alle Bürger unisono das Gleiche wollen, sich in diesem Willen aber von der *volonté particulière* leiten lassen, so wollen sie nicht das Gemeinwohl und konstituieren sie keine *volonté générale*, sondern lediglich den Willen aller, die *volonté de tous*. Auch Mehrheiten, ja alle können die *volonté générale* verfehlen. Ebenso ist es denkbar, dass bei einer Vielfalt von Auffassungen über ein Gesetz die *volonté générale* unterliegt, weil jene Bürger, die entsprechend dem allgemeinen Interesse entscheiden, in der Minderheit bleiben. Ideal wäre ein Zustand, in dem alle Bürger der *volonté générale* gehorchen und als

Souverän einstimmig entscheiden. Jeder andere Status erscheint demgegenüber als Abstrich an der Durchsetzungskraft der *volonté générale*. Entscheidet sich eine überwältigende Mehrheit der Bürger entsprechend der *volonté générale*, so ist bereits eine starke Annäherung an den Idealzustand erreicht. Auch ist ein Zustand, in dem lediglich zwei Meinungen im Volk widerstreiten, immer noch einer Situation vorzuziehen, in der es eine Vielfalt von Auffassungen gibt, aus denen sich per Zufall oder aus taktischem Kalkül vielleicht Mehrheiten ergeben, die das Gemeinwohl verfehlen. Durch gewisse Randbedingungen soll der Rousseausche Staat die Lebensverhältnisse seiner Bürger so einrichten, dass sie sich in ihren Anschauungen und wirtschaftlichen Interessen möglichst wenig voneinander unterscheiden. Darüber hinaus propagiert Rousseau die Idee, dass in diesem Staat möglichst geringe Vermögens- und Einkommensunterschiede auftreten sollen. Am besten wäre demnach eine Kleinrepublik wohlhabender, aber nicht allzu reicher Bauern. Dahinter steht die Erwartung, dass der Boden nicht beliebig vermehrbar ist, die Bodenerträge nicht allzu stark voneinander abweichen und vor allem das merkantile Eigentum, das große Vermögensunterschiede verursachen kann, in seiner Entwicklung gebremst würde.

Rousseau unterscheidet die Struktur seines Staates nach seiner Staats- und Regierungsform. Als Staatsform lässt er allein die Republik gelten, d.h. im überkommenen Sinne ein Gemeinwesen, in dem alle Bürger an der Gesetzgebung teilhaben. Hinsichtlich der idealen Regierungsform ist Rousseau weniger kompromisslos. In traditioneller Weise unterscheidet er nach der Anzahl der Regierenden zwischen Monarchie, Aristokratie und Demokratie. Er lässt freilich erkennen, dass er die Demokratie für keine sonderlich praktikable Regierungsform hält, da hier der Bürger in der doppelten Funktion des Gesetzgebers und des Gesetzesanwenders auftritt und so leicht in Interessenkonflikte geraten kann.

6.4.6 Rezeption und Wirkung

Die Konstruktion einer sich in der Gesetzgebung realisierenden Volkssouveränität hat die demokratische Interpretation des Rousseauschen Souveräns stark gefördert. Rousseau fasst tatsächlich alle Einwohner seines Staates als Teilhaber an der Souveränität auf. Er hat die Rhetorik und

6.4 Rousseau

die *Idee der Französischen Revolution* so stark beeinflusst wie kein anderer. Die Revolution wurde als Konstituierung des wahren Souveräns, des Volkes, verstanden. Rousseau artikuliert als erster weit über sein Heimatland hinaus bekannter Klassiker die Idee eines Gemeinwohls, das nicht formal oder prozedural, d.h. durch die Beachtung bestimmter Verfahren oder den Nachweis des Mehrheitswillens, zustande kommt, sondern durch das Erreichen eines vorab bestimmten Zieles.

Mit *Machiavelli* und *Hobbes* teilt Rousseau das Schicksal einer vollständig konträren Bewertung. Die Protagonisten der normativen Politikwissenschaft, der bereits mehrfach erwähnte Kreis der Philosophen um *Arendt*, *Popper* und *Strauss*, erklären Rousseau zu einem Erzbösewicht in der Geschichte des politischen Denkens. Die *volonté générale* gilt hier als ideologisches Konstrukt, das wie eine rassen- oder klassengefärbte Staatsideologie die Richtung vorgibt, nach der die Bürger zu entscheiden haben. Die Idee der *réligion civile* lässt sich hervorragend als Indoktrinierungsprogramm deuten, nach dessen Absolvierung die Bürger marionettengleich in dieselbe Richtung marschieren. Rousseaus Ablehnung der Gewaltenteilung wird auf die gleiche Weise interpretiert. Eine historisch informierte Interpretation entlarvt diese Deutungen jedoch als anachronistisches Hineinzerren der Klassiker in die Auseinandersetzung der freiheitlichen Demokratien mit den totalitären Systemen des 20. Jahrhunderts.

Wirkungsgeschichtlich steht Rousseau für die Idee der bürgerlichen Gleichheit. Er wurde für Prinzipien in Anspruch genommen, die zumindest in der westlichen Welt die folgenden Jahrhunderte prägen sollten. Fortschrittliche wussten Rousseaus Plädoyer für eine Republik zu würdigen, in der die Eigentumsunterschiede nicht ins Kraut schießen sollten. Hierin bereits den Aufruf zu einer auf sozialen Ausgleich angelegten Sozialpolitik im Rahmen der freiheitlichen Bürgerrepublik zu sehen – wie es *Peter-Cornelius Mayer-Tasch* tat – erscheint allerdings etwas kühn. Dessen ungeachtet handelt es sich bei dieser modernen Rousseau-Interpretation keinesfalls um eine Einzelmeinung. Auf Rousseau wird ferner die Konzeption der modernen Volksgesetzgebung zurückgeführt. Das moderne Plebiszit sollte aber erst viel später die Gesetzgebung durch repräsentative Institutionen ergänzen. In den großflächigen Staaten des 18. Jahrhunderts war das Plebiszit als Regelmechanismus für demokratische Entscheidungen noch vollkommen unrealistisch.

Das Herausstreichen eines gesetzgebenden Souveräns, der nach der *volonté générale* streben soll, und die moralische Minderbewertung des Einzelwillens fanden im westlichen Europa in einer generellen Skepsis gegenüber Parteien und insbesondere Interessengruppen ihren Ausdruck. Rousseau hat die *demokratische Verfassungsideologie* lange beeinflusst. Wohl deshalb ist die Vorstellung eines normativen, feststehenden Gemeinwohls in die kontinentaleuropäische Demokratievorstellung eingeflossen. Die angelsächsische Demokratievariante, die auf dem Boden urwüchsiger liberaler Ideen gesprossen ist, hatte demgegenüber nie Schwierigkeiten mit der Vorstellung von der Politik als dem Ergebnis eines pluralistischen Interessenspiels. Die Rhetorik der Überparteilichkeit und des Gesamtinteresses hat ihre Wirkung seit einigen Jahrzehnten eingebüßt.

Literatur:

Jean-Jacques Rousseau: Vom Gesellschaftsvertrag oder Grundsätze des Staatsrechts, hrsg. von Hans Brockard, Stuttgart: Reclam 1986.
Jean-Jacques Rousseau: Diskurs über die Ungleichheit, neu ediert, übersetzt und kommentiert von Heinrich Meier, 5. Aufl., Paderborn u.a.: Schöningh 2001.
Iring Fetscher: Rousseaus politische Philosophie. Zur Geschichte des demokratischen Freiheitsbegriffs, Frankfurt: Suhrkamp 1975.
Jens-Peter Gaul: Jean-Jacques Rousseau, München: DTV 2001.
Peter-Cornelius Mayer-Tasch: Hobbes und Rousseau, Aalen: Szientia 1976.
Leo Strauss: Naturrecht und Geschichte, 2. Aufl., Frankfurt/M.: Suhrkamp 1989.
Dieter Sturma: Jean-Jacques Rousseau, München: C.H.Beck 2001.

7. Die Federalist Papers

7.1 Historischer Kontext

Der politisch-ideelle Horizont der frühen Siedlergesellschaft in den nordamerikanischen Kolonien Großbritanniens lässt sich als Ableger des zeitgenössischen englischen Liberalismus darstellen. Die in Nordamerika errichteten britischen Kolonien wurden von Engländern und Schotten, zum kleineren Teil auch von Mitteleuropäern besiedelt. Englische Sprache und Kultur bestimmten das Selbstverständnis der Kolonisten als britische Untertanen. Die in England nicht voll gewährte Glaubensfreiheit stand in den meisten Kolonien in voller Blüte. Erst die kolonialpolitischen Querelen mit dem Mutterland sollten den Kolonisten die Besonderheit ihrer Situation ins Bewusstsein rücken. Großbritannien hatte sich als europäische Großmacht am Siebenjährigen Krieg (1756-1763) beteiligt. Mit Preußen verbündet focht es diesen Krieg aber nicht in Europa, sondern lediglich auf dem nordamerikanischen Subkontinent und demzufolge nur mit Frankreich aus, das im Norden Amerikas ebenfalls eine bedeutende Kolonialmacht war. Als Resultat der militärischen Niederlage musste Frankreich seinen gesamten amerikanischen Kolonialbesitz nördlich der Karibik an Großbritannien abtreten. Großbritannien wurde zur beherrschenden Kolonialmacht in Nordamerika. Wegen der hohen Kosten, welche die Kolonialtruppen und vor allem die britische Marine für den Schutz der langen Handelswege verursachten, sann die Londoner Regierung auf neue Finanzquellen. Ausgerechnet die im Vergleich zum übrigen Europa fortschrittliche politische Verfassung Großbritanniens wurde zu einem maßgeblichen Faktor, der die nordamerikanischen Kolonien zur Rebellion gegen das Mutterland trieb.

Die Londoner Regierung verfiel auf die Idee, die Kriegskosten und laufende Aufwendungen für das Kolonialreich aus den Kolonien selbst zu finanzieren, um auf diese Weise die britischen Steuerzahler zu entlasten.

Die Kolonien, die ihren Handel mit dem Mutterland abwickelten, sollten für Amtshandlungen der Kolonialbehörden Gebühren entrichten. Lebenswichtige und lukrative Einfuhren sollten mit Zöllen belegt werden. Diese Maßnahmen trafen in Nordamerika auf Widerstand. Die nordamerikanischen Kolonisten, insbesondere die weit überwiegende Mehrzahl englischen Ursprungs, fühlten sich als britische Untertanen – wie die Bewohner der britischen Inseln selbst. Steuern, Abgaben und Zölle, die den Handel und das Gewerbe der heimischen Wirtschaft belasteten, waren in den Kolonien ähnlich unpopulär wie anderenorts. Darüber hinaus regte sich auch Empörung über das Verfahren, das die britische Regierung für ihre Maßnahmen gewählt hatte. Im Unterschied zu den wahlberechtigten Untertanen auf den britischen Inseln waren die nordamerikanischen Kolonisten an der Wahl des Unterhauses in Westminster nicht beteiligt. Vor diesem Hintergrund erklärt sich der im Zusammenhang mit der amerikanischen Revolution gern zitierte Spruch: „No taxation without representation".

Als die Widerstände der Kolonisten gegen die Maßnahmen der Londoner Regierung massivere Formen annahmen, zog die Regierung einige der neuen Belastungen wieder zurück. Sie bestand jedoch darauf, dass wenigstens eine Handvoll auch weiterhin Gültigkeit behielten, um so ihre Autorität zu wahren. Zu diesen Maßnahmen zählte unter anderem auch die berühmte Teesteuer, die von der Geschichte kaum vermerkt worden wäre, wenn nicht weite Teile der Kolonialbevölkerung vom Mutterland die Gewohnheit übernommen hätten, in großem Umfang Tee zu konsumieren. Diese Machtdemonstration wurde in den Kolonien durchaus verstanden. Der sich daran entzündende Widerstand wurde von London jedoch ebenso symbolisch wie entschieden zurückgewiesen (*Boston Tea Party 1775*). Auf die Manifestationen zivilen Ungehorsams reagierte die britische Kolonialmacht nicht viel anders, als von den Kolonialmächten im 20. Jahrhundert hinlänglich bekannt. Sie versuchte es mit militärischer Repression, die sich in diesem Fall in der Aufhebung der Selbstverwaltung in der Kolonie Massachusetts äußerte. Die Ereignisse eskalierten. Die auf ihrer Strafexpedition in Neuengland vorrückenden Truppen gerieten in Scharmützel mit Milizen amerikanischer Siedler. In Massachusetts, später auch in anderen Kolonien, bildete sich eine Widerstandsfront gegen die Kolonialmacht. Eine Verständigung wurde in dem Maße schwieriger, wie sich die Londoner Regierung auf die militärische Unterdrückung versteifte. Die wachsende Repression der britischen Kolonialverwaltung gab schließlich der Idee Auftrieb, ganz aus dem britischen Staatsverband auszuscheiden.

Die nordamerikanischen Kolonien Großbritanniens stimmten sich 1775 im Rahmen des Kolonialkongresses über die Kriegsführung gegen Großbritannien ab. 1776 verabschiedeten sie mit der Unabhängigkeitserklärung ein Dokument, das bis in einzelne Formulierungen hinein *Lockesches Gedankengut* wiedergibt. Auch die zahlreichen in den nunmehr unabhängigen Staaten verabschiedeten Verfassungen atmeten den Geist des zeitgenössischen Liberalismus. Die Unabhängigkeitserklärung verkörperte darüber hinaus den Anspruch, ein vernünftiges, aufgeklärtes Staatswesen zu errichten, das von den historischen Vorbelastungen Europas frei war. Im unabhängigen Amerika sollte es keine politische Herrschaft geben, die sich nicht auf die Zustimmung der Beherrschten gründete. Im politischen Denken der amerikanischen Revolution spielte das Thema der Tyrannisablehnung eine große Rolle, also ein bereits von *Aristoteles* und *Montesquieu* besetztes Thema.

Die dreizehn nordamerikanischen Kolonien hatten bei Ausbruch des Konflikts weitreichende Selbstverwaltungsrechte. Nach dem Vorbild des Westminster-Parlamentarismus gab es in jeder Kolonie eine gesetzgebende Versammlung. Das Wahlrecht wurde, wie in dieser Zeit und lange danach überall üblich, durch den Zensus beschränkt. Der Gouverneur repräsentierte in den Kolonien die Exekutive. Er wurde zwar von der britischen Krone ernannt und musste in dieser Eigenschaft die Gesetze des Mutterlandes ausführen, gleichzeitig aber auch die Beschlüsse der Kolonialversammlung beachten. Gemessen an den Verhältnissen in Großbritannien selbst, ganz zu schweigen von denen in Kontinentaleuropa, besaßen die amerikanischen Kolonien ein großzügiges Maß an Selbstregierung. Freilich war diese Perspektive für die Kolonialbewohner kein brauchbarer Maßstab. Kaum jemand wusste über die Verhältnisse in Europa Bescheid – von der Bildungsschicht einmal abgesehen. Die Siedler waren es gewohnt, ihre Angelegenheiten selbst zu regeln. Die Ursachen für den Streit mit dem Mutterland wurden nicht bei den Ministern der Londoner Regierung verortet, sondern den britischen Institutionen zugeschrieben, die es überhaupt erst erlaubt hatten, den Kolonien eine Rechtsverkürzung zuzumuten. Die amerikanischen Unabhängigkeitskämpfe und die Verfassungsgebung waren von scharfer Polemik gegen das britische

Regierungssystem und insbesondere gegen den herrschenden König begleitet.

Der erste Versuch, einen gemeinsamen politischen Verband für die dreizehn nunmehr unabhängigen Kolonien aus der Taufe zu heben, scheiterte. Die 1781 verabschiedeten *Articles of the Confederation*, die im Grunde genommen die erste Verfassung der USA darstellten, erwiesen sich als untauglich für die Bewältigung der gemeinsamen Schwierigkeiten. Diese Konföderationsartikel konstituierten eher einen Staatenbund als einen Bundesstaat. Sie sahen weder eine gemeinsame Währung noch eine gemeinsame Armee noch eine gemeinsame Bundesverwaltung vor. Angesichts der Aufgaben, die es zu bewältigen galt, wurde bald offensichtlich, dass soviel Verzicht auf effektive staatliche Strukturen nicht erfolgreich durchgehalten werden konnte.

1787 kamen die Vertreter der Staaten überein, den unzulänglichen Verfassungsmechanismus der Konföderationsartikel entweder zu ergänzen oder ihn vollständig zu ersetzen. Das Ergebnis ihrer Beratungen war die bis heute gültige Verfassung der USA. Seither gab es lediglich 26 Verfassungsänderungen, von denen überdies lediglich 16 nach 1791 vorgenommen wurden. Im Unterschied zu den Konföderationsartikeln schuf die Verfassung den ersten Bundesstaat überhaupt. Diesem sind alle übrigen Bundesstaaten der Welt in der einen oder anderen Weise nachgebildet. Die bis dahin ausschließlich bei den Staaten angesiedelte Souveränität sollte zum Teil an eine gemeinsame staatliche Ebene, den Bund, abgetreten werden. In diesem System geteilter Souveränität sollten die Staaten aber nach wie vor eine Stimme bei der Erarbeitung der Bundesgesetze behalten – daraus entstand die Struktur der heutigen amerikanischen Legislative, des Kongresses mit seinen beiden im wesentlichen gleichberechtigten Kammern, dem Repräsentantenhaus als Volksvertretung und dem Senat als Staatenhaus. Eine weitere Erfindung des amerikanischen Verfassungswerkes war die Einführung eines gewählten Staatsoberhauptes, eines Präsidenten, der lediglich für eine begrenzte Zeit amtieren sollte. Im Verfassungskonvent bestand die einhellige Auffassung, ein monarchisches Staatsoberhaupt dürfe es nach den so schlimmen Erfahrungen mit dem britischen König auf keinen Fall geben.

7.2 Die Federalist-Autoren

Die *Federalist Papers* umfassen 85 Zeitungsartikel. Sie erschienen im Zusammenhang der öffentlichen Diskussion im Staat New York über die anstehende Ratifizierung der neuen Verfassung. Es handelt sich um Streitschriften, die eine höchst umstrittene Sache verteidigten. Die Autoren der in den *Federalist Papers* gesammelten Essays sind *James Madison (1751-1836), Alexander Hamilton (1755-1804)* und *John Jay (1745-1829)*. Alle drei gehörten zur schmalen politischen Elite der USA. Hamilton wurde unter dem ersten Präsidenten Washington Finanzminister; er war der stärkste *politische Kopf* in dieser ersten Administration; Madison wurde später zum Präsidenten der USA gewählt. Jay war Handelsminister der USA. Madison war der unbestritten wichtigste Federalist-Autor. Zwei der drei Schlüssel-Essays, *Federalist Nr. 10* und *Federalist Nr. 51*, stammten aus seiner Feder. Der dritte Essay, *Federalist Nr. 78* geht auf Hamilton zurück. Die Bedeutung der *Federalist-Papers* nicht nur für die Geschichte der politischen Ideen, sondern auch für die gegenwärtige amerikanische Politik liegt in der Kontinuität des Verfassungsdokuments, zu dessen Verteidigung sie geschrieben wurden. Noch heute argumentiert der Supreme Court der USA in seiner Eigenschaft als Verfassungsgericht bisweilen unter Berufung auf die *Federalist Papers*, um seine Deutung der Intentionen der Verfassungsgeber zu untermauern.

7.3 Das Menschenbild

Die *Federalist Papers* präsentieren Gründe für die Annahme des Verfassungsdokuments. Mithin stellen sie in einem ganz allgemeinen Sinne eine Parteischrift dar. Im Kontext der Gründungsära der USA kann man die *Federalist Papers* auch als eine vorweggenommene Auseinandersetzung mit den Vorstellungen *Thomas Jeffersons* auffassen, eines anderen späteren Präsidenten. Dessen politische Philosophie bestand darin, die Autonomie der einzelnen Staaten so stark wie nur eben möglich zu definieren.

Es handelt sich bei den *Federalist Papers* nicht einfach um Dokumente, die das bundesstaatliche Organisationsmodell aus pragmatischen Gründen dem lockeren Staatenbund für überlegen erklären. Den *Federalist Papers* liegt ein bestimmtes Menschenbild zugrunde. Sie leiten die

Notwendigkeit des Staates aus der Beschaffenheit der menschlichen Natur her. Wie James Madison im *Federalist Nr. 10* ausführt, erliegt die menschliche Natur allzu leicht den Versuchungen der Habgier, der Eifersucht und der Missgunst. Er macht kein Hehl daraus, dass es nach seiner Auffassung zwecklos sei, allzu große Hoffnungen in die Veränderbarkeit des Menschen zu setzen. Hier blickt eine gewisse Verwandtschaft mit *Hobbes* und *Locke* durch, die ihre politische Theorie ebenfalls auf die Annahme einer unveränderbaren, pessimistisch bewerteten Natur des Menschen stützten. Während jedoch ein *Locke* und ein *Hobbes* den Staat einsetzten, damit die Menschen in Frieden leben können, zielten die Federalist-Autoren weiter.

7.4 Die Republikanische Verfassung

Der Staat der Federalist-Autoren hebt deutlich auf die in der liberalen Weltanschauung angelegten staatlichen Grundfunktionen der Lebens- und Eigentumssicherung ab. Er ist darüber hinaus aber einem bestimmten Bürgerideal verpflichtet. Der von den Federalist-Autoren verteidigte Staat soll die Qualität einer Republik haben. Republik meint hier indes nicht, wie in der heutigen verfassungstechnischen Terminologie, einen nichtmonarchisch verfassten Staat, sondern eine Republik im Sinne *Montesquieus*, eine gemischte Verfassung. Die Federalist-Autoren wie auch viele der führenden Köpfe der *Philadelphia Convention*, die die Verfassung ausgearbeitet hatte, waren nach zeitgenössischen Maßstäben außergewöhnlich gebildete Menschen. Für unseren Zusammenhang heißt dies, dass die Autoren der *Federalist Papers* mit allen bedeutenden Staatstheorien der griechischen und römischen Antike, der Renaissance und der Neuzeit vertraut waren. Sie besaßen ferner eine recht genaue Vorstellung von der europäischen Verfassungslandschaft. Ebenso wichtig für das angemessene Verständnis der *Federalist Papers* ist freilich die Beobachtung, dass in dem nüchternen Urteil über das Wesen der menschlichen Natur nicht nur ein Bedauern, sondern auch ein Quentchen Hoffnung mitschwingt, das sich so weder bei *Hobbes* noch bei *Locke* finden lassen.

Mit dem Gedanken der Republik verbindet sich in den *Federalist Papers* – wie in der Antike – die Idee eines Bürgers, der nicht nur seine privaten Interessen verfolgt, sondern sein Verhalten und seine Entschei-

7.4 Die Republikanische Verfassung

dungen nach dem Nutzen für das Ganze bemisst. Wie stets, wenn der Begriff des Gemeinwohls im Zusammenhang mit dem älteren, der Antike zugewandten Republikbegriff verwendet wird, kommt *Aristoteles* in den Sinn. Dessen Werk war Gemeingut aller Verfassungsväter der frühen amerikanischen Republik. Im Unterschied zu *Rousseau* machen die Federalist-Autoren keinerlei Anstalten, das Gemeinwohl inhaltlich näher zu bestimmen. Damit wird das Gemeinwohl zum praktischen, mehrheitsfähigen Kompromiss. Die Herstellung des Konsenses über die Mittel und Wege zur Mehrheitsentscheidung macht den Kern des politischen Denkens der Federalist-Autoren aus. Der technisch hergestellte Konsens mit seiner Minimalsicherung des formalen Mehrheitserfordernisses ist lediglich eine Hilfskonstruktion, eine Art Mechanismus, um auszuschließen, dass irgendwelche Zufallsmehrheiten die Würde eines wirklich allumfassenden Konsenses beanspruchen können. Der Konsensgedanke in den *Federalist Papers* hebt vielmehr in einer Art, die dem ganzheitlichen antiken Denken noch verschlossen war, auf die Berücksichtigung von Minderheiten und auf die Respektierung individueller Überzeugungen ab.

Aus der Sicht der Federalist-Autoren ist es eine Tatsache, dass sich die menschliche Natur mit gewissen schlechten Eigenschaften verbindet. Diese Eigenschaften erfordern einen mit Zwangsgewalt bewehrten Staat, um einen Ausgleich für die Mängel der menschlichen Natur zu schaffen. Indessen wird der Mensch nicht als schlechthin unfähig eingeschätzt, von seiner Vernunft Gebrauch zu machen und diese gegebenenfalls auch zur Förderung des Gemeinwohls einzusetzen. Dieses Gemeinwohl ist keine rein mehrheitstechnische Größe. Es hat moralischen Gehalt, der sich nur den Bürgern erschließt, die das politische Geschäft als Ausdruck moralischer Verpflichtung, als Bürger im öffentlichen Sinne, also nicht als Ausdruck privater Interessen, betreiben. Der Staat muss deshalb so eingerichtet sein, dass die Stimmen der guten oder wirklichen Bürger nicht ungehört verhallen und dass sie schließlich auch die Chance erhalten, ihre Auffassung im politischen Betrieb zur Geltung zu bringen. Ein rein majoritärer Regierungsmechanismus, darin stimmen alle Federalist-Autoren überein, wäre der Republik nicht angemessen. Das Bürgerideal der Federalist-Autoren wird so zum Schlüssel für die Rechtfertigung eines so komplizierten Regierungssystems, wie es die USA bis heute besitzen. Die *Federalist Papers* definieren den Freiheitsbegriff als Bestandteil des Republikideals nicht ausschließlich negativ, d.h. nicht nur als das, was der

Staat vom Bürger *nicht* verlangen darf, sondern auch als Einforderung eines aktiven Handelns in öffentlichen Belangen. Trotzdem sehen auch sie den Staat letztlich als *government*, als Instrument zur Sicherung der Freiheit, der physischen Existenz und des Eigentums seiner Bürger.

Die Jeffersonsche Opposition gegen den im Sinne der Federalist-Autoren geschaffenen Bundesstaat akzeptiert demgegenüber in der Verfassungskonstruktion einzig einen Mechanismus, der geeignet erscheint, Freiheit, Leben und Eigentum des Bürgers zu schützen, also die hedonistischen Interessen des Einzelnen ganz im Sinne *Lockes*. Vor diesem Hintergrund erscheint es nur konsequent, wenn *Jefferson* in der Tradition eines *Locke* den Staat als notwendiges Übel akzeptiert. Demnach ist derjenige Staat der relativ beste, der vom Bürger nur das Allernotwendigste verlangt. Diese reduktionistisch-liberale Vorstellung vom Anliegen der amerikanischen Verfassung hat sich rückblickend durchgesetzt. Die *Federalist Papers* werden denn auch zumeist als Kommentar zu einer Verfassung gelesen, die ausschließlich der staatsfreien Entfaltung des Einzelnen das Wort redet.

7.5 Checks and balances

Im *Federalist Nr. 10* stellt Madison die berühmte Frage, welcher Weg geeignet sei, die Ursachen von *Faktionen* zu bekämpfen oder besser – ihre Wirkungen zu kontrollieren. Der Begriff der Faktion nimmt in der Argumentation der *Federalist Papers* eine Schlüsselstellung ein. Unter Faktion ist hier freilich kein – heute gebräuchlicher – politikwissenschaftlicher Fachausdruck zu verstehen, sondern lediglich eine Chiffre für Zusammenschlüsse von Menschen zu beliebigen Zwecken. Faktion hat dabei einen negativen Klang. Faktionen bilden sich um vorgefasste Meinungen, die dem Einzelnen ein eigenes Urteil erschweren oder abnehmen. Sie verfolgen irgendeinen materiellen Nutzen, der jedoch ausschließlich ihren Mitgliedern zugute kommt. An anderer Stelle wollen Faktionen einfach lästige Konkurrenten und unbequeme Meinungen unterdrücken. Madison geht davon aus, dass Faktionen eine Tatsache des politischen Lebens sind, die nicht aus der Welt geschafft werden kann, ebenso wenig wie die negativen Eigenschaften in der Natur des Menschen. Deshalb komme es darauf an, eine im oben erläuterten Sinne wirkliche Republik

7.5 Checks and balances

so zu konstruieren, dass die Faktionen möglichst wenig Unheil anrichten können. Mehr noch als Faktionen, die nur eine Minderheit der Bürger ausmachen, fürchtet Madison Faktionen, hinter denen eine Mehrheit der Bürger steht; also Allianzen verschiedener Faktionen, die sich auf dem geringsten gemeinsamen Nenner einigen, um wenigstens einen Teil ihrer sinistren Pläne durchzusetzen. Minoritäre Faktionen sind unter Umständen bereits imstande, die republikanische Gesinnung zu schwächen. Sie setzen den einzelnen Bürger unter Anpassungsdruck; sie gewöhnen ihn daran, andere für sich selbst denken zu lassen. Indes bietet das Prinzip der Mehrheitsentscheidung, wie es in der Republik gilt, eine Gewähr, dass die Bäume der kleinen Faktionen nicht in den Himmel wachsen.

„Die latenten Ursachen für Faktionen sind also in der menschlichen Natur angelegt, und sie werden den jeweils unterschiedlichen gesellschaftlichen Bedingungen entsprechend unterschiedlich stark aktiviert. Der Eifer, unterschiedliche Meinungen in Glaubensdingen, in Fragen des politischen Systems und zu vielen anderen Fragen, theoretisch wie auch praktisch zu vertreten; die Bindung an bestimmte politische Führer, die ehrgeizig um Vorrang und Macht konkurrieren; oder die Bindung an andere Personen, deren Schicksal für die Menschen emotional interessant ist, haben die Menschen in Parteien gespalten, die sich feindselig gegenüberstehen und eher dazu tendieren, die anderen zu schikanieren und zu unterdrücken, als für das Gemeinwohl zusammenzuarbeiten. So stark ist dieser Hang der Menschheit, sich feindselig gegeneinander zu stellen, daß es auch dann dazu kommt, wenn kein wirklicher inhaltlicher Anlaß besteht. Dann reichen nichtige und eingebildete Unterschiede aus, um feindliche Leidenschaften zu entfachen und gewalttätige Konflikte auszulösen. Aber die vorherrschende und permanente Ursache für die Existenz unterschiedlicher Faktionen liegt in der vielfältigen und ungleichen Eigentumsverteilung. Die Besitzenden und die Besitzlosen haben schon immer getrennte gesellschaftliche Interessen gebildet. Zwischen Gläubigern und Schuldnern besteht derselbe Unterschied. Grundbesitzer, Manufakturbesitzer, Vertreter von Handel und Finanzen und viele kleine Interessengruppen entstehen in zivilisierten Nationen zwangsläufig und spalten die Gesellschaft in verschiedene Klassen, die durch unterschiedliche Gefühle und Meinungen motiviert sind. Diese vielfältigen und widersprüchlichen Interessen zu regulieren, ist die vordringliche Aufgabe moderner Gesetzgebung, die auch Parteigeist und Interessengegensätze in die nötigen und normalen Funktionen eines Regierungssystems einbeziehen muß."

Alexander Hamilton/James Madison/John Jay: Die Federalist-Artikel. Politische Theorie und Verfassungskommentar der amerikanischen Gründerväter. Mit dem englischen und deutschen Text der Verfassung der USA, übersetzt, eingeleitet, kommentiert und hrsg. von Angela Adams und Willi P. Adams, Paderborn u.a.: Schöningh 1994, S. 52f.

Anders steht es mit den größeren Faktionen, die unter Umständen zur Mehrheit werden können. Die Mehrheit hat nicht immer Recht, aber es gibt keine Alternative zu ihr. Hier grenzt sich Madison sehr deutlich von *Rousseau* ab. Eine probate Lösung für dieses Dilemma einer Mehrheit, die von einer Interessen- oder Meinungsgruppe beherrscht wird, sieht Madison in der Entscheidung der *Philadelphia Convention* für ein Zweikammerparlament, das in unterschiedlich großen politischen Einheiten (Wahlkreisen) gewählt wird und in dem Gesetze übereinstimmend von Mehrheiten in beiden Kammern beschlossen werden müssen. Dürfte es schon schwierig sein, dass eine einzige Faktion das Wählervotum in einer großen Anzahl von Wahlkreisen für eine Kammer manipuliert, so erscheint es noch um vieles schwieriger, dass dieselbe Faktion auch die Wähler in den ganz anders zusammengesetzten Wahlkreisen für die zweite Kammer mehrheitlich auf ihre Seite bringt. Falls es ihr dennoch gelingt, hat sie nach Madison die Legitimation, ihren Willen in Gesetzesform zu gießen. Dass eine Faktion auf diese Weise den Gesetzgebungsprozess kontrollieren könnte, hält er im Grunde genommen für ausgeschlossen. Mehrheiten sind unter diesen Voraussetzungen überhaupt nur als Koalitionen verschiedener Gruppierungen denkbar. Bei der Verständigung auf eine gemeinsame Lösung muss jede Faktion einen Teil ihrer ursprünglichen Absichten aufgeben, so dass am Ende ein Ergebnis steht, das eine Vielzahl von Auffassungen berücksichtigt. Tyrannei kann sich unter diesen Bedingungen kaum entfalten. Das Arrangement der Institutionen und Verfahren wirkt als Kontrolle gegen den Machtmissbrauch durch die Mehrheit und gleichzeitig als Gewähr für das inhaltlich bestmögliche Ergebnis der Mehrheitsentscheidung. Wo die Tyrannei der Mehrheit effektiv gebremst wird, dort wird der Freiheitsraum des Einzelnen geschützt, dort kann er sich auch unter widrigen Umständen ein unabhängiges Urteil bilden.

7.5 Checks and balances

Dieses Thema der *checks and balances* variiert Madison im *Federalist Nr. 51*. Mit den gleichen Gründen, mit denen die Faktionskontrolle legitimiert wird, rechtfertigt er hier die Anwendung des von *Montesquieu* entwickelten Gewaltenschemas auf die amerikanische Verfassung. Die Exekutive soll sich von Legislativaufgaben fernhalten, die Legislative darf keine Exekutivfunktion übernehmen. Eine tyrannisverdächtige Gewaltenkonzentration bei einem Amt oder in einer Institution soll vermieden werden. Zusätzlich werden jedoch Legislative und Exekutive im Zustimmungswege an den Entscheidungen des jeweils anderen Organs beteiligt (Gewaltenverschränkung).

„Der beste Schutz vor einer allmählichen Konzentration der verschiedenen Kompetenzen bei derselben Gewalt besteht aber darin, den Amtsinhabern jeder der Gewalten die notwendigen verfassungsmäßigen Mittel und persönlichen Motive zu geben, Übergriffe der anderen abzuwehren. Dabei müssen, wie in anderen Fällen auch, die Vorkehrungen zur Verteidigung der voraussichtlichen Stärke eines möglichen Angriffs entsprechen. Machtstreben muß Machtstreben entgegenwirken. [...]
Allerdings kann man nicht jeder der drei Gewalten gleich viel Macht zur Selbstverteidigung geben. In einem republikanischen Regierungssystem dominiert notwendig die Legislative. Eine mögliche Abhilfe für dieses Problem ist es, die Legislative in unterschiedliche Kammern aufzuteilen und deren Gemeinsamkeiten durch einen unterschiedlichen Wahlmodus und unterschiedliche Grundsätze für ihre Tätigkeit so weit zu reduzieren, wie es das Wesen ihrer gemeinsamen Abhängigkeit von der Gesellschaft zuläßt. Dabei kann es sogar notwendig werden, gefährliche Übergriffe durch zusätzliche Vorsichtsmaßnahmen abzuwehren. Ebenso wie das große Gewicht der Legislative deren Teilung erfordert, kann sich aus der relativen Schwäche der Exekutive die Notwendigkeit ergeben, diese zu stärken. Ein absolutes Vetorecht gegenüber der Legislativen erscheint auf den ersten Blick als die logische Waffe, mit der die Exekutive ausgestattet werden müßte. Aber vielleicht wäre das weder völlig sicher noch für sich allein ausreichend. Im Normalfall wird es vielleicht nicht mit der nötigen Entschiedenheit angewandt und in Ausnahmefällen möglicherweise heimtückisch mißbraucht werden. Vielleicht kann man diesen Fehler eines absoluten Vetos durch eine qualifizierte Verbindung zwischen der schwächeren Gewalt und der

schwächeren Kammer der stärkeren Gewalt beheben, so daß letztere die verfassungsmäßigen Rechte der ersteren unterstützt, ohne von den Rechten der eigenen Gewalt zu sehr losgelöst zu werden."

Alexander Hamilton/James Madison/John Jay: Die Federalist-Artikel. Politische Theorie und Verfassungskommentar der amerikanischen Gründerväter. Mit dem englischen und deutschen Text der Verfassung der USA, übersetzt, eingeleitet, kommentiert und hrsg. von Angela Adams und Willi P. Adams, Paderborn u.a.: Schöningh 1994, S. 314f.

So muss die Exekutive, d.h. der Präsident, Gesetzesbeschlüssen des Kongresses zustimmen; sein Veto kann das Verfahren blockieren. Die Legislative muss umgekehrt den Vorschlägen des Präsidenten für die Leiter der wichtigsten Verwaltungsämter zustimmen. Hamilton rechtfertigt im *Federalist Nr. 78* bereits die Gesetzesnormenkontrolle der Legislativbeschlüsse durch die Gerichtsbarkeit. Er nimmt damit einen Gedanken vorweg, der für die Verfassungspraxis erst seit der Rechtsprechung des Supreme Court im berühmten Urteil Marbury v. Madison (1803) praktische Verbindlichkeit gewinnen sollte. Hamilton formuliert hier in nicht zu überbietender Deutlichkeit die Logik eines Staates, in dem die Verfassung über dem einfachen Recht, d.h. dem Recht der Mehrheit, steht. Soweit die Legislative in einem überaus komplizierten Verfassungsänderungsverfahren den Verfassungstext nicht selbst ändert, liegt die Wahrung der Verfassung bei den Gerichten. Obgleich geleitet von dem Gedanken, eine vom Geist der Antike beseelte Republik unabhängiger Bürger ins Leben zu rufen, kommen in der Staatskonstruktion so viele Hürden für Mehrheiten und rasche Entscheidungen ins Spiel, dass sie die vom liberalen Urvater *Locke* in seiner Gewaltenteilungslehre vorgesehenen Sicherungen zum Schutz der individuellen Freiheits- und Eigentumssphäre weit übertreffen.

7.6 Rezeption und Wirkung

Die *Federalist Papers* sind eine Ikone der politischen Literatur in den USA. Ihre der antiken Sprache verhaftete Begrifflichkeit und ihre Reflexionen über die Fehlbarkeit des Menschen fallen in der Verfassungsfolklore kaum ins Gewicht. Mit ihrem aristotelischen Gestus beeindruckten die *Federalist Papers* vor allem Politikwissenschaftler philosophischer Provenienz, von denen weiter oben verschiedentlich die Rede gewesen ist. Aus dem selben Grund fanden sie auch an einem historisch relativ jungen Denker wie *Montesquieu* großen Gefallen. Wo Hamilton, Madison und Jay in Festreden und Schulbüchern und in der patriotischen Selbstdarstellung als Urheber eines für die US-amerikanische Identität grundlegenden Verfassungswerks gefeiert werden, dort blickt bei einem *Leo Strauss* und einer *Hannah Arendt* die Faszination von der Idee einer Aristokratie der Bürgertugend durch. Aus ihrer Sicht gelingt den Federalist-Autoren die Kombination des antiken Bürgerideals mit dem Repräsentationsprinzip. Gleitet die Tugendaristokratie der Republikaner in öffentlichen Ämtern einmal ganz menschlich und ohne üble Absichten in die Parteinahme für bestimmte Interessen (Faktionen) ab – beispielsweise im Vorfeld einer periodisch wiederkehrenden Wahl –, dann sorgen die klug arrangierten Institutionen dafür, dass solches Straucheln keinen allzu großen Schaden anrichtet. Zu diesem Zweck ist das politische Geschehen ja auf die verschiedenen Parzellen der selbstverwalteten föderativen Republik aufgeteilt. Im Übrigen sind der Kompromiss, die Deliberation, der Gebrauch der Vernunft sowie das Abwägen von Argument und Gegenargument gefordert, um das Gesetz zustande zu bringen.

Die *Federalist Papers* dokumentieren die Ratio des modernen Bundesstaates. Der Föderalismus hat noch im 19. Jahrhundert viele Nachahmer gefunden: Kanada, die Schweiz und auch Deutschland. Kein anderer Bundesstaat ist aber so konsequent von unten her gedacht und legitimiert worden. Die Idee der Federalist-Autoren hat durchschlagenden Erfolg gehabt. Nirgendwo sonst gibt es föderative Strukturen, die den Bund so sehr auf Restkompetenzen beschränken. Seit der Gründungsära hat sich dieser Bereich erheblich ausgedehnt, nicht zuletzt dank der Verfassungsjurisdiktion. Dennoch nehmen die Staaten im politischen System der USA eine vom europäischen Betrachter häufig verkannte, überaus bedeutende Stellung ein, und zwar nicht zuletzt in den Bereichen, die für den einzelnen Bürger überaus wichtig sind (Strafrecht, Gesellschaftsrecht, Polizei, Bildung etc.).

📖 Literatur:

Alexander Hamilton/James Madison/John Jay: Die Federalist-Artikel. Politische Theorie und Verfassungskommentar der amerikanischen Gründerväter. Mit dem englischen und deutschen Text der Verfassung der USA, übersetzt, eingeleitet, kommentiert und hrsg. von Angela Adams und Willi P. Adams, Paderborn u.a.: Schöningh 1994.
Willi P. Adams: Die Vereinigten Staaten von Amerika (Fischer Weltgeschichte, Bd. 30), Frankfurt/M.: Fischer 1997.
Willi P. Adams: Republikanische Verfassungen und bürgerliche Freiheit. Die Verfassungen und politischen Ideen der amerikanischen Revolution, Neuwied: Luchterhand 1973.
Hannah Arendt: Über die Revolution, München: Piper 2000.
Charles A. Beard: Eine ökonomische Interpretation der amerikanischen Verfassung, Frankfurt: Suhrkamp 1974.

8. Das anti-revolutionäre und konservative Denken

8.1 Historischer Kontext

Die Französische Revolution stürzte für alle Zeitgenossen überraschend einen der mächtigsten europäischen Großstaaten in politische Wirrnis. Nicht genug damit, dass die Revolution in ihrer ersten Phase Ludwig XVI. als Verkörperung des überkommenen Absolutismus zu konstitutionellen Zugeständnissen zwang. So musste er die Einschränkung der Herrscherrechte durch eine Verfassung akzeptieren, die ein volksgewähltes Parlament an der Gesetzgebung beteiligte. In der folgenden Revolutionsphase, dem *terreur*, der Schreckensherrschaft, richteten die Jakobiner in Paris ein Blutbad an, dem prominente Mitglieder des Hochadels und sogar der König selbst zum Opfer fielen – schließlich auch die Initiatoren des *terreur* selbst. Das revolutionäre Prinzip der Gleichheit aller vor dem Recht zeigte in diesem Akt, wie auch in den ebenfalls mit Erstaunen und Entsetzen registrierten Enteignungen königstreuer Adliger, dass Volksherrschaft und Gleichheit keine inhaltsleeren Grundsätze waren, sondern vielmehr einschneidende politische und gesellschaftliche Wirkungen zeitigten.

Die europäischen Staaten reagierten auf die revolutionären Ereignisse in Frankreich durchweg ablehnend. Am Beispiel je eines britischen und deutschen Anti-Revolutionärs sollen im Folgenden die Unterschiede und die Gemeinsamkeiten konservativen Denkens deutlich gemacht werden. Jedes europäische Land hat seine eigenen konservativen Denker hervorgebracht. Großbritannien und Preußen/Deutschland sind aus verschiedenen Gründen gut geeignet, das Spektrum des Konservatismus zu verdeutlichen. Großbritannien war zur Zeit der Französischen Revolution und blieb auch lange danach der modernste europäische Staat. Bereits bei Ausbruch der revolutionären Ereignisse in Paris war Großbritannien von frühindustriellen Produktionsweisen und fortschrittlichen Formen des

Wirtschaftsverkehrs geprägt. Die artifizielle Abschnürung einer dynamischen wirtschaftlichen Entwicklung durch überzogenen staatlichen Dirigismus war in Frankreich eine Revolutionsursache. Preußen gehörte noch auf dem Höhepunkt der Französischen Revolution zu den mächtigsten kontinentaleuropäischen Staaten. Seine staatlich-administrative Struktur, die es noch 50 Jahre vorher vielen Nachbarstaaten ebenbürtig erscheinen ließ, war seit den Tagen Friedrichs II. kaum geändert worden. Sie erwies sich bald als unfähig, dem politischen, intellektuellen und militärischen Druck standzuhalten, der von den Veränderungen in Frankreich ausging.

In England, das 1707 mit dem *Union Act*, der staatsrechtlichen Vereinigung mit Schottland, zum Vereinigten Königreich von Großbritannien wurde, bildeten sich im Laufe des 18. Jahrhunderts bereits deutlich die Schlüsselelemente eines modernen parlamentarischen Regierungssystems heraus. Dieses System verkörpert heute nicht nur in Großbritannien selbst, sondern auf dem ganzen europäischen Kontinent den Standard repräsentativ-demokratischer Regierungsweise. Als die Linie der Oranier 1714 ausstarb, bat das Parlament den Hannoveraner König Georg I. (1660-1727), in Personalunion künftig auch als britischer König zu herrschen. Die Hannoveraner nahmen dieses Angebot an, interessierten sich jedoch in der ersten und zweiten Generation nicht sonderlich für britische Angelegenheiten, ja sie beherrschten nicht einmal die englische Sprache. Diese Tatsache ermöglichte es dem Parlament, sich informell noch stärker gegenüber der Krone zu positionieren, als dies bereits im Verfassungsdokument der *Bill of Rights* von 1689 garantiert worden war. Die Hannoveraner überließen es einem Minister ihres Vertrauens, für ihre Politik im Parlament eine Mehrheit zu finden. Damit fiel diesem faktisch ein Teil der anfallenden Regierungsentscheidungen zu. Erwies sich der Minister außerstande, weiterhin mit dem Vertrauen einer Parlamentsmehrheit zu regieren, so wurde er für die Krone nutzlos und daraufhin entlassen. An seine Stelle trat dann ein anderer Minister, später Premierminister genannt, der erfolgreicher mit dem Parlament umzugehen verstand. Da das Parlament an allen Schlüsselentscheidungen über Steuern und Hauhalt beteiligt war, mussten die Hannoveraner auf dem britischen Thron mit dem Parlament kooperieren – ganz anders als in ihrem deutschen Stammland. Erst Georg III. (1738-1820) legte den Komplex der Landfremdheit ab. Unter seiner Herrschaft mehrten sich die Versuche der Krone, den Einfluss des Parlaments und eines vom Parlamentsvertrauen

8.1 Historischer Kontext

abhängigen Ministers auf die Regierungsgeschäfte zurückzudrängen. Alles dies geschah zwar durchaus nach den Buchstaben und im Geiste der förmlichen Verfassungsdokumente. Dahinter stand aber der Versuch, die informellen Machtverschiebungen zwischen Krone und Parlament rückgängig zu machen.

Georg III. nahm ausgerechnet den Disput mit den britischen Kolonien in Nordamerika zum Anlass, um Stärke zu demonstrieren. Er wollte zeigen, dass er mehr darstellte als einen Herrscher, der statt zu regieren nur noch herrschte. Gegen die Warnungen bedeutender Köpfe in Parlament und Öffentlichkeit betrieb er die Niederschlagung der Gehorsamsverweigerung der amerikanischen Siedler. Diese waren keine Revolutionäre. Sie verlangten nicht mehr, aber auch nicht weniger als das, was jedem britischen Untertanen in der *Bill of Rights* garantiert worden war, „no taxation without representation". In der hochkontroversen Amerikapolitik traten die Whigs dafür ein, dem Begehren der Kolonien nachzugeben. Die Kolonialbevölkerung sollte im Parlament des Mutterlandes repräsentiert sein. Es sollte darauf verzichtet werden, in den Kolonien Steuern zu erheben, die im Mutterland selbst nicht eingezogen wurden.

Das England des späten 18. Jahrhunderts war in nur noch mit Frankreich vergleichbarer Weise von sozialen Konflikten bedroht. Es gab große Armut und weit verbreitete Kriminalität, die mangels einer effizienten Polizei nicht wirksam bekämpft werden konnte. Alkoholismus und spontaner Aufruhr im Londoner Subproletariat hatten sich bereits zu Problemen politisch besorgniserregenden Ausmaßes entwickelt. Als in Frankreich die Revolution ausbrach und sich auch in Großbritannien die Kunde von der Hinrichtung des Monarchen verbreitete, griff das Gefühl einer drohenden Gefährdung in der britischen Oberklasse um sich. Kurz: Was in Frankreich geschah, war kein isoliertes, nationalstaatliches Ereignis mehr. Von Frankreich aus drohte revolutionäre Ansteckungsgefahr für andere europäische Länder – zumindest in der subjektiven Wahrnehmung gebildeter Zeitgenossen, die das Geschehen aufmerksam verfolgten. Die rational nicht nachvollziehbare Welle der Gewalt in Paris veranlasste nicht nur die britischen Tories, von jeher Anhänger eines starken Königtums, sondern auch die nach zeitgenössischen Begriffen Progressiven in der britischen Politik, die Whigs, sich von jener Art Fortschrittsideologie zu distanzieren, wie sie in Frankreich anscheinend populär war. In dieser Ablehnung steckte ein gerüttelt Maß an aus heutiger Sicht erkennbarer

Fehleinschätzung der Ereignisse. Die britischen Gegner der Revolution verkannten, dass die Revolution in Frankreich nicht zuletzt im Interesse jener Klassen erfolgte, deren Pendant in Großbritannien überhaupt keinen Grund zur Revolution hatten. Dort war das Bürgertum bereits seit dem Abschluss der Bürgerkriegswirren des 17. Jahrhunderts an der Regierungs- und Gesetzgebungstätigkeit beteiligt gewesen.

Ganz anders war die Situation in Preußen. Dieser deutsche Staat gehörte zu denjenigen europäischen Mächten, die mit militärischen Maßnahmen die Revolution zu ersticken versuchten – wenn auch vergeblich. Der preußische Staat hatte sich seit den Tagen Friedrichs II. im Glanze vergangener Erfolge gesonnt. Dabei stagnierte seine Entwicklung im Vergleich mit dem dynamischen Gang der Ereignisse in Frankreich, ganz zu schweigen vom nicht weniger beeindruckenden, aber evolutionär verlaufenden Wandel der britischen Verhältnisse. Selbst auf dem Schlachtfeld, auf dem sich Preußen nach dem Siebenjährigen Krieg allen konkurrierenden Mächten überlegen dünkte, wurde es mit bitteren Konsequenzen eines Besseren belehrt. In der Schlacht von Jena/Auerstedt (1806) erlitt Preußen beim ersten Aufeinandertreffen mit dem revolutionären Frankreich eine verheerende Niederlage. Teile seines Territoriums musste Preußen an Frankreich abgeben. Restpreußen hatte sich mit einer politischen Bevormundung durch das Empire Bonapartes abzufinden. Diese Ereignisse verschafften einer Reformergruppe in der preußischen Verwaltung Gehör für ihre Pläne einer grundlegenden Neugestaltung der staatlichen Struktur. Eine Volksbewegung regte sich in Preußen erst als Ergebnis des offensichtlich werdenden Scheiterns Bonapartes in Russland (1812/13). Hier spielten irreguläre Soldaten, sogenannte Freikorps, eine Rolle, die zum Kampf gegen die französische Besatzungs- und Protektoratsmacht aufriefen. Die Studentenschaft, die mit ihrer anti-französischen Haltung gleichzeitig Gefallen an der Idee einer staatlich geeinten deutschen Nation fand, verband ihr Engagement im Befreiungskrieg mit der Erwartung, dass die Krone nach der Befreiung liberale Reformen im Staats- und Verfassungsleben durchführen würde.

Diese Erwartung wurde enttäuscht. Bereits die von den Zivilreformern Freiherr vom Stein und Fürst von Hardenberg sowie den Militärreformern von Gneisenau und von Scharnhorst ins Werk gesetzten Veränderungen im Staatsapparat waren aus Sicht der traditionellen, vom alten preußischen Adel gestellten Elite zu viel. Die Stein/Hardenbergschen Reformen hatten eine substantielle kommunale Autonomie in Preußen eingeführt, die Verwaltungsprivilegien der adligen Gutsbesitzer wurden leicht eingeschränkt. Im Militärapparat gab es Innovationen, die die Herkunftskriterien für die Offizierskarriere durch stärkere Betonung von fachlicher Kompetenz zu relativieren suchten. Die Einführung der Gewerbefreiheit steigerte die Bedeutung des kommerziellen Bürgertums. Alles dies waren lediglich nüchtern berechnete Reaktionen auf die Schwächen, die das preußische Staatswesen beim Zusammenprall mit dem postrevolutionären französischen Reich gezeigt hatte. Aber selbst diese bescheidenen Veränderungen gingen der altpreußischen Elite, den großagrarischen Adelsgeschlechtern, zu weit. Es bildete sich eine verhaltene Opposition der sogenannten Altständischen gegen die Reformer, die pikanterweise nicht aus Preußen selbst, sondern aus kleineren nord- und mitteldeutschen Staaten stammten. Aus altständischer Sicht wurde die Entmachtung der tragenden Klassen Preußens ohne große Not eingeleitet. Die Monarchie gab schlechten Vorbildern nach, sie reagierte falsch auf Herausforderungen, die anstelle anpassender Reformen vielmehr Standhaftigkeit, Bewahrung des Überlieferten und offensive Verteidigung des Status quo geboten hätten.

Literatur:

Louis Bergeron, Francois Furet und *Reinhart Koselleck*: Das Zeitalter der europäischen Revolution (Fischer Weltgeschichte, Bd.26), 25. Aufl., Frankfurt/M.: Fischer 2001.
Axel Schildt: Konservatismus in Deutschland. Von den Anfängen im 18. Jahrhundert bis zur Gegenwart, München: C.H. Beck 1998.
Hans-Gerd Schumann (Hrsg.): Konservatismus, 2. erw. Aufl., Königstein/Ts.: Athenäum 1984.

8.2 Burke

Edmund Burke (1729-1797), geborener Ire, betätigte sich als Literat und Journalist. Mit der Protektion des Earl of Rockingham, einem der Führer der Whig-Fraktion im britischen Parlament, gelang es ihm, für einen *rot-*

ten borough, einen faktisch von einem Adligen kontrollierten Wahlkreis, in das Unterhaus gewählt zu werden. Burke wurde dort zu einem wichtigen Sprecher der Whig-Fraktion, die nach damaligen Begriffen die Linke verkörperte, die sich für ein restriktives Verständnis der verfassungspolitischen Rolle der Krone einsetzte. In vielen Kontroversen setzte sich Burke, ein glänzender Rhetoriker und begabter Literat, für politische Lösungen ein, die quer zum Hauptstrom der britischen Politik standen. So verwahrte sich Burke gegen die Versuche Georgs III., den Trend in Richtung auf eine stärkere Rolle des Kabinetts und des Unterhauses umzukehren. Burke sprach sich ferner engagiert für eine maßvolle Irland-Politik der Krone aus. In Irland gab es starke Widerstände gegen die Zugehörigkeit zum Vereinigten Königreich. Er plädierte schließlich für eine nachgiebige Amerikapolitik, d.h. für die Erfüllung der Forderung der nordamerikanischen Siedler auf Gleichbehandlung als britische Untertanen. Fand sich Burke als gestandener Whig in diesen Auseinandersetzungen zumeist auf der Seite der Befürworter pragmatischer Lösungen und profilierte er sich hier als Anwalt parlamentarischer Rechte gegen den Monarchen, so verdankte er seine Bekanntheit außerhalb Großbritanniens der mit seinem Namen verbundenen Fundamentalkritik an der Französischen Revolution. Sie ließ ihn in Kontinentaleuropa zum – ungewollten – Kronzeugen der monarchischen Reaktion gegen das Erwachen des Volkes werden. Die posthume Vereinnahmung Burkes durch politische Reaktionäre in Deutschland und Frankreich ist eine historische Tatsache. Sie verkennt aber, dass Burkes Verurteilung der Französischen Revolution aus der Warte der britischen Verhältnisse erfolgte. Doch Großbritannien hatte zu dieser Zeit das modernste und anpassungsfähigste politische System in Europa.

Burke ist der klassische *Anti-Rousseau*. Er hat eine Reihe von Traktaten und Abhandlungen verfasst, die ihn im zeitgenössischen Großbritannien lange vor der Französischen Revolution bekannt gemacht hatten. Diese zeitlich gestreuten Schriften liegen inhaltlich dicht beieinander. Sie bilden die unterschiedlichen Facetten eines Ganzen, einer politischen Überzeugung, die als Strategie eines *pragmatisch ausgerichteten Bewahrens* umschrieben werden kann. Burke wendet sich gegen den Anspruch des Monarchen, über den Parteien zu stehen und die Interessen des Ganzen zu vertreten. Gegen die Krone tritt Burke für die Vorzüge eines von Parteien gesteuerten Parlaments ein. Er misstraut der Behauptung einer überparteilichen Politik. Die Idee eines normativ feststehenden, vorgegebenen Gemeinwohls, die ein Herzstück der Rousseauschen politischen Philosophie bildet, lehnt Burke ab. Ein Gemeinwohl a priori kann es nicht geben, weil es dem Menschen unmöglich ist zu erkennen, was wahr ist. Die Existenz des Menschen in der Gesellschaft ist durch Unterschiede und durch Ungleichheit geprägt. Folglich kann es nicht ausbleiben, dass die Menschen unterschiedliche Vorstellungen von Wahrheit haben. Der politische Frieden ist nur möglich, wenn kein Wahrheitsanspruch unterdrückt wird. Indes muss der Staat Mechanismen entwickeln, um ohne die Unterdrückung anderer *eine* Auffassung als verbindliche Richtschnur vorzugeben. Parteienvielfalt, Meinungspluralismus und der Wettstreit politischer Ideen sind die Bedingungen politischer Freiheit. Wie Burke es an anderer Stelle formuliert, ist die Behauptung der Un- oder Überparteilichkeit selbst eine Parteinahme.

8.2.1 Das freie Mandat

In seiner *Rede an die Wähler von Bristol* setzte sich Burke mit dem Versprechen seines Hauptkonkurrenten auseinander. Dieser hatte seinen potentiellen Wählern versprochen, im Parlament all das zu tun, was sie von ihm erwarten. Burke verteidigt demgegenüber das freie Mandat. Gewiss sei es für einen Mandatsträger wichtig, die Interessen seiner Wähler zu beachten. Schließlich gehe es den Wählern darum, einen Repräsentanten im Parlament zu haben, der sich ihrer Nöte und Beschwerden annehme.

„Euer Abgeordneter schuldet euch nicht nur seinen ganzen Fleiß, sondern auch einen eigenen Standpunkt; und er verrät euch, anstatt euch zu dienen, wenn er ihn zugunsten eurer Meinung aufopfert. [...] Das Parlament ist kein Kongreß von Botschaftern im Dienste verschiedener und feindlicher Interessen, die jeder als Vertreter und Befürworter gegen andere Vertreter und Befürworter verfechten müßte, sondern das Parlament ist die beratende Versammlung einer Nation, mit einem Interesse, dem des Ganzen, wo nicht lokale Zwecke, nicht lokale Vorurteile bestimmend sein sollten, sondern das allgemeine Wohl, das aus der allgemeinen Vernunft des Ganzen hervorgeht. Wohl wählt ihr allein einen Abgeordneten, aber wenn ihr ihn gewählt habt, dann ist er nicht mehr Vertreter von Bristol, sondern ein Mitglied des Parlaments."

Edmund Burke: Rede an die Wähler von Bristol. in: Otto Heinrich von der Gablentz, Die politischen Theorien seit der amerikanischen Unabhängigkeitserklärung, Politische Theorien Teil 3, 3. Aufl., Köln und Opladen: Westdeutscher Verlag 1967, S. 82f.

Allerdings gebe es eine Grenze für die Verpflichtung des Abgeordneten, sich von Erwartungen und Instruktionen leiten zu lassen. Burke verweist ganz pragmatisch darauf, dass es mit den Funktionserfordernissen eines parlamentarischen Systems nicht vereinbar sei, wenn der Abgeordnete sein Verhalten einzig und allein auf die Erwartungen und Forderungen seiner Wähler abstelle. Parlamentarische Politik lebe von Kompromissen. Der Spielraum für Kompromisse werde unzuträglich eingeengt, wenn der Abgeordnete sich als Briefträger seiner Wähler verhalte. Hinter diesem Argument blickt die Befürchtung durch, dass ein Parlamentarismus, der nicht mehr die notwendige Flexibilität für gesetzgeberische oder politische Kompromisse aufbringt, zum Scheitern verurteilt ist. Er würde die Machtbalance zwischen Krone und Parlament gefährden.

8.2.2 Die Freiheitsrechte

Das gleiche Thema variiert Burke in seiner Kritik an der Amerikapolitik Georgs III. und seines Premierministers Lord North. Der Behauptung der Regierung, in den nordamerikanischen Kolonien sei eine Rebellion im Gange, widerspricht Burke mit dem Hinweis, dass die nordamerikanischen Kolonisten im Grunde genommen nicht gegen, sondern für die in Großbritannien selbst gültigen Verfassungsprinzipien eintreten. Er folgert daraus, dass es nur vernünftig und konsequent sei, wenn das britische Parlament beschließe, die Bevölkerung der nordamerikanischen Kolonien mit eigenen Vertretern an der britischen Gesetzgebung zu beteiligen. Der Einwand, das Verlangen der Kolonisten sei unbillig, könne nicht überzeugen, weil ja mit dem gleichen Argument den britischen Untertanen im Mutterland ihre Freiheiten und Mitwirkungsrechte versagt werden könnten. Burkes Freiheitsbegriff hat die Dimension eines elementaren Rechts, das Menschen gleicher Klasse, Bildung und Vermögen nicht ohne überzeugende Gründe verweigert werden darf – es sei denn, diese Verweigerung in einem Teil des Reiches ziele darauf ab, die Abschaffung der Freiheit überall vorzubereiten.

8.2.3 Revolutionskritik und Institutionen

In den *Betrachtungen über die Französische Revolution*, seiner wichtigsten Schrift, entwickelt Burke seine Argumentation gegen die Revolution. Mit Entsetzen vernahm Burke die Nachricht von der Ermordung französischer Adliger und Ludwigs XVI. Seine Anklage gegen die Revolution zielt auf zwei rationalistische Prinzipien: die Behauptung von der Gleichheit der Menschen und die geschichtsferne Sichtweise politischer Ordnungen. Der Ruf der Französischen Revolution unter anderem nach *égalité* verstößt nach Burke gegen alle Lebenserfahrung und Überlieferung. Nach seiner Auffassung sind die Menschen schlicht ungleich. Deshalb sind auch keine Verhältnisse konstruierbar, in denen sie gleich werden könnten. Menschen sind mit unterschiedlichen Fähigkeiten ausgestattet. Diese Fähigkeiten drücken sich im sozialen Status und nicht zuletzt in den Vermögensunterschieden aus. Eigentum und Besitzlosigkeit sowie großer und kleiner Besitz gehören zu den Grundbedingungen menschlicher Existenz. Es hat deshalb keinen Sinn, abstrakte Grundsätze aufzustellen, die eine schematische Gleichheit oder Gleichmachung der Menschen einfordern. In der Hitze seiner Argumentation und mangels zuverlässiger Informationen verkennt Burke bei alledem die realen Gründe der Französischen Revolution. Die revolutionäre Initialzündung kam aus dem Bürgertum, das seine Interessen im *Ancien régime* der Bourbonen nicht gewahrt sah und das sich hilfreicher Ideologien bediente, um sich von den Fesseln des restfeudalen und merkantilistischen Systems zu lösen. Burke geht es bei seiner Auseinandersetzung mit der Französischen Revolution nicht um sozialhistorische Tatsachen, sondern um die Begründung einer Politik, die auf die effektive Bewahrung des Erhaltungswürdigen abzielt.

Alte, über viele Generationen hinweg bewährte Institutionen sind nach Burke die wirklichen Garanten der politischen Freiheit. Nicht der rational konstruierte Staat kann die Bedürfnisse einer Gesellschaft erfüllen. Dies vermögen allein Einrichtungen, die schon in der Vergangenheit ihre Fähigkeit bewiesen haben, politische Konflikte zu lösen. Burke redet nicht dem starren Festhalten an überkommenen Formen das Wort. Ihm geht es um die Einsicht, dass nur solche Institutionen die wechselhaften Zeiten überdauern könnten, die ihre Anpassung an wechselnde Umstände und Bedingungen immer wieder unter Beweis stellen.

Es geht ihm nicht um die äußere Form, in der eine Institution existiert. Wichtiger ist ihr Beitrag zur Wahrung der politischen Freiheit und für die Kontrolle politischer Macht. Zwei wichtige legitime Akteure agieren im politischen System: der Herrscher und das Volk. Bestimmt allein das Volk, möglicherweise getrieben von Leidenschaften und im Banne wirklichkeitsfremder Theorien, so werden Entwicklungen wie im revolutionären Frankreich wahrscheinlich. Umgekehrt steht zu erwarten, dass ein Herrscher alle Freiheit erstickt, wenn es ihm gelingt, das Parlament als Instrument des Volkes bzw. als institutionalisierte Gegenmacht auszuschalten. Diese Auffassung erklärt, warum Burke einmal für die Rechte des Parlaments Partei ergreift und warum er in anderen Fällen die Monarchie verteidigt. Die gesellschaftliche Institution des Eigentums darf nicht angetastet werden. Eigentum ist ein Bestandteil der Persönlichkeit. Eigentumsunterschiede beruhen auf dem göttlichen Schöpfungsakt. Eigentum hat generell eine positive, stabilisierende Funktion.

„Wenn die brauchbaren Teile einer alten Verfassung beibehalten werden, und das, was hinzu kommt, zu dem, was bleibt, passen soll, dann müssen wahre Geisteskraft, anhaltende und angestrengte Aufmerksamkeit, eine Mannigfaltigkeit vergleichender und verbindender Fähigkeiten und jedes schöpferische Talent eines fruchtbaren Kopfs in Bewegung gesetzt werden: sie haben mit der vereinten Macht streitender Laster zu kämpfen, mit der Hartnäckigkeit, die jede Reform verwirft, und mit dem Leichtsinn, den alles, was er besitzt, ermüdet und anekelt. – ‚Aber ein solches Verfahren', wird man mir einwenden, ‚ist langsam. Es war nicht für eine Versammlung gemacht, die ihren Ruhm darein setzt, ein Werk für Jahrhunderte in wenig Monaten zu vollenden. Diese Art zu verbessern, würde mehrere Jahre erfordern.' – Das würde sie unstreitig, und das soll sie auch. Es ist die eigentümliche Vortrefflichkeit einer Methode, bei welcher die Zeit eine Mitarbeiterin ist, daß sie langsam und zuweilen unmerklich wird. Wenn Behutsamkeit und Vorsicht da unentbehrlich sind, wo wir es mit leblosen Materien zu tun haben, so werden sie

8.2 Burke

weit unnachläßlicher, so werden sie heilige Pflicht, wenn die Gegenstände unserer Zerstörung und unserer Schöpfung nicht Holz und Stein, sondern empfindende Wesen sind, die wir durch rasche und unüberlegte Entschlüsse zu Tausenden elend machen können."

Edmund Burke: Betrachtungen über die Französische Revolution, hrsg. von Ulrich Frank-Planitz, Zürich: Manesse 1986, S. 318f.

Burke entwickelt die Reform als Strategie des Bewahrens. Ganz wie ein altes Gebäude gehegt und gepflegt und in Abständen erneuert werden muss und wie es umgebaut wird, um den Bedürfnissen neuer Bewohner gerecht zu werden, so gilt es, die Institutionen dem Wandel der Zeiten anzupassen. Burke präsentiert Reform nicht als theoretischen Entwurf. Reform ist eine Kunst, gleichbedeutend mit der Fähigkeit, den Zeitpunkt zu erkennen, an dem Veränderungen des Bestehenden notwendig werden. Vorzeitige und unnötige Reformen sind schädlich, weil sie den Gegnern der bestehenden Ordnung den Eindruck vermitteln, die Regierenden seien ängstlich und der Stabilität ihrer Ordnung selbst nicht sicher. Reformen, die zu spät erfolgen, können radikale Erschütterungen nicht mehr auffangen; sie sind überflüssig. Eine Regierung, die Wandlungen in Politik und Gesellschaft sorgsam beobachtet, die Unzufriedenheit im Volk rechtzeitig spürt, wird früh genug Reformen einleiten, um den steigenden Druck auf Veränderungen abzubauen. Sie wird aber die Gesamtstruktur selbst nicht ändern müssen.

Burkes Werk enthält einige charakteristische Merkmale konservativen Denkens.

- Der Verzicht auf theoretische Begründungen für eine politische Ordnung erklärt sich daraus, dass Institutionen und Werte, die in einem langen historischen Prozess herangereift sind, sich selbst rechtfertigen. Allein ihre Vitalität weist die Existenzberechtigung nach.
- Der letzte Grund für eine erhaltungswürdige Ordnung ist Gott, und Gott kann nicht weiter hinterfragt werden. So wird der christliche Glaube zur Bedingung konservativen Denkens. Ganz konsequent rangieren Religion und Kirche unter den schützenswerten Gütern weit oben.

- Eine der wichtigsten Grundlagen der Gesellschaftsordnung ist das Eigentum. Die Schutzwürdigkeit des Eigentums verbindet sich mit dem Gedanken der Verantwortung. Weil er etwas zu verlieren hat, handelt der Eigentümer umsichtig und maßvoll. Er weiß den Schutz des Staates zu schätzen.

Andere Elemente des Burkeschen Werkes, so das Freiheitsanliegen und die Verwahrung gegen die Machtansprüche des Herrschers, sind kein konservatives Gemeingut. Sie drücken lediglich den fortgeschrittenen Zustand der britischen Gesellschaft aus, in der die liberale Verfassungsordnung bereits zum Grundkonsens gehörte. Bei Burke vermischen sich konservative und liberale Elemente. Allerdings ist gerade diese Verbindung unterschiedlicher Elemente für sich schon wieder ein allgemeines Merkmal konservativen Denkens. Die Befindlichkeit der britischen Gesellschaft am Ausgang des 18. Jahrhunderts unterschied sich beträchtlich von derjenigen Frankreichs, Spaniens oder Deutschlands. Das noch nicht einmal ansatzweise industrialisierte Deutschland mit seinen zahlreichen Staaten, die noch unumschränkt von den Fürsten beherrscht wurden, gab dem deutschen konservativen Denken im Vergleich zum englischen ein rückwärts gewandtes Ziel vor.

8.2.4 Rezeption und Wirkung

Burke ist ein staatskluger Denker. Er schöpft aus dem Fundus politischer Erfahrung, die auf das Bewahrungsgut der Freiheit angewandt wird. Im Bestand klassischer politischer Theorien wird er nicht geführt – und das mit Recht. Aufgeklärte Konservative wie Burke lehnen Theorien und Modelle ab, weil sie die Natur und das Leben zu stark vereinfachen, als dass sie für die Politik mit all ihren Unwägbarkeiten taugten. Letztlich plädiert Burke für das politische Urteil mit Augenmaß, das stets an die Umstände gebunden ist. Eine Politik, die auf der Stelle tritt und rückwärts blickt, verkürzt das Urteil nicht weniger als eine Politik, die auf eine erdachte Zukunft hin angelegt ist. Konservatives Denken steht im Kontrast zum Denken in universellen Begriffen. Die Inhalte changieren von Staat zu Staat und von Gesellschaft zu Gesellschaft. Die Politikwissenschaft kann mit Burke einiges anfangen, weil er in bestechenden, überzeugenden Essays Einsichten zu Papier gebracht hat, die den Sinn des Parlamentarismus und der Parteienkonkurrenz treffen. Die sozialwissenschaftliche Politiktheorie hat ihm aber nichts abgewinnen können. Wie könnte sie auch? Ihre Essenz ist die Konstruktion von Begriffen, die Verallgemeinerungen, aber auch die Sortierung und Abgrenzung verschiedener Aspekte der politischen Wirklichkeit erlauben. Dennoch bleibt dieser Klassiker für die Politikwissenschaft ungeheuer wichtig, weil er darauf hinweist, dass das politische Handeln und die intellektuelle Konstruktion der Politik höchst unterschiedliche Dinge sind. Die meisten Politikwissenschaftler, die sich in der Politik versuchen, machen nicht die beste Figur. Politische Beobachter und Kommentatoren, so eine Lehre aus Burke, tun gut daran, sich zu vergegenwärtigen, dass die handelnden Personen im Staatsgeschäft notgedrungen auf Sicht fahren müssen.

Literatur:

Edmund Burke: Betrachtungen über die Französische Revolution, hrsg. von Ulrich Frank-Planitz, Zürich: Manesse 1986.
Edmund Burke: Rede an die Wähler von Bristol, in: Otto Heinrich von der Gablentz, Die politischen Theorien seit der amerikanischen Unabhängigkeitserklärung, Politische Theorien Teil III, 3. Aufl., Köln und Opladen: Westdeutscher Verlag 1967.
Crawford B. Macpherson: Burke, Oxford: University Press 1990.
Robert Zimmer: Edmund Burke zur Einführung, Hamburg: Junius 1995.

8.3 Müller

Adam Müller (1779-1829) wurde in Berlin als Sohn eines preußischen Beamten geboren. Er verbrachte sein Leben als Propagandist politischer Interessen. Er agitierte auf Versammlungen für die altständische preußische Adelsopposition gegen die Staatsreformen und die Gewerbefreiheit. Müller wechselte später in den österreichischen Staatsdienst über und konvertierte zum Katholizismus. In österreichischen Diensten wurde er dann in den deutschen Staaten eingesetzt, um dort die Metternichsche Politik zu vertreten. Diese stellte darauf ab, revolutionäre und liberale

Ideen zu unterdrücken. Mit dem Eifer des Konvertiten verfocht Müller jetzt in Vorträgen und Schriften die Idee eines Staates, der sich vollständig von aufklärerischen Prinzipien abkehrte. Als Alternative zu einer schlechten Gegenwart pries er eine verklärte Vision des Mittelalters an.

Müllers politische Ideen verschmelzen mit romantischer Schwärmerei für eine weit zurückliegende Vergangenheit. Er verurteilt das Vernunftdenken und die Konstruktion des Staates aus den Rechten und Bedürfnissen des Individuums. Er verwirft sie als Verirrungen der modernen Zeit, weil sie zum Verlust der gewachsenen Geborgenheit des Menschen in traditionellen Gemeinschaften geführt haben. Der Grundtenor des Müllerschen Werks ist die Argumentation mit dem Konkreten und Historischen gegen das Abstrakte. Müller will in dem ihm vorschwebenden Staat die Verschmelzung der Gegensätze, einen Zustand, der sich verstandesmäßiger Konstruktion vollständig entzieht. Er lehnt in Bezug auf Staat und Politik ganz konsequent die Gesetze der Logik ab. Den Staat fasst Müller als Organismus auf. Der Begriff des Lebens ist ein Angelpunkt seiner Staatsdefinition. So, wie es wenig Sinn mache, ein Lebewesen als Addition seiner äußeren und inneren Organe zu beschreiben, so wenig werde es der Idee des Staates gerecht, im Staat lediglich ein Gehäuse zu erblicken, das um der einzelnen Menschen willen existiere. Die Organe eines Lebewesens haben bestimmte Funktionen. Für sich allein haben sie keine Bedeutung. Erst ihre Zuordnung zum Ganzen verleiht ihnen Sinn. Die wesentliche Eigenschaft des Menschen ist nicht sein komplizierter Organismus, sondern der Geist, das Leben. Auch der Staat hat seinen Geist. Ein Organismus kann an Körper und Geist erkranken, ja zugrunde gehen. Diese Möglichkeit überträgt Müller auf den Staat. Ein kranker, ungesunder Staat kann durch entsprechende Mittel gesunden. Müller diagnostiziert in den Staaten seiner Zeit einen mehr oder minder stark angegriffenen Gesundheitszustand. Sein Vorbild des gesunden Staates ist der feudale Lehnsstaat des Mittelalters. Die mittelalterliche politische Ordnung wird von Müller aber derart idealisiert, dass die realen mittelalterlichen Verhältnisse darin kaum noch erkennbar sind. Doch es geht Müller nicht so sehr um die Wiederbelebung historischer Verhältnisse, sondern um ein rückwärts gewandtes Gegenbild zu den Staaten seiner Zeit. Hierbei stehen ihm z.B. das nachrevolutionäre Frankreich, das nach seiner Auffassung eine vollständig lebensfremde politische Ordnung errichtet hatte, oder Preußen, das immerhin bereits vom Bazillus der rationalistischen Moderne infiziert war, vor Augen.

„[...] so ist alle Gemeinschaft vor der Idee des Rechtes zugleich eine religiöse Gemeinschaft; sie verlangt Aufopferung, Weggeben des Sichtbaren für das Unsichtbare. Was kann also den großen Umgang des kolossalen Menschen, die ich oben als Glieder oder Theilnehmer der erhabenen Gemeinschaft der Fünf-Reiche dargestellt habe, besser regulieren als der Glaube, das unsichtbare und doch so mächtige, so bewegliche Gesetz der Religion, unter deren Schutz, und in deren immerwährendem, innigem, thätigem Anschauen die Fünf-Reiche groß geworden sind! Hier sind Freiheit, Gesetz, Ehrfurcht vor den Abwesenden; [...]. Ein Glaube, der, Trotz aller Nationalität, dennoch in den innersten geheimsten Nerven des Staates Raum findet und sich mit den verschiedenartigsten Formen des bürgerlichen Lebens verträgt – der ist von selbst schon das höchste gemeinschaftliche Gut, das innigste Bindungs-Mittel, der sicherste gemeinschaftliche Boden und der untrieglichste, lebendigste Gesetzgeber für Alle. [...]
Wer aber jene große vermittelnde Idee, welche die heiligen Bücher darstellen, und deren Sinn in Schrift und Bild so tausendfältig übersetzt ist, [...] erkannt hat, – dem ordnet sich unmittelbar das Privat-Leben, das National- und Völker-Leben und die Weltgeschichte: der Schlüssel zu dem unsteten, zweideutigen Räthsel alles menschlichen Treibens und Thuns ist gegeben; die unwürdigen Spielereien aus der Moral, der Politik und der Historie fallen ab, und es bleibt nichts übrig, als das Unvergängliche, ewiger Forschung Würdige, und auch zu ewiger Forschung Anreitzende und Belohnende. – Das nun ist das große Gebrechen der Zeit, daß die politischen Beziehungen der christlichen Religion vergessen sind, und daß die Zeitgenossen allzu willig Jenen Gehör geben, die uns, so lange es ihr Vortheil mit sich bringt, gern überzeugen möchten, daß die Religion mit den sogenannten weltlichen Dingen nichts zu schaffen habe."

Adam H. Müller: Die Elemente der Staatskunst, 2 Halbbände, Wien und Leipzig: Wiener Literarische Anstalt 1922, 1. Halbband S. 210, 2. Halbband, S. 194f.

Als wirtschaftliche Grundlage eines gesunden Staates kommt allein die Landwirtschaft in Frage. Die bodenständige Natur des Bauern ist gegen das spekulative, unstete Denken und Handeln des Kaufmanns gefeit.

Müller spricht in diesem Zusammenhang vom Nährstand. Daneben braucht der Staat einen Wehrstand, d.h. eine Klasse, die dem äußeren Schutz des Staates dient, sowie einen Lehrstand, der die Menschen dazu erzieht, nach überlieferten Tugenden zu leben. Gefolgschaftstreue charakterisiert die Sozialbeziehungen. Kirche, Erziehung und Moral vermitteln jedem das Bewusstsein, in der gegebenen Ordnung auf dem richtigen Platz zu stehen. Der Staat ist kein Vernunftstaat, sondern eine Ordnung, die dem Einzelnen als Knecht oder als Herrn die Geborgenheit der Gemeinschaft bietet. Die mittelalterliche Ordnung hatte sich in ihrer Verbindung mit der universalen katholisch-christlichen Kirche entwickelt. Müller geht denn auch davon aus, dass dieser – gesunde – Staat nur unter dem Dach der katholischen Kirche gedeihen könne. Der lebensweltliche Gemeinschaftsbezug im Staat wird durch die Sinngebung und die emotionale Wärme der Kirche intensiviert und vollendet.

Vergleicht man Müller mit *Burke*, so erscheint Müllers Staatsdenken als reaktionär, als Wunsch, die Geschichte anzuhalten und Jahrhunderte historischer Entwicklung ungeschehen zu machen. Die Spannweite konservativen Denkens könnte kaum eindrucksvoller deutlich werden als im Werk dieser beiden Autoren. Dabei hat Müller seine Vorstellungen in Kenntnis der einschlägigen Schrift *Burkes* über die Französische Revolution entwickelt. Er war mit dem österreichischen Freiherrn *Friedrich von Gentz (1764-1832)* eng bekannt, der wenige Jahre nach Erscheinen der Burkeschen Schrift eine deutsche Übersetzung vorlegte, die sogleich breiteste Resonanz fand. Alle Elemente konservativen Denkens, Theoriefremdheit, hierarchisch gestufte Gesellschaft und christliche Staatslegitimation, finden sich auch bei Müller. Durch die romantische Rückblende auf das Mittelalter und den organizistischen Tenor seiner Ideen geht Müller aber über das Ziel der Wahrung des Bestehenden hinaus. Müller traf mit seinen Ideen die Stimmung des alten Adels. Der Aufstieg des gewerblichen und des Bildungsbürgertums und professionellere Staatsverwaltungen bedrohten seine Existenz.

Müller hat nicht den Rang eines großen Klassikers des politischen Denkens. Er drückte indes exemplarisch einen Standpunkt aus, wie er zu jener Zeit verbreitet war. Eine gefühlsbetonte, gemeinschaftsbezogene und mit bigotter Frömmigkeit durchmischte Staatsauffassung prägte den deutschen Konservatismus bis weit über die Wende zum 20. Jahrhundert. Diese Variante konservativen Denkens hatte mit dem pragmatischen Ansatz der konservativen Reform, wie er von *Burke* vertreten wurde, nichts mehr gemeinsam. Der deutsche Konservatismus behielt seinen romantischen und unpragmatischen, ja im Grunde genommen politikfremden Charakter. Die Ambivalenz der Müllerschen Begrifflichkeit bot sich zudem für die Unterlegung mit rassistischen und nationalistischen Vorurteilen an, die Müller selbst allerdings fremd waren. Bereits eine kleine Verschiebung von Akzenten und Nuancen konnte den Ausschlag geben, um die Sprache dieses reaktionär überzogenen Konservatismus in den Dienst völkischer Ideologien zu stellen. Ebendies trat später im Wilhelminischen Reich in Gestalt der antisemitischen Bewegung ein.

Müller bietet nur ein Beispiel für den vergangenheitsverklärenden Konservatismus. Die Reihe konservativer Denker dieser Spielart ließe sich um viele andere aus benachbarten europäischen Ländern ergänzen, so z.B. um *Joseph de Maistre (1753-1821)* für Frankreich oder *Donoso Cortès (1809-1853)* für Spanien. Ihr gemeinsames Anliegen ist die Kritik an der Moderne mit ihren Merkmalen des Individualismus, der Säkularisierung des geistigen und gesellschaftlichen Lebens und dem Konflikt zwischen Kapital und Arbeit. Diese Themen setzen sich bis in die Ideologien autoritärer Diktaturen im 20. Jahrhundert fort. Ob der Faschismus in Italien, der Austrofaschismus im Österreich der 1930er Jahre, das Franco-Regime in Spanien, das Pétain-Regime im Frankreich des letzten Krieges oder die ständischen Ideen der Rechten in der Weimarer Republik – sie alle bedienen sich des Rückgriffs auf eine vermeintlich konfliktfreie, gemeinschaftsbezogene Ära. In der zurückliegenden goldenen Ära seien die geistliche und weltliche Autorität eins gewesen und die gesellschaftlichen Hierarchien bereitwillig akzeptiert worden. Der reaktionäre Konservatismus wurde hier zur Abwehrideologie der herrschenden Klassen, die ihre Privilegien über die Zeitenwende hinweg gerettet hatten. Diese Klassen hatten weder gelernt, noch waren sie bereit, sich auf die Veränderungen im Sinne der Burkeschen Ideen einer *Reform im bewahrenden Geiste* einzustellen.

📖 **Literatur:**

Martin Greiffenhagen: Das Dilemma des Konservatismus in Deutschland, Frankfurt/M.: Suhrkamp 1986.

Kurt Lenk: Deutscher Konservatismus, Frankfurt/M. und New York: Campus 1989.
Karl Mannheim: Konservatismus. Ein Beitrag zur Soziologie des Wissens, Frankfurt/M.: Suhrkamp 1984.

9. Das liberale Denken

9.1 Historischer Kontext

In der ersten Phase der Französischen Revolution wurde Ludwig XVI. (1754-1793) eine Verfassung (1791) aufgezwungen, die das Land von einer absoluten Monarchie in eine konstitutionelle Monarchie umwandelte. Die Jakobinerherrschaft und das von ihr ausgelöste Chaos riefen Napoleon Bonaparte auf den Plan. Dieser behielt zwar Zeit seiner Herrschaft gewisse, konstitutionell anmutende Herrschaftsformen bei. Faktisch regierte er jedoch ähnlich unumschränkt wie die Bourbonen. Der Zusammenbruch des bonapartistischen Frankreich (1814/15) warf die Frage auf, unter welcher politischen Ordnung die Bourbonendynastie restauriert werden sollte. Die Jahre der bonapartistischen Herrschaft hatten Frankreich tiefgreifend verändert. Der Nimbus der Unverletzlichkeit des Monarchen und des Gottesgnadentums war ein für allemal zerstört. Die Monarchie und der katholische Klerus waren so tief gedemütigt, dass es unmöglich erschien, eine vollständige Restauration der Bourbonendynastie zu leisten. Die 1815 einsetzende Restauration war ein äußerlicher Vorgang. Wirtschaftlich hatte sich Frankreich unter Bonaparte dramatisch gewandelt. Die Verkehrsinfrastruktur war besser geworden, die Franzosen hatten eine konkretere Vorstellung von der Größe ihres Landes gewonnen. Die Auseinandersetzungen mit den übrigen europäischen Mächten, aber auch die kriegsbedingte Kenntnis anderer Völker hatten eine Identität wachsen lassen, die zum Kristallisationskern eines modernen Nationalbewusstseins wurde. Schließlich war neben den Adel des *Ancien régime*, d.h. die alte, in der bonapartistischen Ära entmachtete Elite, eine neue Elite getreten. Der Neuadel bonapartistischer Provenienz rekrutierte sich aus Beamten, Offizieren und Unternehmern. Unter diesen Voraussetzungen blieb den Bourbonen nicht viel anderes übrig, als widerstrebend eine Verfassung zu akzeptieren, nach der sie die Macht mit den Vertretern der neuen Gesellschaft teilen mussten. Mit der Restauration der Bourbonenherrschaft wurde der in den Anfängen der Revolution geknüpfte Faden einer konstitutionell gebändigten Monarchie wieder aufgegriffen. Die bürgerliche Klasse Frankreichs war zu dieser Zeit schon nicht mehr bereit, das ihr von der restaurierten Monarchie zugemutete Maß an Einschränkungen zu akzeptieren. Das zeigte sich spätestens im Juli 1830, als eine neue Revolution die Bourbonenherrschaft ein zweites Mal, dieses Mal endgültig, beseitigte. Unter dem sogenannten Bürgerkönig Louis Philippe gewann das liberale Bürgertum die Macht im Staat.

In Großbritannien setzte sich nach dem Tode Georgs III., der die Parlamentarisierung noch hatte eindämmen wollen, die Verlagerung der Regierungsmacht auf Parlament und Kabinett fort. Nicht minder bedeutend war der Druck neuer gesellschaftlicher Klassen auf das Regierungssystem. In Großbritannien war der Industrialisierungsprozess voll in Gang gekommen. Der mit Unterbrechungen nahezu 25 Jahre dauernde Krieg Großbritanniens mit Frankreich hatte Industrie und Gewerbe kräftige Impulse gegeben. Neben der überkommenen bürgerlichen Klasse der Händler und Kaufleute entstand jetzt eine Klasse von Fabrikbesitzern, die in kurzer Zeit große Vermögen anhäuften. Gleichzeitig regte sich die Arbeiterklasse, die gegen ihre elenden Arbeits- und Lebensbedingungen aufbegehrte. Großbritannien war zu Beginn des 19. Jahrhunderts von scharfen politischen Auseinandersetzungen und offenen sozialen Konflikten gekennzeichnet.

Im Jahr 1832 verabschiedete das Parlament nach langwierigen Auseinandersetzungen und gegen heftige Widerstände des im Oberhaus vertretenen Hochadels eine Wahlgesetzreform. Sie gab fortan knapp drei Prozent der Bevölkerung das Wahlrecht. In diesem geringen Prozentsatz war jedoch eben jene Bevölkerungsgruppe enthalten, die den industriellen Fortschritt trug. Teile der arbeitenden Klasse erhielten erst 1867 das Wahlrecht. Die Lebens- und Arbeitsbedingungen der britischen Arbeiter blieben bis weit über die Mitte des Jahrhunderts hinaus unverändert schlecht. Die Liberalisierung des Wahlrechts hatte mithin keine *direkten* Auswirkungen auf die soziale Frage. Trotzdem hatte die Regierungspolitik schon recht früh auf die Bedürfnisse der ärmsten Schichten reagieren müssen. So wurde in den 1830er und 1840er Jahren der Getreideimport – gegen die Interessen des Hochadels mit seinen großen landwirtschaftlichen Produktionsflächen – liberalisiert, um die Lebensmittel für die arbeitende Bevölkerung zu verbilligen. Hier gab es eine Interessenkonvergenz mit der Fabrikantenklasse, die sich von den sinkenden Lebenshaltungskosten billigere Arbeit versprach. Der Ruf nach Reform blieb bestehen, um auf diese Weise die in elenden Verhältnissen lebende Unterschicht stärker in das Regierungssystem einzubinden. Beispielhaft war die Entstehung der Gewerkschaften und gewerkschaftsähnlicher Organisationen.

Literatur:

Lothar Gall (Hrsg.): Bürgertum und bürgerlich liberale Bewegung in Mitteleuropa seit dem 18. Jahrhundert, München: Oldenbourg 1997.
Lothar Gall (Hrsg.): Liberalismus, 3. erw. Aufl., Königstein/Ts.: Athenäum 1985.
Guy Palmade: Das bürgerliche Zeitalter (Fischer Weltgeschichte, Bd. 27), 14. Aufl., Frankfurt/M.: Fischer 1999.

9.2 Constant

Benjamin Constant (1767-1830) machte sich in erster Linie als Romanautor einen Namen. In der Schweiz geboren, verbrachte er sein Leben überwiegend in Frankreich, zeitweise in Deutschland. Obgleich er nach seinem bevorzugten Umgang im Adelsmilieu ein Opfer der Revolution war, legte er noch in den letzten Jahren des Empire Bonapartes einen Verfassungsentwurf vor, die *Charte constitutionnel*. Er wollte den Kaiser davon überzeugen, dass er mithilfe einer solchen Verfassung seine auch im Inneren schwächer werdende Herrschaft festigen könne. Wenige Jahre später, nach der Restauration der Bourbonenherrschaft, zog Constant für die liberale Opposition ins Parlament ein. Großen Einfluss hatte sein politisches Wirken nicht. Der Beitrag Constants zu den politischen Ideen beschränkt sich im wesentlichen auf sein Verfassungsmodell, das er in seiner 1815 erschienen Hauptschrift *Principes de politique* entwickelte. Dieses Modell hat allerdings große Wirkung entfaltet.

9.2.1 Die Freiheit

Der Ausgangspunkt Constants ist die Freiheit. Unter Freiheit fasst Constant folgende Werte: Entfaltung der autonomen Persönlichkeit, Schutz der Würde des Einzelnen, geistige und materielle Unabhängigkeit des Bürgers, Religions- und Meinungsfreiheit, Handels- und Gewerbefreiheit, Garantie des Eigentumserwerbs und Sicherung der Eigentumsrechte. Diese Rechte sind universell. Die Chance des Eigentumserwerbs hat jeder, sofern er tüchtig ist. Wer gute Gelegenheiten nutzt, kann zum Eigentümer werden. Wem es aber nicht gelingt, Eigentum zu bilden und Unabhängigkeit zu erreichen, dem nützen bestimmte Freiheiten gleichwohl nichts.

„Man bedenke, daß das Ziel der Nichtbesitzenden notwendigerweise ist, Besitz zu erlangen. Alle Möglichkeiten, die man ihnen gibt, werden sie in diesem Sinne nützen. Wenn man zu der unbeschränkten Freiheit, ihre Fähigkeiten und ihren Fleiß anzuwenden, einer Freiheit, die man ihnen schuldet, auch noch die Bürgerrechte hinzufügt, die man ihnen nicht schuldet, werden diese Rechte von jener zahlenmäßig größeren Gruppe unfehlbar dazu benutzt werden, das Eigentum an sich zu reißen. Sie werden von da an diesen regelwidrigen Weg anstelle des natürlichen, nämlich den der Arbeit, einschlagen; das aber würde für sie selbst zu einer Quelle der Korruption, für den Staat einer ständigen Unruhe werden. Ein berühmter Schriftsteller hat sehr richtig bemerkt, daß, wenn die Nichtbesitzenden politische Rechte erhalten, von drei Dingen eines eintreten wird: entweder folgen sie nur ihrem eigenen Impuls, dann zerstören sie die Gesellschaft, oder sie erhalten ihn von dem Mann oder den Männern, die an der Macht sind, und werden zu Werkzeugen der Tyrannei, oder aber sie bekommen ihn von jenen, die die Macht erstreben, dann werden sie zu Instrumenten von rivalisierenden Faktionen. Es bedarf also bestimmter Eigentumsvoraussetzungen, und zwar sowohl was die Wähler als auch was die zu Wählenden angeht.
In allen Ländern, in denen es Vertretungskörperschaften gibt, ist es unerläßlich, daß diese Körperschaften, wie sie auch sonst organisiert sein mögen, aus Besitzenden bestehen."

Benjamin Constant: Werke in vier Bänden, Band 4, hrsg. von Axel Blaeschke und Lothar Gall, Berlin: Propyläen 1972, S. 85.

Freiheit wird von Constant zwar nicht in jeder Hinsicht, aber in wichtigen Punkten als ein individuell erfolgsabhängiger Wert definiert. Gebildete und Eigentümer besitzen Freiheit. Sie können mehr Gebrauch von den Freiheitsgarantien machen als Besitzlose oder Analphabeten. Constant zeigt damit, dass er wie der frühliberale *Locke* eine grundlegend ungleiche, nach Leistung und Besitz abgestufte Gesellschaft vor Augen hat.

Individuelle Rechte gehen aller Staatlichkeit vor. Der Staat ist wie bei den angelsächsischen Vertragstheoretikern auf die Bedürfnisse des Einzelnen hin angelegt. Dem Staat kommen nur solche höherrangigen Rechte zu, die eine unbedingte Voraussetzung für die Entfaltung der Freiheitsrechte innerhalb der Gesellschaft sind. Persönliche Unabhängigkeit und Eigentum markieren Grenzen, die der Staat nicht überschreiten darf. Dieses Verständnis eines in wirtschaftlichen und sozialen Dingen passiven Staates ist genuin liberales Gedankengut.

9.2.2 Die Verfassung

Von diesen Voraussetzungen her entwickelt Constant sein Verfassungsmodell. Es ist wie das ältere Montesquieusche Gewaltenteilungsmodell aus der Anschauung der britischen Verhältnisse gewonnen, von denen sich Constant bei einem Englandaufenthalt ein Bild gemacht hatte. Sein Gewaltenteilungsmodell sieht fünf Gewalten vor, die an den klassischen staatlichen Funktionen – Gesetzgebung, Regierung, Rechtsprechung – mitwirken. Die gesetzgebende Gewalt liegt bei einer Legislativversammlung, die sich aus zwei Kammern zusammensetzt. Eine dieser Kammern verkörpert die *pouvoir représentatif de la durée*, ein als Adelskammer angelegtes Oberhaus. Sitz und Stimme haben allein Vertreter des Hochadels, die auf Lebenszeit amtieren. Sie bringen im Gesetzgebungsprozess das Moment der Kontinuität zum Ausdruck. Diese Kammer ist als Gegengewicht zur anderen Kammer der Legislative konzipiert, die Constant als *chambre représentatif de l'opinion publique* bezeichnet. Diese gewählte Kammer repräsentiert in unterschiedlicher Zusammensetzung die Meinung der Wähler, nach Constant gleichbedeutend mit der politisch relevanten öffentlichen Meinung. Die öffentliche Meinung bzw. die Wähler unterliegen Stimmungen. Sie schwanken in ihrem Urteil und neigen zu spontaner Begeisterung oder Enttäuschung. Constant beteiligt die Adelskammer gleichberechtigt am Gesetzgebungsprozess, um ein Durchschlagen solcher wechselnden Stimmungen auf die Gesetzgebung einzuschränken.

Der *pouvoir exécutif*, die Regierung, führt die Gesetze aus und leitet die Verwaltung. Constant fordert die Regierung auf, bei ihren Maßnahmen die Meinungen zu berücksichtigen, die in den Beratungen der Legislative zum Ausdruck kommen. Die Aufgabe der *pouvoir judiciaire*, der Judikative, definiert Constant in Übereinstimmung mit *Montesquieu*. Die Besonderheit des Constantschen Gewaltenteilungsmodells ist die *pouvoir royal*, die Herrschergewalt. Das Herrscheramt wird auch als *pouvoir neutre* bezeichnet, als überparteiliche Gewalt, die nicht am politischen Tagesgeschäft teilnimmt. Es handelt sich um eine sanktionierende Instanz, die mit der Autorität des Herrscheramtes Beschlüsse der Legislative und der Regierung förmlich in Kraft setzt. Constant zeichnet hier das Bild eines Herrschers, der – in der Art eines britischen Monarchen jener Zeit und entsprechend den Forderungen der zeitgenössischen liberalen Verfassungsbewegungen – nicht mehr selbst regiert, sondern (von einigen Ausnahmefällen abgesehen) nur noch herrscht. Gerade Ausnahmesituationen sind indes von größter Bedeutung. Wann immer der Staat in eine Notsituation gerät, die von den übrigen Gewalten nicht beherrscht werden kann, ist der *pouvoir neutre* als Reservegewalt gefordert. Auch wenn es zu Störungen im Verfassungsleben kommt, wenn die Parlamentskammern oder wenn Parlament und Regierung in einen Streit geraten, der das Regierungsgeschäft lahm legt, dann liegt es beim *pouvoir neutre*, die Situation durch Vermittlung oder Entscheidung zu klären. Die Figur des *pouvoir neutre* ist das herausragende Merkmal des Constantschen Gewaltenteilungsentwurfs.

> „Man hat bisher in politischen Gemeinschaften stets nur drei Gewalten unterschieden.
> Ich selber unterscheide in ein konstitutionellen Monarchie deren fünf, die alle einen verschiedenen Charakter haben: 1. die königliche Gewalt, 2. die exekutive Gewalt, 3. die Gewalt, die das Element der Kontinuität repräsentiert, 4. die Gewalt, die die öffentliche Meinung vertritt, 5. die rechtsprechende Gewalt.
> Die Gewalt, die das Element der Kontinuität repräsentiert, hat ihren Sitz in einer erblichen Körperschaft, diejenige, die die öffentliche Meinung vertritt, in einer Versammlung, die durch Wahl zustande

kommt. Die exekutive Gewalt liegt in den Händen der Minister, die rechtsprechende in denen der Justiz. Die beiden ersten Gewalten machen die Gesetze, die dritte sorgt für ihre allgemeine Durchführung, die vierte wendet sie auf einzelne Fälle an. Die königliche Gewalt hat ihren Platz im Zentrum, jedoch über den vier anderen, sie stellt eine zugleich übergeordnete und vermittelnde Autorität dar, die kein Interesse daran hat, das Gleichgewicht zu stören, sondern vielmehr daran, dieses zu erhalten. [...]
Die königliche Gewalt (ich verstehe darunter die des Staatsoberhaupts, ganz gleich, welchen Titel er trägt) ist eine neutrale Gewalt [pouvoir neutre], die der Minister hingegen eine aktive. Um diesen Unterschied näher zu beleuchten, möchte ich hier die politischen Gewalten definieren, wie wir sie bislang kennen.
Die exekutive, die legislative, die rechtsprechende Gewalt repräsentieren drei staatliche Bereiche, die, jeder zu seinem Teil, bei dem allgemeinen Gang der Dinge zusammenwirken müssen. Sind aber diese Bereiche nicht eindeutig getrennt, so daß ihre Befugnisse sich kreuzen, einander beeinträchtigen und behindern, bedarf es einer Kraft, die ihnen wieder ihren Platz zuweist. Diese Kraft darf nicht aus einem jener Bereiche selbst kommen, denn sie würde diesem dann dazu dienen, die anderen lahmzulegen. Sie muß außerhalb von ihnen existieren und in gewisser Weise neutral sein, damit sie sich wirklich überall da betätigt, wo sie in Aktion treten muß, und sich erhaltend und wiederherstellend auswirkt, ohne feindselig aufzutreten.
Die konstitutionelle Monarchie schafft eine solche neutrale Gewalt in der Person des Staatsoberhauptes. Das wahre Interesse dieser obersten Instanz besteht keineswegs darin, daß eine der Gewalten die andere stürzt, sondern daß alle sich stützen, sich vertragen und in Absprache miteinander handeln."

Benjamin Constant: Werke in vier Bänden, Band 4, hrsg. von Axel Blaeschke und Lothar Gall, Berlin: Propyläen 1972, S. 32/33, 32.

Gewisse Anklänge an den *pouvoir neutre* finden sich auch in modernen Verfassungen, so etwa in der Figur des Staatspräsidenten der V. Französischen Republik oder im Reichspräsidenten der Weimarer Republik. Den Status einer parlamentarischen Verfassung erreicht das Constantsche Gewaltenteilungsmodell indes noch nicht. Die Regierung kann vom Parlament nicht abgelöst werden. Denkt man sich dieses Ablösungsrecht allerdings zu den Befugnissen der Constantschen Legislative hinzu, so würde eine gewisse Verwandtschaft mit modernen parlamentarischen Regierungssystemen deutlich.

In der Zuteilung politischer Rechte an die Bürger hält sich Constant an die üblichen liberalen Vorstellungen seiner Zeit. Das aktive und passive Wahlrecht bleibt allein den Eigentümern bzw. Steuerzahlern vorbehalten. Diese Vorkehrung soll gewährleisten, dass in der Kammer, welche die öffentliche Meinung repräsentiert, ausschließlich Eigentümer vertreten sind. Von diesen steht nicht zu erwarten, dass sie Beschlüsse fassen, die den Interessen der besitzenden Klasse zuwiderlaufen. Constant erweist sich als typischer Vertreter eines Denkens, das in den zeitgenössischen bürgerlichen Klassen verbreitet war und in den verschiedenen Varianten des Zensuswahlrechts seinen Ausdruck fand.

9.2.3 Rezeption und Wirkung

Constant kombiniert zwei Themen der liberalen Staatsidee. Das Bürgertum sichert seine Eigentümerinteressen mit einem Klassenwahlrecht, mit der faktischen Kontrolle der Gesetzgebung im Parlament und mit einer freien Presse. Für Sicherheit und Ordnung ist in letzter Instanz der Monarch zuständig, der aber auch dann einschreiten muss, wenn seine Regierung vom bürgerlichen Publikum schlechte Noten erntet. Geht es ums Eingemachte, um den Bestand des Status quo als solchen, dann soll die starke Hand der *pouvoir neutre* Vorrang vor den übrigen Elementen des Verfassungsgefüges haben. Nichts daran ist sonderlich originell. Trotzdem fand es nicht nur bei den Zeitgenossen des frühen 19. Jahrhunderts großen Anklang. Auch im demokratischen Zeitalter sollte die Idee des Staatsoberhaupts als Schiedsrichter und Herr des Staatsnotstands noch überleben. Das in die Wirren des Russischen Bürgerkriegs hineingezogene Finnland, die ebenfalls unter unglücklichen Umständen geborene Weimarer Republik und auch das aus einer Parlamentarismus- und Kolonialkrise hervorgegangene Regime der V. Französischen Republik entschieden sich für Verfassungslösungen, die neben einer kleinen Verfassung für den politischen Normalbetrieb noch die Reserveverfassung eines mächtigen Staatsoberhaupts für innere und äußere Notlagen vorsahen. Die Stabilisierung der demokratischen Nationalstaaten im Europa der Nachkriegsjahrzehnte war für die Fortgeltung solcher Verfassungslösungen nicht günstig. Selbst in Frankreich sind die auf den inneren und äußeren Notstand bezogenen Verfassungsbestimmungen weitgehend zu Makulatur geworden. Heute ist kaum noch eine Situation vorstellbar, in der ein mächtiger Präsident den Parlamentarismus vorübergehend beiseite schieben könnte. Constant führte eine Verfassungslösung für die damals herrschende Klasse vor, die sich ihrer Dominanz noch nicht sicher war.

Literatur:

Benjamin Constant: Werke in vier Bänden, hrsg. von Axel Blaeschke und Lothar Gall, Berlin: Propyläen 1970ff.
Lothar Gall: Benjamin Constant. Seine politische Ideenwelt und der deutsche Vormärz, Wiesbaden: Steiner 1963.

9.3 Mill

John Stuart Mill (1806-1873) wurde als Sohn des bekannten liberalen Sozialphilosophen James Mill geboren. Er gilt als einer der letzten Universalgelehrten, der sich mit großer Resonanz in verschiedenen wissenschaftlichen Disziplinen wie Philosophie, Ökonomie und Politik betätigte. Im Alter eines Jugendlichen hatte Mill bereits ein Studium mit akademischen Auszeichnungen absolviert. Er trat in die Dienste der Ostindischen Kompanie ein, einer privaten Gesellschaft, die von der Krone das Privileg erhalten hatte, Indien zu verwalten und wirtschaftlich auszubeuten. Später zog er sich in seine englische Heimat zurück und führte dort die Existenz eines bereits zu Lebzeiten bekannten und beachteten Privatgelehrten.

9.3.1 Die Freiheit

Das überragende Thema der politischen Schriften Mills ist die Freiheit. Freiheit hat auch für Mill eine materielle Komponente. Sie bedeutet die materielle Absicherung durch Eigentum. Allerdings hantiert Mill nicht mit einem Status quo-orientierten Eigentumsbegriff, der vorgegebene Eigentumsverhältnisse von vornherein für unabänderlich erklärt. Kern und Zweck der Freiheit ist es, größtmögliche Unabhängigkeit im Sinne intellektueller und wirtschaftlicher Selbstentfaltung zu verwirklichen. Die Legitimation des Staates ergibt sich daraus, dass es einer Instanz bedarf, die schützend und korrigierend eingreift, wo Einzelne oder Gruppen den Freiraum anderer Menschen einschränken.

> „Der Zweck dieser Abhandlung ist es, einen sehr einfachen Grundsatz aufzustellen, welcher den Anspruch erhebt, das Verhältnis der Gesellschaft zum Individuum im bezug auf Zwang oder Bevormundung zu regeln, gleichgültig, ob die dabei gebrauchten Mittel physische Gewalt in der Form von gerichtlichen Strafen oder moralischer Zwang durch öffentliche Meinung sind. Dies Prinzip lautet: daß der einzige Grund, aus dem die Menschheit, einzeln oder vereint, sich in die Handlungsfreiheit eines ihrer Mitglieder einzumengen befugt ist, der ist: sich selbst zu schützen. Daß der einzige Zweck, um dessentwillen man Zwang gegen den Willen eines Mitglieds einer zivilisierten Gemeinschaft rechtmäßig ausüben darf, der ist: die Schädigung anderer zu verhüten. Das eigene Wohl, sei es das physische oder das moralische, ist keine genügende Rechtfertigung. Man kann einen Menschen nicht rechtmäßig zwingen, etwas zu tun oder zu lassen, weil dies besser für ihn wäre, weil es ihn glücklicher machen, weil er nach Meinung anderer klug oder sogar richtig handeln würde."

John Stuart Mill: Über die Freiheit. hrsg. von Manfred Schlenke, Stuttgart: Reclam 1988, S. 16f.

Der Staat muss allgemeine Regeln aufstellen, die dafür sorgen, dass die Freiheit selbst zu keiner Quelle politischer Konflikte wird. Staatseingriffe mit dem Ziel, die Freiheit des Einzelnen einzuengen, sind unzulässig.

Die Grundbedingung der persönlichen Freiheit ist ein unbehinderter Meinungs- und Interessenpluralismus. Jedem ist es überlassen, zu artikulieren, was er in eigener Sache für richtig hält. Einen Maßstab für das absolut Richtige, eine unumstrittene Wahrheit, gibt es nicht. Zumindest vermögen Menschen sie nicht zu erkennen. Folglich ist jede Auffassung legitim und muss als Ausdruck der persönlichen Autonomie respektiert werden. Im Extremfall gibt es in einer Gesellschaft so viele Auffassungen vom Richtigen, wie es Menschen gibt. Der Staat hat dabei die Aufgabe, qua Gesetz oder Regierungsentscheidung festzulegen, welche Auffassung bis auf weiteres das staatliche Handeln leitet. In praktischen Fragen ergibt sich die richtige Entscheidung aus der Verbindung und dem Ausgleich von Gegensätzen. Institutionell manifestiert sich die freiheitliche Politik unter anderem in einem System konkurrierender Parteien. Ein Staat kann nur dann Entscheidungsfähigkeit gewinnen, wenn sich seine Bürger über die Frage verständigen, was nach Auffassung aller oder einer Mehrheit für jeden einzelnen gelten soll. Dieser Verständigungsprozess, der dem Gesetzesbeschluss vorausgehen muss, erfolgt im freien Meinungsaustausch – durch Diskussion. In dieser Diskussion soll es vernünftig zugehen. Nur Vernunftargumente können überzeugen. Ein Standpunkt, auf den sich eine Mehrheit einigt, kann die Wahrheitsvermutung für sich in Anspruch nehmen, ohne dass die Minderheit ins Unrecht gesetzt wird, der es ja weiterhin freisteht, auf der Richtigkeit ihrer Position zu beharren.

9.3.2 Die Repräsentation

Ideal wäre es, wenn sich in der politischen Debatte jeder seine Meinung bildete, um daraufhin mit den übrigen Beteiligten diskutieren zu können. In Anbetracht der Tatsache, dass dies in einem modernen, großflächigen Staat nicht möglich ist, entscheidet sich Mill für das Repräsentativsystem. In einem freien Wahlvorgang bestimmen die Bürger ihre Vertreter in einer Repräsentativversammlung. In Kenntnis der Meinungen, die sie bei ihren Wählern erkundet haben, führen sie stellvertretend für alle eine Debatte um das Für und Wider eines Gesetzesvorhabens. Das Wahlsystem für die Repräsentativversammlung muss sicherstellen, dass tatsächlich alle in der Gesellschaft vorhandenen sozialen Interessen und Meinungen vertreten sind. Insbesondere muss gewährleistet sein, dass die Unternehmer und die Arbeiter als stärkste soziale Klassen im Parlament repräsentiert sind. Aber das Wahlrecht soll nur Menschen zustehen, die durch das Beherrschen minimaler Kulturtechniken wie Lesen, Schreiben und Rechnen nachweisen, dass sie eine politische Argumentation nachvollziehen und überprüfen können.

> „Das Repräsentativsystem hat, wie die moderne Zivilisation überhaupt, eine Tendenz zur kollektiven Mittelmäßigkeit, die durch jede Herabsetzung der Wahlrechtsvoraussetzungen und jede Erweiterung des Wahlrechts noch verstärkt wird, da diese Maßnahmen darauf hinauslaufen, die Staatsgewalt zunehmend in die Hände von Klassen zu legen, die weit unter dem optimalen Bildungsstandard der Gesellschaft stehen. [...]
> Ich halte es für gänzlich unzulässig, daß jemand wahlberechtigt sein soll, der nicht lesen und schreiben kann und, würde ich noch hinzufügen, die Grundrechenarten nicht beherrscht. Die Gerechtigkeit verlangt, daß es jedem Menschen, auch wenn das Stimmrecht nicht davon abhängt, ermöglicht wird, sich diese elementaren Kenntnisse anzueignen, und zwar unentgeltlich oder zu einem Preis, der auch für die Ärmsten, die nicht mehr als ihren Lebensunterhalt verdienen, noch erschwinglich ist. [...] Solange die Gesellschaft ihrer Pflicht, dieses Maß an Bildung allen erreichbar zu machen, nicht nachgekommen ist, liegt zwar eine gewisse Härte in der Verweigerung des Stimmrechts, aber es ist eine Härte, die hingenommen werden muß. Wenn die Gesellschaft es versäumt hat, zwei bindenden Verpflichtungen nachzukommen, muß sie die wichtigere und grundlegendere zuerst erfüllen: allgemeiner Unterricht muß der Erteilung des allgemeinen Wahlrechts vorausgehen. Nur jemand, in dem eine apriorische Theorie den gesunden Menschenverstand zum schweigen gebracht hat, wird behaupten wollen, daß die Macht über andere, über das ganze Gemeinwesen, in die Hände von Menschen gelegt werden soll, die noch die selbstverständlichsten und entscheidendsten Vorbedingungen nicht erfüllen, um für sich selbst sorgen zu können und um ihre eigenen Interessen und die ihrer nächsten Angehörigen mit Verstand wahrzunehmen."

John Stuart Mill: Betrachtungen über die repräsentative Demokratie, hrsg. und eingeleitet von Kurt Shell, Paderborn u.a.: Schöningh 1971, S. 131, 146f.

Die Aufgabe des Parlaments besteht nicht darin, zu überlegen, mit Hilfe welcher Gesetze gesellschaftliche Probleme politisch am besten gelöst werden können. Diesen Komplex verweist Mill an sogenannte *commissions of codification*. In diesen Expertengremien sind Fachleute ständig damit beschäftigt, politischen Handlungsbedarf zu erkennen und konkrete Problemlösungen zu erarbeiten. Das Parlament debattiert dann lediglich darüber, ob es diese Vorschläge für vernünftig hält und ob sie in Gesetzesform gegossen werden sollen.

> „Natürlich will niemand, daß diese Kommission selbst befugt wäre, Gesetze zu erlassen: sie würde das Element der gesetzgeberischen Einsicht, das Parlament das des Willens repräsentieren. Keine Maßnahme würde ohne die ausdrückliche Billigung des Parlaments zum Gesetz erhoben; und das Parlament bzw. eines der beiden Häuser wären befugt, nicht nur jeden Gesetzentwurf abzulehnen, sondern ihn auch der Kommission zur nochmaligen Prüfung und Überarbeitung zurückzuschicken. Ebenso wären beide Häuser berechtigt, die Kommission aus eigener Initiative auf jeden beliebigen Gegenstand anzusetzen, mit der Weisung, ein Gesetz darüber vorzubereiten. Natürlich dürfte die Kommission einer Gesetzgebung, die dem Willen des Volkes entspräche, ihre Mitarbeit nicht verweigern."

John Stuart Mill: Betrachtungen über die repräsentative Demokratie, hrsg. und eingeleitet von Kurt Shell. Paderborn u.a.: Schöningh 1971, S.98f.

9.3.3 Das Eigentum und die soziale Frage

Im Unterschied zu anderen liberalen Denkern problematisiert Mill den Zusammenhang von Freiheit und Eigentum. Er stellt sich auf den Standpunkt, dass Eigentum die persönliche Unabhängigkeit und so die individuellen Freiheitsmöglichkeiten steigert. In der frühen Industriegesellschaft jener Zeit war offenkundig, dass die besitzlosen, von Lohnarbeit abhängigen Massen die Eigentümer an Zahl weit übertrafen. Gilt das Eigentum als Bedingung politischer Verantwortung und als Chance für die substantielle Ausfüllung von Freiheitsmöglichkeiten, wie es bei Mill der Fall ist, dann kann dort, wo kein Eigentum vorhanden ist, weder Verantwortung reifen noch Freiheit entstehen. Zur Lösung dieses Problems schlägt Mill eine gezielte Förderung von Kleineigentum vor. Auf diese Weise sollen auch die arbeitenden Klassen in die Lage versetzt werden, Eigentum zu erwerben. Verdientes, selbst erarbeitetes Eigentum verleiht legitime Genussmöglichkeiten. Als problematisch erachtet Mill ererbtes Eigentum, das ohne Leistung oder Verdienst die gleichen Möglichkeiten eröffnet. Mill regt an, den Boden als Grundlage allen Eigentums systematisch und gleichmäßig (Ergebnisgleichheit) in bestimmten Abständen unter den Bürgern zu verteilen, um künftigen Generationen die Chance einer gerechten Leistungsbelohnung in Gestalt erarbeiteten Eigentums zu eröffnen.

Das Millsche liberale Denken unterscheidet sich in seiner Radikalität denkbar stark von dem Status quo-sanktionierenden Früh- und Hochliberalismus eines *Locke* oder *Constant*. Mill bringt die Idee der gesellschaftlichen Chancengleichheit in das Freiheitskonzept ein. Von exakter Gleichheit der Lebensverhältnisse hält Mill aber nichts. Er lehnt sie als unvereinbar mit autonomen Persönlichkeiten ab. Statt dessen befürwortet Mill Gleichheit als Ausgangspunkt neuer Generationen, deren Lebens-, Genuss- und Freiheitsmöglichkeiten nicht durch historische Vorbelastungen, unter anderem durch soziale Besitzstände, eingeengt werden sollten. Eine Differenzierung der Persönlichkeitsentwicklung und der Kreativität wird sich auch bei wiederholter Herstellung gleicher Chancen immer wieder ergeben, und zwar durch Unterschiede im Charakter sowie in der körperlichen und intellektuellen Leistungsfähigkeit. Diese Unterschiede zu nivellieren hieße, die freiheitliche Gesellschaft in ihr Gegenteil zu verkehren. Mill sieht in der Klassenspaltung der bürgerlichen Gesellschaft einen Zustand, der sich mit seinen Freiheitsvorstellungen nicht verträgt. Er strebt die Überwindung dieser Konstellation durch die Einbindung der Arbeiterklasse in die bürgerliche Gesellschaft an. Durch entsprechende Maßnahmen sollen auch Arbeiter die Vorzüge der Freiheits- und Eigentumsrechte in Anspruch nehmen können. Letztlich sollen sie also aus dem Status der allein arbeitenden Klasse heraustreten. Auf politischer Ebene strebt Mill die politische Integration der arbeitenden Klasse durch ein Verhältniswahlrecht an. Auf derselben Ebene bewegt sich seine zur damaligen Zeit noch revolutionäre Forderung, Frauen das Wahlrecht zuzugestehen.

In der Konsequenz seiner Freiheitskonzeption repräsentiert Mill nicht den Hauptstrom des liberalen Denkens. Vielmehr ergeben sich bei ihm Übergänge zu anderen politischen Denkern, die in dieser Phase der Industrialisierung die gesellschaftliche Sprengkraft der sozialen Frage erkannten. Dies gilt insbesondere für die Vertreter des frühen, nichtmarxistischen Sozialismus in Frankreich und zum Teil auch in Großbritannien. Sie entwarfen soziale Utopien, deren Angelpunkt das Moment der Gleichheit war. Mill interessierte sich für die neuen Theorien des Sozialismus und entdeckte dort seine eigenen Reflexionen über die soziale Frage.

9.3.4 Rezeption und Wirkung

Mill verleiht dem Liberalismus eine qualitativ neue Dimension. Er revolutioniert das bis dahin übliche liberale Denken geradezu. Der Freiheitsanspruch überspringt die Klassen- und Eigentumsgrenzen und begründet eine aktive staatliche Politik zur Freiheitssicherung, ohne dabei die Koppelung von Freiheit und Eigentum aufzugeben. Mill nimmt die sozialen Klassen wahr – insbesondere die gewaltige Macht, die politisch freigesetzt werden kann, wenn die Habenichtse sich zusammentun. Er ahnt die Richtungslosigkeit und Zerstörungskraft dieser Macht. Von der Volksbildung, vom Eigentum und vom Wahlrecht erhofft sich Mill die Neutralisierung solidarischer Klassenreflexe. Die sozialen Auseinandersetzungen sollen ins Parlament verlegt und dort von den vernünftig argumentierenden Repräsentanten des Kapitals und der Arbeit ausgetragen werden. Und weil es bei klugen Abgeordneten eben vernünftig zugeht, werden sie auch vernünftige Lösungen wählen, die ihnen von klugen Experten vorgeschlagen werden.

Diese Gedanken eilten ihrer Zeit weit voraus. Das eine oder andere Element dieser Vorstellungen sollte in den nächsten hundert Jahren verwirklicht werden: entweder im Gefolge sozialer Kämpfe, die Mill vorsorglich hatte entschärfen wollen, oder aber im Zeichen drohender Gefahren für die herrschenden Klassen, die lieber sozialen Reformforderungen entgegenkamen, als dass sie existenzbedrohliche politische Veränderungen riskierten. Dem sozialen Kollektiv kann und will Mill nichts abgewinnen. Es gilt für ihn als unvereinbar mit der Freiheit. Hierzu trugen sicher die Ereignisse der ersten Hälfte des 19. Jahrhunderts bei. Mill, der informierte zeitgenössische Beobachter, nahm eine wachsende Arbeiterklasse im Zusammenhang mit Massenprotest und Barrikadenbau wahr. Erklärende Faktoren wie die Borniertheit der besitzenden Klassen oder die pragmatisch ausgerichtete Selbsthilfe der arbeitenden Klassen in Vereinen und Gewerkschaften erschlossen sich ihm erst am Ende seiner Jahre. Verarbeitet hat er sie nicht mehr.

📖 Literatur:

John Stuart Mill: Über die Freiheit, hrsg. von Manfred Schlenke, Stuttgart: Reclam 1988.
John Stuart Mill: Betrachtungen über die repräsentative Demokratie, hrsg. und eingeleitet von Kurt Shell, Paderborn u.a.: Schöningh 1971.
Volker Bartsch: Liberalismus und arbeitende Klassen. Zur Gesellschaftstheorie John Stuart Mills, Opladen: Westdeutscher Verlag 1982.
Jürgen Gaulke: John Stuart Mill, Reinbek: Rowohlt 1996.
Peter Rinderle: John Stuart Mill, München: C.H.Beck 2000.

10. Hegel

10.1 Historischer Kontext

Die Auswirkungen der Französischen Revolution auf die deutschen Staaten waren gewaltig. Große Teile Deutschlands wurden durch die napoleonischen Kriege teils in Mitleidenschaft gezogen, teils hatten sie als formelle Bestandteile des Empire wirtschaftliche Leistungen zu erbringen und Soldaten für die *grande armée* zu stellen. Nach der Niederlage Napoleons profitierte Preußen dann von der grundlegenden Neuordnung Europas. Durch die Territorialgewinne infolge des *Wiener Kongresses* erreichte es 1815 eine beispiellose Größe. Daneben leitete es innerstaatliche Reformen ein, so im staatsorganisatorischen Bereich und in der Wirtschaftsverwaltung. Politische Veränderungen blieben jedoch aus. Dies war nicht allein das Ergebnis der Repressionskraft der preußischen Polizei und Justiz. Noch war Preußen ein Agrarstaat, in dem sich erst zaghafte Ansätze gewerblicher Produktion zeigten. Das auf kommerzielle und industrielle Tätigkeit gegründete Bürgertum führte im Vergleich mit den großen europäischen Staaten noch ein Schattendasein.

Die deutschen Gelehrten wurden intensiver von den durch die Revolution und die napoleonischen Kriege ausgehenden Umwälzungen erfasst als andere Berufsstände. Die Französische Revolution war ein historisches Großereignis. Nach zeitgenössischen Maßstäben stellte sie eine Krise von beispiellosen Ausmaßen dar, die in wenigen Jahren hinwegfegte, was sich in Jahrhunderten an überlieferten Vorstellungen und Werten gebildet hatte. Jetzt rückte die Geschichte ins Blickfeld intellektueller Beobachter. Die deutschen Gelehrten waren anders als die politischen Denker in Frankreich oder Großbritannien in erster Linie passive Beobachter dessen, was sich auf der Geschichtsbühne tat. Im Übrigen hatten sie in den ersten Jahren nach der Revolution keine Möglichkeit, die Dinge in ihren Ländern mit eigenen Ideen zu beeinflussen. Im Gegensatz dazu waren *Burke* oder *Constant* mehr oder minder erfolgreiche politische Praktiker gewesen, die ihr publizistisches Werk vor dem Hintergrund eigener Erfahrungen mit der politischen Wirklichkeit verfasst hatten. Die politischen Philosophen im Deutschland der revolutionären und der postrevolutionären Epoche rezipierten die Ideen der Zeit. Sie beobachteten die Entwicklungen in anderen Ländern und versuchten sich an vernünftigen Deutungen. Das gesellschaftliche Substrat der Ereignisse und Entwicklungen, mit denen sie sich befassten, war jedoch weit von ihrem Milieu entfernt. Deshalb führte die staatstheoretische Literatur die Auseinandersetzung mit der Französischen Revolution und mit der Geschichte sehr abstrakt. Sie idealisierte konkrete Verhältnisse, um sie intellektuell bearbeiten zu können. Was in anderen Ländern, so in Frankreich, in revolutionären Ereignissen oder in der bourbonischen Restauration praktisch versucht wurde, die Anpassung der Politik an die Erfordernisse der bürgerlichen Gesellschaft, das formulierte die tonangebende Richtung der deutschen Philosophie in gedanklichen Chiffren. Als vernunftsprachliche Begriffe konnten sie zu einem überzeugenden Ganzen zusammengefügt werden. Die ideenorientierte Staats- und Geschichtsphilosophie, insbesondere diejenige Hegels, wurde zu einem politisch und philosophisch anregenden Unterfangen. Die Probleme dieses Herangehens an Geschichte und Politik liegen offen zutage: ein optimistisches Menschenbild, mangelnder Realitätsbezug und die Suggestion einer Sinnhaftigkeit der Geschichte.

Georg Wilhelm Friedrich Hegel (1770-1831), geboren als Sohn eines württembergischen Staatsbeamten, studierte Theologie und Philosophie. Er war zeitweise als Gymnasialprofessor und Redakteur, später als Hochschullehrer an den Universitäten Jena und zuletzt Berlin tätig. In seinen Schriften zeigte sich Hegel als Bewunderer Bonapartes. Er schätzte die Innovationen, die im Gefolge der Französischen Revolution auch in Deutschland und in Preußen eingeleitet wurden. Hegel war ein Protagonist des sich in Deutschland viel langsamer als in den Nachbarländern herausbildenden bürgerlichen Staates und einer entsprechenden Verfassung. Wegen seiner Reputation in der deutschen Philosophie entschied sich das preußische Kultusministerium, Hegel an die neu gegründete Berliner Universität zu berufen, an der er bis zu seinem Tode lehrte. Trotz aller erkennbaren Vorliebe für eine im Einklang mit der bürgerlichen Gesellschaft stehende Verfassung vermied Hegel in seinen Schriften und Vorlesungen das politische Bekenntnis. Die politischen Implikationen seiner Philosophie wurden außer in verklausulierten, akademisch gehaltenen Andeutungen nicht weiter zum Thema.

10.2 Die Ideen

Hegels politisch-philosophisches Werk zerfällt in zwei Teile: die Staatsphilosophie und die Geschichtsphilosophie. Beiden ist die Grundannahme gemeinsam, dass es in der Welt vernünftig zugehe. Menschlicher Geist ist fähig, in der Wirklichkeit die Vernunft zu erkennen. Die Erscheinungen der realen Welt, der Vergangenheit und der Gegenwart können, da vernünftig, auf den Begriff gebracht werden. Nach Hegel beinhaltet jedes Phänomen eine Idee, die der reflektierende menschliche Geist zu erkennen vermag. Da sich nun das Wesen der Dinge in den Ideen offenbart, ist es für die Erkenntnis der Wirklichkeit allein erforderlich, diese Ideen zu erfassen. Die Idee beschränkt sich nicht auf ein individuelles Phänomen. So wäre für die Erkenntnis der in der Welt waltenden Vernunft wenig gewonnen. Die Idee drückt vielmehr die Verbindung zwischen einer zu ihr gehörenden Erscheinung in der wirklichen Welt mit anderen Erscheinungen gleicher Art aus. Die Idee ist ein Ordnungsprinzip, das es Hegel ermöglicht, die verwirrende, scheinbar unendliche Vielfalt der wirklichen Erscheinungen systematisch so zusammenzufassen und voneinander abzugrenzen, dass sie überschaubare Strukturen bekommt. Dieser Reflexionsvorgang hat jedoch nicht zum Ziel, die soziale Wirklichkeit zu untersuchen. *Hegel setzt die Wirklichkeit mit den Ideen gleich.*

> „Was vernünftig ist, das ist wirklich; / und was wirklich ist, das ist vernünftig.
> In dieser Überzeugung steht jedes unbefangene Bewußtsein wie die Philosophie, und hiervon geht diese ebenso in Betrachtung des *geistigen* Universums aus als des *natürlichen*. Wenn die Reflexion, das Gefühl oder welche Gestalt das subjektive Bewußtsein habe, die *Gegenwart* für ein *Eitles* ansieht, über sie hinaus ist und es besser weiß, so befindet es sich im Eitlen, und weil es Wirklichkeit nur in der Gegenwart hat, ist es so selbst nur Eitelkeit. Wenn umgekehrt die *Idee* für das gilt, was nur so eine Idee, eine Vorstellung in einem

Meinen ist, so gewährt hingegen die Philosophie die Einsicht, daß nichts wirklich ist als die Idee."

Georg Wilhelm Friedrich Hegel: Grundlinien der Philosophie des Rechts oder Naturrecht und Staatswissenschaft im Grundrisse, in: Werke in zwanzig Bänden, Bd. 7, 6. Aufl., Frankfurt/M.: Suhrkamp 2000, S. 24f.

Die Idee erfasst das Wesen einer Sache oder eines Ereignisses. Sie verdrängt den Schein, d.h. sie erlaubt es der Vernunft, ihre mit den Sinnen erfassbare Oberfläche zu durchdringen. Sie hält sich nicht mit Einzigartigkeit und Einzelfallqualität auf. In diesem Zusammenhang ist das berühmte Hegelsche Diktum zu verstehen: „Was vernünftig ist, das ist wirklich; und was wirklich ist, das ist vernünftig".

Die Konstruktion begrifflicher Entsprechungen zu allen Erscheinungen der Wirklichkeit verlangt die Auswahl der realen Phänomene, denen Hegel die Dignität einer Idee zuerkennt. Gewisse Erscheinungen der gesellschaftlichen Wirklichkeit werden ausgeklammert. Sonst würde die Ideenwelt bald so unübersichtlich wie die reale Welt. Ideen verkörpern ein Ordnungsprinzip, das eine komplexe Wirklichkeit überschaubar machen soll. Auch moderne sozialwissenschaftliche Theorien, die auf Gesamterklärungen abheben, selektieren Schlüsselstrukturen der gesellschaftlichen Realität nach bestimmten Kriterien. Was Hegel von früheren Klassikern des politischen Denkens wie von modernen sozialwissenschaftlichen Politikentwürfen unterscheidet, ist der unpräzise, ambivalente, oft kaum vorhandene empirische Bezug der Ideen. Hegels Ideen sind keine wissenschaftlichen Kategorien zur Tatsachenerklärung oder Ursachenanalyse, sondern Bausteine eines vernünftigen Weltbildes. Das heißt jedoch nicht, dass Hegel die Wirklichkeit schmerzhaft in ein abstraktes, blutleeres Weltbild einfügte. In der Chiffre der hochabstrakten, häufig nebulösen Hegelschen Sprache ist ohne weiteres die bürgerliche Gesellschaft des frühen 19. Jahrhunderts zu erkennen. Hegel ist kein Konservativer, der diese frühkapitalistische Gesellschaft abgelehnt hätte. Aber er ist auch kein tatsachenorientierter Welterklärer, sondern der konstruierende Interpret der Welt.

Hegel begnügt sich nicht mit der statischen Erfassung der Wirklichkeit. Er will vernünftig begründen, wie sich Wirtschaft, Staat und Gesellschaft verändern und welche Kräfte politische Ereignisse auslösen, kurz: warum es Geschichte gibt und welche Ideen in der Geschichte wirken.

Ideen stehen hinter den scheinbar erratischen und widersprüchlichen Vorgängen in der Welt. Hierbei ist im Hinterkopf zu behalten, dass die Idee die verallgemeinernde Chiffre der Wirklichkeit ist, in der die Vernünftigkeit der Realität dem menschlichen Geist erkennbar wird. Hegel behauptet nun, dass jedes Auf-den-Begriff-Bringen eines Phänomens den Widerspruch, oder formal ausgedrückt, den Gegenbegriff, hervorbringt. Wie sich auf der begrifflichen Ebene Behauptung und Widerspruch, These und Gegenthese, Begriff und Gegenbegriff gegenüberstehen, so löst jede Erscheinung in der wirklichen Welt Gegenentwicklungen aus. Soziale Phänomene stimulieren demzufolge Gegenkräfte, die darauf drängen, das Bestehende, bereits zur Entfaltung Gebrachte durch Neues zu ersetzen. Das Ergebnis dieses Prozesses ist in der Realität eine Kombination von Hergebrachtem und Neuem, auf der Betrachtungsebene der Idee die Synthese aus einem erstmalig formulierten Begriff und seinem Gegenbegriff. Philosophisch äußert sich dieser Prozess in einem Fortschreiten zu immer höherer Erkenntnis. In der Erscheinungswelt zeigt er sich in politischen Konflikten, Reformen und Revolutionen, d.h. in Veränderungen, die aus Elementen des Alten und Neuen in unterschiedlicher Zusammensetzung Neues schaffen und Altes bewahren. Sind nun Ideen und Gegenideen die primären Bewegkräfte historischer Prozesse oder sind Veränderungen in der Sphäre der sozialen Erscheinungen maßgeblich? Diese Frage ist nach dem Entwurf der Hegelschen Philosophie falsch gestellt. Die Erscheinungen sind lediglich ein Rohprodukt, das erst durch die geistige Verarbeitung in Ideen der Welterklärung zugänglich wird.

10.3 Der Staat und die Stände

Am Anfang aller Geschichte und Staatlichkeit steht laut Hegel die antagonistische Gegenüberstellung von Mensch und Natur. Auf der einen Seite die Natur, die ohne Zutun des Menschen keine Lebensgrundlagen schafft; auf der anderen Seite der Mensch, der sich ohne die Beherrschung der Natur nicht kleiden oder ernähren kann. Natur und Mensch verhalten sich wie These und Antithese. Erst durch die Beherrschung der Natur – durch Arbeit – wird dieser Widerspruch auf höherem Niveau gelöst. Durch Arbeit eignet sich der Mensch die Natur an. Das Ergebnis ist Eigentum oder anders ausgedrückt: das Ergebnis sind Werte, deren Genuss der Eigentümer ausschließlich für sich und seine Angehörigen reklamiert. Das Beispiel der Erfolgreichen hält andere dazu an, es ihnen gleichzutun. Im Verlauf dieser Entwicklung stellt sich bald heraus, dass die Eigentumsansprüche des einen gegen die des anderen stehen. Die konkurrierenden Rechte und Ansprüche der Eigentümer, ein kompliziertes Spiel von Thesen und Antithesen, bringt eine neue Synthese hervor: den Staat. Der Hegelsche Staat verordnet Regeln. Er gibt allgemeine Gesetze und steckt einen Rahmen für die bürgerliche Gesellschaft ab. Der Staat wird zur Bedingung der bürgerlichen Gesellschaft. Nach Hegel ist der Staat in einer bekannten Formel die Wirklichkeit der sittlichen Idee. Das bedeutet nichts anderes, als dass Hegel den bürgerlichen Staat als perfekte Entsprechung der Idee des Staates ansieht.

Der Hegelsche Staat ist das Ergebnis eines dialektischen Prozesses. Zum Staat gelangt die Gesellschaft erst dann, wenn sie das Stadium der Herrschaft durch das Gesetz erreicht, d.h. wenn sie eine allgemeine Gewalt einrichtet, die für alle Bürger verbindlich ist und eine unbestimmte Anzahl von Fällen gleich behandelt. Diese allgemeine Gewalt des Gesetzesstaates ist das Wesentliche.

„Der Staat ist die Wirklichkeit der sittlichen Idee – der sittliche Geist, als der *offenbare*, sich selbst deutliche, substantielle Wille, der sich denkt und weiß und das, was er weiß und insofern er es weiß, vollführt. An der *Sitte* hat er seine unmittelbare und an dem *Selbstbewußtsein* des Einzelnen, dem Wissen und Tätigkeit desselben, seine vermittelte Existenz, so wie dieses durch die Gesinnung in ihm, als seinem Wesen, Zweck und Produkte seiner Tätigkeit, seine *substantielle Freiheit* hat. [...]
Wenn der Staat mit der bürgerlichen Gesellschaft verwechselt und seine Bestimmung in die Sicherheit und den Schutz des Eigentums und der persönlichen Freiheit gesetzt wird, so ist das *Interesse der Einzelnen als solcher* der letzte Zweck, zu welchem sie vereinigt sind, und es folgt hieraus ebenso, daß es etwas Beliebiges ist, Mitglied des Staates zu sein. – Er hat aber ein ganz anderes Verhältnis zum Individuum; indem er objektiver Geist ist, so hat das Individuum selbst nur Objektivität, Wahrheit und Sittlichkeit, als es ein Glied desselben ist. Die *Vereinigung* als solche ist selbst der wahrhafte Inhalt und Zweck, und die Bestimmung der Individuen ist, ein allgemeines Leben zu führen; [...]

10.3 Der Staat und die Stände

> Der Staat ist die Wirklichkeit der konkreten Freiheit; die *konkrete Freiheit* aber besteht darin, daß die persönliche Einzelheit und deren besonderer Interessen sowohl ihre vollständige *Entwicklung* und die *Anerkennung ihres Rechts* für sich (im System der Familie und der bürgerlichen Gesellschaft) haben, als sie durch sich selbst in das Interesse des Allgemeinen teils *übergehen*, teils mit Wissen und Willen dasselbe und zwar als ihren eigenen *substantiellen Geist* anerkennen und für dasselbe als ihren *Endzweck tätig* sind, so daß weder das Allgemeine ohne das besondere Interesse, Wissen und Wollen gelte und vollbracht werde, noch daß die Individuen bloß für das letztere als Privatperson leben und nicht zugleich in und für das Allgemeine wollen und eine dieses Zwecks bewußte Wirksamkeit haben. Das Prinzip der modernen Staaten hat diese ungeheure Stärke und Tiefe, das Prinzip der Subjektivität sich zum *selbständigen Extreme* der persönlichen Besonderheit vollenden zu lassen und zugleich es in die *substantielle Einheit zurückzuführen* und so in ihm selbst diese zu erhalten."

Georg Wilhelm Friedrich Hegel: Grundlinien der Philosophie des Rechts oder Naturrecht und Staatswissenschaft im Grundrisse, in: Werke in zwanzig Bänden, Bd. 7, 6. Aufl., Frankfurt/M.: Suhrkamp 2000, S. 398f, 406f.

Die von Hegel dargestellten Stände oder Korporationen zeigen, dass Hegel nicht expressis verbis, aber doch inhaltlich einzig den bürgerlichen Staat seiner Zeit als vernünftig gelten lässt. Den bewahrenden Stand verkörpern die Bauern, den formellen Stand die Kaufleute und den allgemeinen Stand Richter, Beamte und Offiziere: die Staatsdiener. Die Stände haben ein doppeltes Gesicht. Im Bereich der gesellschaftlichen Wirklichkeit bezeichnen sie vorrangig Arten des Broterwerbs und des Eigentums. Als Idee stehen die Stände für ein Prinzip, bilden sie Bestandteile eines gesellschaftlichen Ganzen, das den Staat konstituiert. Der bewahrende Stand repräsentiert die ursprüngliche Arbeit, durch die sich der Mensch von der Natur emanzipiert. Die bäuerliche Produktion setzt voraus, dass die Subsistenzquelle Boden maßvoll genutzt, zwar kultiviert, gleichzeitig aber auch geschont wird. Den Lebensrhythmus des bewahrenden Standes charakterisieren Stetigkeit und Sesshaftigkeit. Der formelle Stand, von Hegel auch der reflektierende Stand genannt, zeichnet sich durch mobiles Eigentum aus. Er befasst sich mit dem Erwerb und Verkauf von Eigentumstiteln. Da die Kaufleute durch den Gebrauch ihres Verstandes nach

Erwerb und Mehrung von Eigentum streben, verrichten sie im Grunde genommen eine geistige Tätigkeit. Der Lebensrhythmus dieses Standes ist dynamisch, vorandrängend, aber nicht ungestüm, sondern nüchtern kalkulierend. Bei aller Verstandesbezogenheit ist auch das Tun dieses Standes auf etwas Spezielles bezogen – auf den individuellen Nutzen und Vorteil.

Der allgemeine Stand bildet sich demgegenüber aus Menschen, die ihre ebenfalls verstandesabhängige Tätigkeit darauf abstellen, das Gesetz ohne Ansehen der Person auf Einzelfälle anzuwenden. Bei unterschiedlichen Auffassungen über den Gesetzessinn nehmen sie eine vernünftige und verbindliche Auslegung vor. Dies alles kann der allgemeine Stand nur dann leisten, wenn er die Idee des Staates, also die immanente Vernunft der Gesetze und das Verhältnis des Allgemeinen, das der Staat verkörpert, zu den gesellschaftlichen Sphären des Besonderen kennt. Der allgemeine Stand bezieht einen Sold, der aus den Steuerbeiträgen der Stände erbracht wird. Er bedient sich öffentlicher, keiner privaten Arbeitsmittel. Die Stände erkennen im Staat das Allgemeine als Bedingung des Besonderen, d.h. als Grundlage ihres eigenen Ortes in der Gesellschaft an. Hegel erwartet, dass der allgemeine Stand eine philosophische Bildung erhält, die bei den Mitgliedern dieses Standes die Erkenntnis vom Staat als Vernunftidee fördert. Mithin verlangt Hegel von den Staatsdienern nichts anderes, als dass sie in seiner eigenen Philosophie geschult werden, die ja die Vernunft dieses Staates erkennt. Um Missverständnissen vorzubeugen, sei vermerkt, dass Hegel den allgemeinen Stand nicht als Platosche Wächterklasse konzipiert. Genau wie bei den beiden übrigen Ständen gibt es die Idee des allgemeinen Standes und dessen Wirklichkeit. Der allgemeine Stand zahlt als gesellschaftliche Klasse Steuern, er unterliegt den Gesetzen und muss sich um seinen Lebensunterhalt kümmern. Beamte oder Richter dürfen Eigentum erwerben; sie können verarmen oder reich werden. In der Anordnung der Stände wendet Hegel das dialektische Prinzip an. Dem bewahrenden, immobilen Stand der Agrarier folgt die Antithese des beweglichen, unternehmenden, risikofreudigen Standes, der allerdings ohne Rechtssicherheit nicht existieren könnte. So folgt auf These und Antithese die Synthese des allgemeinen Standes, der auf übergeordneter Ebene die Interessen der bewahrenden und dynamischen Stände miteinander in Einklang bringt. Hier entwirft Hegel ein sehr realitätsnahes Bild der bürgerlichen Gesellschaft, das in auffallendem Kontrast zum schwächeren empirischen Bezug seiner Geschichtsphilosophie steht.

Der allgemeine Stand ist bei aller Bedeutung für die Hegelsche Staatskonstruktion lediglich ein Instrument in den Händen des Herrschers. Der Fürst repräsentiert das Allgemeine des Staates nach außen. Hegel unterscheidet die fürstliche, die regierende, die gesetzgebende und die richterliche Gewalt. Die gesetzgebende Gewalt übt der Herrscher, beraten von den Ständen, aus. Die regierende Gewalt verleiht dem Monarchen das Recht, Beamte seines Vertrauens einzusetzen, die nach seinen Maßgaben die Staatsverwaltung leiten. Die rechtsprechende Gewalt überträgt der Monarch unabhängigen Richtern, die nach Vernunft und Gesetzestext entscheiden. Die fürstliche Gewalt gibt dem Monarchen schließlich die Befugnis zur Entscheidung über Krieg und Frieden. Sie sichert ihm generell das letzte Wort in allen staatlichen Angelegenheiten. Beispielsweise kann der Monarch auf dem Begnadigungswege das Ergebnis der Rechtsprechung annullieren. Er ist jedoch in allem, was er tut, an den Rat eines Ministers gebunden. Nach Hegel umschreibt die zeitgenössische konstitutionelle Monarchie den Höhe- und Endpunkt der historischen Entwicklung.

10.4 Die Geschichte

Politisches Denken in geschichtlichen Kategorien kam erst im 19. Jahrhundert auf. Das politische Denken früherer Zeiten, ja im Grunde genommen noch das liberale Denken des 19. Jahrhunderts war geschichtsneutral. Die Vergangenheit war hier bloß Demonstrationsmaterial für staatliche Vorbilder, für politische Fehlentwicklungen, für den Zusammenhang von Politik und Moral sowie für die Erklärung des Ruhmes, der Leistung oder des tragischen Scheiterns von Staatsmännern. Eine systematische Geschichtsforschung, d.h. die Suche nach den Gründen im Ablauf historischer Ereignisse gab es noch nicht. Vor diesem Hintergrund ist Hegels Philosophie der Geschichte zu würdigen.

Der Geschichtsphilosophie müssen einige Begriffserläuterungen vorausgeschickt werden, die den Zugang zur komplizierten Sprache Hegels erleichtern. Hegel unterscheidet zwischen subjektivem Geist, objektivem Geist und absolutem Geist. Der absolute Geist ist der Geist philosophischer Erkenntnis, die Vernunft. Subjektiver Geist manifestiert sich in den Phänomenen der Wirklichkeit, z.B. in den Motiven, die Staatsmänner zu ihrem Handeln veranlassen, in den Eigenschaften von Völkern und in staatspolitischen Vorstellungen. Wenn der absolute Geist Hegelscher Definition die subjektive Wirklichkeit durchdringt, vermag er den objektiven Geist zu erkennen, d.h. jenes Prinzip, das all die scheinbaren Zufälle der Geschichte und die unübersehbaren Verschiedenheiten der Staaten und Völker miteinander verbindet. Objektiver Geist ist lediglich ein Synonym für den von Hegel beschworenen Weltgeist. Dieser bestimmt von jeher die Geschichte. Er wird aber nur auf der Höhe philosophischer Erkenntnis selbst erkennbar.

Alle Völker, alle Kulturen haben ihren Geist. Hegel spricht hier von Volksgeistern. Er meint damit ein Phänomen, das in moderner Sprache als Kultur bezeichnet wird. In der Menschheitsgeschichte, von der Hegel im Stile der Zeit lediglich den mediterran-europäischen Aspekt zur Kenntnis nimmt, diagnostiziert er eine Abfolge von Kulturen, die jede für sich zu bestimmten Zeiten einen historischen Fortschritt verkörperten. An erster Stelle nennt er die Kulturen des Orients, die vollkommen herrscherzentriert waren. Hellas, die nächste Kultur, löste die Dominanz des Orients in der Geschichte ab. Die Idee der hellenischen Politik war die Gemeinschaft, d.h. die Gemeinschaftsbezogenheit von Bürger und Staat. Die kleinen griechischen Poleis erwiesen sich jedoch als unfähig, mit der sich verändernden Welt Schritt zu halten, größere Staatsverbände zu bilden und sich ihrer Nachbarn zu erwehren. Rom löste Hellas ab. Rom erwies sich als großes und leistungsfähiges Imperium, das seine historische Größe der Vorstellung einer staatlichen Rechtseinheit und einer individuellen Rechtspersönlichkeit verdankte. Aber Rom wurde zu groß. Das Recht erwies sich als alleiniges Legitimationsprinzip als zu schwach, um den römischen Reichsverband gegen die auftretenden Herausforderungen zu wappnen. Nach Rom folgte der Aufstieg Germaniens, der mit der Erfindung des Repräsentationsprinzips eine neue geschichtliche Kraft hervorbrachte. Durch die Vertretung der Untertanen oder Bürger in repräsentativen Körperschaften konnten auch Völker größerer Staaten im Herrschaftsprozess sichtbar gemacht und beteiligt werden. So hatten auch diese Gesellschaften die Chance zur Ausbildung eines Gemeinschaftsbewusstseins – einer gemeinsamen Identität. Im Ablauf der Kulturen zeigt sich abermals das dialektische Prinzip. Hellas erfindet die staatlich ver-

10.4 Die Geschichte

fasste Gemeinschaft. Rom entwickelt den Bürger, vernachlässigt aber das Gemeinschaftsideal. Germanien vereinigt Staatsidee und Gemeinschaftsbezogenheit im Prinzip der repräsentativen Herrschaft. In diesem Zusammenhang ist zu beachten, dass sich Germanien in Hegelscher Diktion nicht, wie es die Volkstümelei jener Zeit hätte nahe legen können, auf Deutschland beschränkte, sondern auch Großbritannien umfasste. Es ist belegt, dass Hegel über eine recht gute Kenntnis der britischen Verhältnisse verfügte. Die germanische Kultur erreicht ihre Vollendung mit dem bürgerlichen Staat, wie ihn die Hegelsche Staatsphilosophie darlegt.

> „Dies sind die großen Menschen in der Geschichte, deren eigene partikuläre Zwecke das Substantielle erhalten, welches Wille des Weltgeistes ist. Sie sind insofern *Heroen* zu nennen, als sie ihre Zwecke und ihren Beruf nicht bloß aus dem ruhigen, geordneten, durch das bestehende System geheiligten Lauf der Dinge geschöpft haben, sondern aus einer Quelle, deren Inhalt verborgen und nicht zu einem gegenwärtigen Dasein gediehen ist, [...]
> Ein welthistorisches Individuum hat nicht die Nüchternheit, dies und jenes zu wollen, viele Rücksichten zu nehmen, sondern es gehört ganz rücksichtslos dem *einen* Zwecke an. [...]
> Nicht die allgemeine Idee ist es, welche sich im Gegensatz und Kampf, welche sich in Gefahr begibt; sie hält sich unangegriffen und unbeschädigt im Hintergrund. Das ist die *List der Vernunft* zu nennen, daß sie die Leidenschaften für sich wirken läßt, wobei das, durch was sie sich in Existenz setzt, einbüßt und Schaden leidet."

Georg Wilhelm Friedrich Hegel: Vorlesungen über die Philosophie der Geschichte, in: Werke in zwanzig Bänden. Bd. 12, 6. Aufl., Frankfurt/M.: Suhrkamp 2002, S. 45f, 49.

Bei den Kräften, die die Vorgänge in einer historischen Epoche steuern, und noch stärker bei den Ereignissen, die den Übergang von einer Epoche zur nächsten markieren, handelt es sich um das Werk großer Männer. Der vorerst letzte und vermutlich größte unter ihnen hat Hegel zu Lebzeiten stark beeindruckt. Hegel war ein glühender Bewunderer Bonapartes. Nur schwach verklausuliert stellt er Bonaparte als Geburtshelfer der bürgerlichen Gesellschaft dar. Große Männer wie Bonaparte treten, ohne dies zu wissen, als Werkzeuge des Weltgeistes auf. Sie gehorchen ihren Ambitionen und Leidenschaften, machen ihre Pläne und erfüllen eine ihnen vom Weltgeist auferlegte historische Mission. Diese Vollstreckerfunktion großer Männer bezeichnet Hegel als List der Vernunft. Wenn es dem absoluten Geist gelingt, den objektiven Geist, d.h. das Walten der Vernunft in der Geschichte zu erkennen, dann kann es keinen weiteren geschichtlichen Fortschritt mehr geben. Der absolute Geist ist dann *bei sich selbst*. Folglich endet die Geschichte mit Hegel. Er ist der Vernunft in der Geschichte auf die Spur gekommen. Aufgabe der Philosophie und der Politik kann es jetzt nur noch sein, nach dem erkannten Vernunftprinzip zu handeln. Die dialektische Geschichtsdynamik kommt zum Erliegen. Mit Hegel erreicht der menschliche Geist seine Vollendung. Polemisch ausgedrückt: Wer sich nun noch weigert, das Vernünftige in der Geschichte zu erkennen, der beweist seine Unvernunft.

10.5 Geschichte als sinnhaftes Geschehen

Hegels Philosophie ist eine historisierende Befreiungsphilosophie. Die Menschheit erlangt die Fähigkeit, Ereignisse, Personen und Institutionen mit Sinn zu füllen, und der, dem sich dieser Sinn als erstem enthüllt, lüftet das Geheimnis der Geschichte. Das Studium der Geschichte und der Politik verliert seinen Zweck, sobald feststeht, dass die Philosophie den Schlüssel zur Welterklärung geliefert hat. Hegels Philosophie definiert die Vergangenheit als Problem vernünftiger Erklärungen. Das Mysterium Geschichte, das den Menschen mit dramatischen Ereignissen bisher Rätsel aufgab, löst sich auf. Die Menschheit befreit sich aus der Ungewissheit über ihre geistigen Ursprünge und ihre gegenwärtige Befindlichkeit. Diese Befreiungstat spielt sich indessen in Hegels Kopf ab. Sie ist ein intellektuelles Konstrukt, das keine Postulate für politisches Handeln aufstellt und die Menschheitsprobleme lediglich als Denkprobleme auffasst. Hegel war ein Kathedergelehrter, dessen Neigungen zum konstitutionellen bürgerlichen Staat für jeden Eingeweihten außer Frage standen, der sonst aber reibungslos mit der reaktionären preußischen Kultusbürokratie auskam. Hegels Schüler, von denen keiner die geistige Statur des Lehrers erreichte, zerstritten sich denn über die Frage, welche politischen Schlussfolgerungen Hegels Werk nahe legte. Zur Erklärung sei hinzugefügt, dass Hegels Schüler stärker als ihr Meister in die verfassungspolitischen Auseinandersetzungen eingebunden waren, die sich in Preußen anbahnten und in der Berliner Revolution von 1848 einen Höhepunkt erreichten.

Die Hegelsche Philosophie fand in Deutschland viele Bewunderer und Anhänger. Doch ihre komplizierte, deutungsbedürftige Sprache löste eine Vielfalt von zum Teil widersprüchlichen Interpretationen aus. Die Spaltung des Hegelianismus lässt sich an der konträren Deutung der Sentenz „was vernünftig ist, das ist wirklich, und was wirklich ist, das ist vernünftig" demonstrieren. Die Rechtshegelianer stützten sich auf die Teilaussage: „was wirklich ist, das ist vernünftig". Die Linkshegelianer betonten dagegen die andere Aussage: „was vernünftig ist, das ist wirklich". Die Rechten nahmen Hegel für die Rechtfertigung des politischen Status quo in Anspruch. Sie behaupteten, Hegel belege in seinen Schriften, dass der politische Status quo in der Welt vernünftig sei. Er stelle das letzte und nicht mehr verbesserbare Stadium der politischen Entwicklung dar. Die Linken argumentierten, die Vollendung der Geschichte sei erst noch zu leisten, da die zeitgenössischen Zustände, auch in Preußen, nicht das Prädikat vernünftig verdienten. Die Wirklichkeit, die der Idee des Vernünftigen entspräche, müsse erst noch geschaffen werden. Kurz: Hegel wurde von konservativer wie von liberal-revolutionärer Seite vereinnahmt. Die geringeren Geister in der Hochschulphilosophie und Staatsrechtslehre beriefen sich auf Hegel als wohlfeilen Kronzeugen für den Primat des Staates in einer sich verändernden Gesellschaft. Die linken Hegel-Schüler wandten ein, es heiße Missbrauch mit dem Hegelschen Prinzip der Dialektik treiben, wenn der Lauf der Geschichte a) nach Ansicht einiger überhaupt enden sollte und b) nach Ansicht anderer gerade dann aufhörte, wenn doch offensichtlich die Welt von Unrecht, sozialem Elend, Repression und unvernünftiger Herrschaft gekennzeichnet war. Aus den kritischen Impulsen des linken Hegelianismus entstand die politische Philosophie von *Karl Marx*.

10.6 Rezeption und Wirkung

Hegels philosophische Botschaften sind für das politische Denken weniger bedeutsam als seine Methode. Über den bürgerlichen Staat als Vollendung politischer Vernunft sind die Zeitläufe ebenso hinweggegangen wie über Hegels in der zeitgenössischen Gegenwart gipfelnde Entfaltung der Geschichte. Die Denkweise hat hingegen größere Spuren hinterlassen, insbesondere in Gestalt der Vorstellung, die historisch-politische Wirklichkeit lasse sich in abstrakte Konstruktionen fassen. Hegel hat genau besehen eine Darstellung des bürgerlichen Staates geleistet, die weder gesellschaftliche Interessen als illegitim charakterisiert noch eine Vorstellung des Staates ohne das Phänomen der Erwerbsklassen erlaubt. Es kann Hegel schwerlich angelastet werden, dass er später in Richtung auf die Staatsverherrlichung interpretiert worden ist. Hegel philosophierte über Politisches, ohne in seiner Zeit und in seiner Position je dazu herausgefordert zu sein, sich mit der Erfahrung des Politischen beschäftigen zu müssen. Preußen befand sich nach der Zwischenunruhe der Befreiungskriege und der Staatsreformen wieder im Tiefschlaf. In Hegels Epoche und unter seinem Einfluss etablierten sich die deutsche Universität und der neuzeitliche Verwaltungs- und Beamtenstaat. Die höhere Bildung war bei der Deutung von Recht und Politik eine Schule des Abstrakten. Erst die Begegnung mit der interessengesättigten Realanalyse der amerikanischen Sozialwissenschaft nach dem letzten Weltkrieg sollte eine Veränderung dieser Tradition bewirken. Dessen ungeachtet zeigen wissenschaftliche Autoren der jüngsten Moderne wie *Jürgen Habermas* und *Niklas Luhmann* mit ihrer hohen Schule begrifflicher und dialektischer Abstraktion, dass die Tradition Hegelschen Denkens hierzulande immer noch vital ist.

Literatur:

Georg Wilhelm Friedrich Hegel: Werke in zwanzig Bänden, Frankfurt/M.: Suhrkamp 1996f.
Shlomo Avineri: Hegels Theorie des modernen Staates, Frankfurt/M.: Suhrkamp 1976.
Iring Fetscher: Hegel – Größe und Grenzen, Stuttgart u.a.: Kohlhammer 1971.
Karl R. Popper: Die offene Gesellschaft und ihre Feinde II. Falsche Propheten. Hegel, Marx und die Folgen, 7. Aufl., Tübingen: Mohr 1992.
Leo Strauss: Naturrecht und Geschichte, 2. Aufl., Frankfurt/M.: Suhrkamp 1989.
Ernst Topitsch: Die Sozialphilosophie Hegels als Heilslehre und Herrschaftsideologie, 2. erw. Aufl., München: Piper 1981.

11. Marx und Engels

11.1 Historischer Kontext

Im politischen Denken von *Karl Marx* fließen drei Strömungen zusammen: die deutsche idealistische Philosophie *Hegels*, frühsozialistische Utopien und schließlich die Wissenschaft von den Gesetzmäßigkeiten wirtschaftlicher Vorgänge. Diese Denkrichtungen treffen sich im gemeinsamen Gegenstand der bürgerlichen Gesellschaft. Zu Marx' Lebzeiten war Großbritannien bereits eine industrielle Gesellschaft. Das Gleiche galt für die führenden Regionen Frankreichs, insbesondere das Gebiet um Paris. In England wie in Frankreich breitete sich die Industrialisierung mit allen Begleiterscheinungen sozialen Wildwuchses aus. Auf der einen Seite häufte eine überschaubare Fabrikantenklasse große Reichtümer an. Auf der anderen Seite siedelte in den Zentren der Industrieproduktion ein Fabrikarbeiterproletariat. Dieses lebte unter denkbar elenden Bedingungen, es war schutzlos der Willkür der Unternehmer ausgeliefert und kannte keinerlei Absicherung gegen Risiken wie Unfall oder Krankheit; Kinderarbeit war üblich. Sozialgesetze ließen bis ins späte 19. Jahrhundert auf sich warten.

Mit der Industrialisierung wurden die Naturwissenschaften interessant, nicht zuletzt unter dem Gesichtspunkt wirtschaftlich verwertbarer Ergebnisse. Vor allem in Großbritannien, aber auch in Frankreich begann der Aufstieg der Wirtschaftswissenschaft. Die sozialen Verwerfungen des Industrialisierungsprozesses förderten Utopien, die ein positives Gegenbild zu den Ungerechtigkeiten dieser Gesellschaft ausmalten. In England gab es eine Reihe philanthropischer Experimente, die auf Korrekturen am bestehenden Gesellschaftssystem abzielten.

Die Frühsozialisten – die bekanntesten darunter Graf von *Saint-Simon (1760-1825), Charles Fourier (1772-1837), Auguste Blanqui (1805-1881)* und *Pierre-Joseph Proudhon (1809-1865)* – waren ein weiteres charakteristisches Phänomen der Epoche. Sie artikulierten noch vor Marx sozialistische Ideen. Ihr Anliegen war die Kritik an den bestehenden Zuständen und die Vision einer alternativen Gesellschaft. Das Ziel war nicht, den erreichten wissenschaftlichen und technischen Entwicklungsstand zu beseitigen oder zu revidieren. Ihnen schwebte die Idee vor, auf der Grundlage des Industriekapitalismus neue und bessere Formen des gesellschaftlichen Zusammenlebens zu realisieren.

Literatur:

Iring Fetscher: Karl Marx und der Marxismus, 4. Aufl., München: Piper 1985.
Leszek Kolakowsi: Die Hauptströmungen des Marxismus, 3 Bde., 3. Aufl., München: Piper 1988f.
Ernst Nolte: Marxismus und industrielle Revolution, Stuttgart: Klett-Cotta 1983.

11.2 Marx

Karl Marx (1818-1883) wurde in Trier als Sohn eines Rechtsanwalts geboren. Trier gehörte damals zur preußischen Rheinprovinz, also zu den Neuerwerbungen Preußens auf dem Wiener Kongress (1815). Die Hinzufügung der Rheinprovinz zum traditionell im ostelbischen Bereich verankerten preußischen Staat brachte für beide Seiten Probleme. Die Rheinprovinz war neben den westdeutschen Mittelstaaten am stärksten den Einflüssen der Französischen Revolution ausgesetzt gewesen. Das Bürgertum war dort selbstbewusster und obrigkeitskritischer als in den preußischen Stammlanden. Marx studierte Philosophie an den Universitäten Bonn, Jena und Berlin. Er hatte reges Interesse an philosophischen Fragen. Besonders faszinierte ihn das philosophische System *Hegels*. An der Universität Berlin kam er mit revolutionären studentischen Kreisen in Verbindung. Im Barrikadenjahr 1848 gab Marx in Köln die obrigkeitskritische Zeitung *Neue Rheinische Zeitung* heraus, die wegen ihrer Bewertung der Revolutionsereignisse bald verboten wurde. Das Exil bestimmte sein weiteres Leben. Insofern war Marx, wenn auch unter nicht ganz freiwilligen Umständen, eine Art wirklicher Weltbürger. Er wurde in Deutschland geboren. Dort wurden seine Biographie und sein wissen-

11.2 Marx

schaftliches Denken maßgeblich vorgeprägt. Seine Gesamtvita wurde aber ebenso stark von den geistigen und sozialen Umständen der Länder bestimmt, in denen er als Exilant lebte.

Nach einem kurzen Zwischenspiel in Belgien verbrachte Marx seine ersten Exiljahre in Paris, den Rest in London. Beide Stationen haben im Marxschen Werk Spuren hinterlassen. In Paris war Marx Zeitzeuge der postrevolutionären Wirren der Juli-Revolution (1848) und des Aufstiegs Louis Bonapartes zum Präsidenten (1849) und später zum Kaiser Napoleon III. In Paris machte er sich mit den Gedanken des französischen Sozialismus vertraut. Im Londoner Exil wandte sich Marx ökonomischen Studien zu. Seinen Lebensunterhalt bestritt er aus Zuwendungen der weitläufigeren Verwandtschaft und vor allem seines Freundes *Friedrich Engels*, eines vermögenden Fabrikanten, der im Mutterland der industriellen Revolution gute Geschäfte gemacht hatte. Marx wirkte als Philosoph und Analytiker der bürgerlichen Gesellschaft sowie als Visionär einer besseren, wissenschaftlich begründbaren sozialistischen Gesellschaft. Es fehlte zwar nicht an politischem Ehrgeiz. So gründete Marx in London sozialistische Vereine, später die erste Sozialistische Internationale der Arbeiterbewegung. Die erhofften Erfolge blieben jedoch aus. In Großbritannien selbst kam keine zugkräftige sozialistische Bewegung zustande.

Im Folgenden sollen die Hauptstränge des Marxschen Werks vorgestellt werden. Wichtige Schritte beim Übergang vom ideenzentrierten Denken *Hegels*, das Marx zwar studiert, inhaltlich aber verworfen hat, zum Marxschen Gedankensystem sind a) die Verlegung des höchsten Stadiums des geschichtlichen Fortschritts bzw. der historischen Selbstbefreiung des Menschen aus der Gegenwart in die Zukunft und vor allem b) aus dem Bereich philosophischer Erkenntnis in die Bereiche der Ökonomie und der Politik. Das Hegelsche Erbe manifestiert sich bei Marx besonders im deterministischen Geschichtsverständnis und in der dialektischen Geschichtsmechanik. Marx wirft *Hegel* vor, dass sich bei ihm die Befreiung des Menschen bloß im Philosophischen vollziehe. Er setzt dem Hegelschen Denken die Auffassung entgegen, die Existenz und das Denken des Menschen hänge von der eigenen Reproduktion ab. Dieser Reproduktionsprozess fessele den Menschen gleichermaßen in geistiger Unmündigkeit und in materieller Abhängigkeit.

11.2.1 Die historischen Epochen

Die bisherige Menschheitsgeschichte ist allgemein dadurch charakterisiert gewesen, dass die Arbeit in Formen organisiert war, die auf Unterdrückung und Ausbeutung abhoben. Von dieser Ausgangsprämisse her entwickelt Marx verschiedene Epochen der gesellschaftlichen Entwicklung:

- Nur in der *Urgesellschaft* war der Mensch mit sich und mit der Natur eins. Freilich war er in dieser Zeit den Unbilden der Natur ausgesetzt; er hatte kein Bewusstsein seiner selbst.
- In der nächsten Epoche – der *Sklavengesellschaft* – bildeten sich Herr-Knecht-Beziehungen heraus. Bereits die Sklavenhaltergesellschaft kennt Klassen, die sich nach ihrer Stellung im Produktionsprozess unterscheiden. Sie basiert auf Herren und rechtlosen, arbeitenden Menschen. Die Sklavenhaltergesellschaft verkörpert Herrschaft ohne Recht.
- In der *Feudalgesellschaft* gewannen die Beziehungen zwischen Herrscher und Beherrschten Rechtscharakter. Sowohl die Herrscher- und die Adelsrechte als auch die Pflichten der Beherrschten bedurften einer Legitimation, die in der Feudalgesellschaft die Religion besorgte.
- Herrscher und Beherrschte kennt auch die nächste Epoche, die *bürgerliche Gesellschaft*. Diese ist im Verhältnis zwischen den Klassen durch Vertragsbeziehungen zwischen Privaten – durch Lohnarbeit – charakterisiert. Deren Gültigkeit garantiert der Staat. Weit stärker als in früheren Epochen gewinnt die Herrschaft abstrakten Charakter, d.h. sie wird zum Vertragsgegenstand, der auf der scheinbaren Freiwilligkeit aller Beteiligten beruht.

Arbeit vollzog sich in der Vergangenheit wie in der Gegenwart in Klassenverhältnissen. Nicht mehr nebulöse Welt- oder Volksgeister wie bei *Hegel*, sondern gesellschaftliche Klassen sind nach Marx die Bewegkräfte der Geschichte. Die Menschheitsgeschichte stellt sich als ein kontinuierlicher Prozess der Entfremdung des Menschen von seiner Arbeit dar. Entfremdung wird hier als die Beschneidung menschlicher Selbstverwirklichungsmöglichkeiten verstanden. Diese Entfremdung vollzieht sich in folgenden Schritten:

- In der ersten auf die Urgesellschaft folgenden Gesellschaftsepoche eignet sich ein an der Entstehung eines Produkts selbst nicht beteiligter Eigentümer das Produkt der Arbeit anderer an. Dieser Entfremdungsgrad beschreibt die Sklavengesellschaft.
- Später folgt eine Spezialisierung der Berufe. Der Mensch kann seine materielle Lebenswelt nur noch beschränkt selbst reproduzieren (als Tischler, Bauer oder Handwerker). Dieser Zustand entspricht der Feudalgesellschaft.
- Die Entfremdung gipfelt in der arbeitsteiligen Organisation im kapitalistischen Produktionsprozess oder anders ausgedrückt: im modernen Fabriksystem. Der Lohnarbeiter verliert jede Beziehung zum Materialstück, das er bearbeitet. Er ist eine menschliche Maschine, die hinsichtlich der Entstehung und Nutzung ihres Produktes auf sinnleere, abstrakte Arbeit reduziert ist. Diese Stufe der Entfremdung entspricht der bürgerlichen Gesellschaft.

Solange sich die wenigen Eigner der Produktionsmittel das Produkt der gemeinsamen Arbeit der besitzlosen Massen aneignen – solange den arbeitenden Menschen der Sinn für die harmonische Beziehung von Mensch und Natur verloren geht, kann von einer Befreiung des Menschen aus Unmündigkeit und Abhängigkeit keine Rede sein. Eine wirkliche Befreiung des Menschen im philosophischen wie im materiellen Sinne tritt erst dann ein, wenn auf einer höheren Zivilisationsstufe die materielle Unabhängigkeit aller arbeitenden Menschen erreicht wird. Die philosophische Befreiung des Menschen, d.h. die Möglichkeit zur Beschäftigung mit Philosophie, setzt voraus, dass jeder sein gesichertes Auskommen hat.

11.2.2 Die Revolution

Revolution und Arbeiterklasse sind Schlüsselbegriffe der Marxschen Gesellschaftsanalyse. In der bürgerlich-kapitalistischen Gesellschaft kann die Arbeiterklasse nichts gewinnen. Sie besitzt als Objekt der Ausbeutung ein grundlegendes Interesse, ihre Situation zu verändern. Die Veränderung zum Besseren setzt indessen voraus, dass die Ursachen der Ausbeutung beseitigt werden. Die Befreiung der Arbeiterklasse lässt sich nur durch die Beseitigung des kapitalistischen Systems erreichen. Erst danach beginnt eine neue Epoche, in der die Produzenten selbst, die Arbeiter, herrschen. Wirtschaftliche Grundlage dieser den Kapitalismus ablösenden sozialistischen Gesellschaft ist das Gemeineigentum der Produzenten. Die Produktionsmittel gehören allen; jeder hat Anspruch auf den Genuss der produzierten Güter.

In Hegelscher Manier entwickelt Marx die Idee, dass die sozialistische Gesellschaft im Keim, sozusagen als Antithese, bereits in der bürgerlichen Gesellschaft enthalten sei. In der Arbeiterklasse reife durch die politischen und gesellschaftlichen Auseinandersetzungen im Klassenkampf die Solidarität des Proletariats heran. Die gemeinschaftliche Produktion sei bereits in der arbeitsteiligen Fabrikarbeit realisiert. Die Besitzlosigkeit der Lohnarbeiter stellt die Gleichheit der Arbeiter als Glieder derselben Klasse her. Sobald sich in der Arbeiterklasse das Bewusstsein vom gesellschaftlichen Charakter der Produktion durchsetzt und es im solidarischen Handeln seine Stärke im Klassenkampf begreift, vollzieht das Proletariat den Schritt von der Klasse an sich zur Klasse für sich. Die Klasse an sich drückt den objektiven Sachverhalt einer gesellschaftlichen Klasse aus, deren Status in der Gesellschaft von ihrer Stellung im Produktionsprozess bestimmt ist. Die Klasse für sich stellt demgegenüber ein geschichtliches Subjekt dar, das die historische Bestimmung erkennt, sich aus der vom Kapitalismus aufgezwungenen Lage zu befreien.

„Die ökonomischen Verhältnisse haben zuerst die Masse der Bevölkerung in Arbeiter verwandelt. Die Herrschaft des Kapitals hat für diese Masse eine gemeinsame Situation, gemeinsame Interessen geschaffen. So ist diese Masse bereits eine Klasse gegenüber dem Kapital, aber noch nicht für sich selbst. In dem Kampf, den wir nur in einigen Phasen gekennzeichnet haben, findet sich diese Masse zusammen, konstituiert sich als Klasse für sich selbst. Die Interessen, welche sie verteidigt, werden Klasseninteressen. Aber der Kampf von Klasse gegen Klasse ist ein politischer Kampf."

Karl Marx: Das Elend der Philosophie, in: Karl Marx und Friedrich Engels Werke, Bd. 4, 5. Aufl., Berlin: Dietz 1971, S. 180f.

11.2 Marx

Revolutionen sind große gesellschaftliche Transformationsvorgänge, in denen sich der Übergang von einer Epoche der Klassenverhältnisse zu einer anderen vollzieht. Die bürgerliche Revolution löst die Feudalgesellschaft ab. Sie verhilft der kapitalistischen Produktionsweise und dem bürgerlichen Staat, der sie absichert, zum Durchbruch. In ähnlicher Weise fegt die sozialistische Revolution den Kapitalismus als Gesellschaftsformation beiseite und leitet zu einer Gesellschaft über, die eine kommunistische sein wird. Die Revolution entsteht aus der Dialektik antagonistischer Klassenbeziehungen. Sie entscheidet den Kampf zwischen aufsteigenden und absteigenden Klassen zugunsten der Ersteren. Die bürgerliche Klasse war in der Feudalgesellschaft im Verhältnis zum Adel die fortschrittlichere Klasse. Die Arbeiterklasse verkörpert im Verhältnis zur Kapitalistenklasse die fortschrittlichere gesellschaftliche Kraft.

„Die Geschichte aller bisherigen Gesellschaft ist die Geschichte von Klassenkämpfen.
Freier und Sklave, Patrizier und Plebejer, Baron und Leibeigener, Zunftbürger und Gesell, kurz, Unterdrücker und Unterdrückte standen in stetem Gegensatz zueinander, führten einen ununterbrochenen, bald versteckten, bald offenen Kampf, einen Kampf, der jedes Mal mit einer revolutionären Umgestaltung der ganzen Gesellschaft endete oder mit dem gemeinsamen Untergang der kämpfenden Klassen. [...]
Die aus dem Untergang der feudalen Gesellschaft hervorgegangene moderne bürgerliche Gesellschaft hat die Klassengegensätze nicht aufgehoben. Sie hat nur neue Klassen, neue Bedingungen der Unterdrückung, neue Gestaltungen des Kampfes an die Stelle der alten gesetzt.
Unsere Epoche, die Epoche der Bourgeoisie, zeichnet sich jedoch dadurch aus, daß sie die Klassengegensätze vereinfacht hat. Die ganze Gesellschaft spaltet sich mehr und mehr in zwei große feindliche Lager, in zwei große, einander direkt gegenüberstehende Klassen: Bourgeoisie und Proletariat. [...]
Alle bisherigen Bewegungen waren Bewegungen von Minoritäten oder im Interesse von Minoritäten. Die proletarische Bewegung ist die selbständige Bewegung der ungeheuren Mehrzahl im Interesse der ungeheuren Mehrzahl. Das Proletariat, die unterste Schicht der jetzigen Gesellschaft, kann sich nicht erheben, nicht aufrichten, ohne

daß der ganze Überbau der Schichten, die die offizielle Gesellschaft bilden, in die Luft gesprengt wird."

Karl Marx und *Friedrich Engels*: Manifest der kommunistischen Partei, in: Karl Marx und Friedrich Engels Werke, Bd. 4, 5. Aufl., Berlin: Dietz 1971, S. 462f, 472f.

In der Abfolge von Klassenkämpfen wird bei Marx die Verwandtschaft zur Hegelschen Dialektik deutlich. Beim Übergang von einer Gesellschaft zur anderen ist die jeweils fortschrittlichere Klasse zur Trägerin der politischen Macht bestimmt. Dieselbe Klasse wird reif zur Ablösung, sobald das von ihr geschaffene Produktionssystem seinen Höhepunkt überschreitet. Sie hat die Herausbildung der neuen Klasse soweit gefördert, dass diese in einem revolutionären Akt die ältere Klasse ablösen kann. Marx stellt sich Klassenauseinandersetzungen – um es mit einem modernen sozialwissenschaftlichen Terminus auszudrücken – als Nullsummenspiele vor, bei denen nur einer gewinnen kann. Die dialektisch aufsteigende Kette von Gesellschaftsformationen findet bei Marx den Abschluss in der klassenlosen kommunistischen Gesellschaft.

Die inhaltliche Gemeinsamkeit von Marx und *Hegel* liegt in der Vorstellung einer Beendigung des dialektischen Geschichtsprozesses, sobald ein idealer, nicht weiter verbesserungsfähiger Zustand erreicht ist. Der grundlegende Unterschied zu *Hegel* besteht darin, dass Marx die Vollendung der Geschichte nicht in die Gegenwart verlegt, sondern in die Zukunft projiziert. Aus seiner Warte wird sich die Befreiung der Arbeiterklasse und somit der ganzen Menschheit in einer gleichermaßen utopischen und dennoch mit wissenschaftlicher Exaktheit zu bestimmenden Gesellschaft ereignen. Die emanzipatorische Mission der Geschichte erschöpft sich bei *Hegel* im Gedanklichen, in der Vernunft, während Marx nach einem berühmten Wort „Hegel vom Kopf auf die Füße stellt", d.h. die wissenschaftliche Erkenntnis mit dem praktischen Auftrag zur konkreten Veränderung der Verhältnisse verbindet.

11.2.3 Die klassenlose Gesellschaft

Die klassenlose Gesellschaft hebt die Unterschiede zwischen Stadt und Land sowie zwischen intellektueller und körperlicher Arbeit auf. Die sozialistische Revolution kann nur bei einem hohen Entwicklungsstand der Produktion ansetzen. Infolge der kontinuierlichen Weiterentwicklung von Wissenschaft und Technik herrscht in der kommunistischen Gesellschaft materieller Überfluss. Heißt es noch in dem von Marx nur vage umschriebenen Durchgangsstadium zwischen sozialistischer Revolution und Vollendung des Kommunismus, in der sozialistischen Gesellschaft: „Jedem nach seiner Leistung, jedem nach seinen Bedürfnissen", so gilt in der kommunistischen Gesellschaft das Prinzip: „Jedem nach seinen Bedürfnissen". Jeder kann haben, was er braucht und wünscht. Der Mensch im Kommunismus ist nach dem Stand von Bildung, Technik und Produktion nicht mehr an die Ausübung spezieller Berufe oder Tätigkeiten gebunden. Er kann sich je nach Belieben entschließen, wie Marx es ausdrückt, morgens Bauer, nachmittags Fischer oder abends Philosoph zu sein. Auch hier wird der philosophische Impuls von Marx deutlich. Der kommunistische Mensch wird als autonomes Individuum gedacht, das in der Wahrnehmung seiner Freiheit durch keinerlei materielle oder intellektuelle Schranken gehemmt ist.

Der Staat wird in der kommunistischen Gesellschaft entbehrlich. Die Aufgaben des Staates in der bürgerlichen Gesellschaft, die Verordnung und Erzwingung von Rechtsnormen, werden von den kommunistischen Menschen durch gesellschaftliche Übereinkünfte geregelt. Diese bedürfen keiner Erzwingungsinstanz, weil sie als Beschluss freier und gleicher Individuen zustande kommen. Der utopische Charakter dieser klassenlosen Gesellschaft manifestiert sich darin, dass sie als eine konfliktfreie Gesellschaft gedacht wird. Alle bisherigen historischen Gesellschaftsformationen waren durch antagonistische Klassengegensätze geprägt, durch die Vernichtung alter und den Aufstieg neuer Klassen. Marx räumt ein, dass es auch nach der sozialistischen Revolution noch Auseinandersetzungen und Konflikte zwischen der dann herrschenden Arbeiterklasse und den Residuen der älteren Klassen geben kann. Allerdings hält er diese Konflikte für nicht mehr antagonistisch. Sie sind im Rahmen der irreversiblen Klassenherrschaft des Proletariats lösbar. Die noch aus der bürgerlichen Gesellschaft stammenden Unterschiede werden nach einer Übergangszeit verschwinden. Die klassenlose Gesellschaft bedeutet die Vollendung der Geschichte und das Ende aller Politik.

> „Sind im Laufe der Entwicklung die Klassenunterschiede verschwunden und ist alle Produktion in den Händen der assoziierten Individuen konzentriert, so verliert die öffentliche Gewalt den politischen Charakter. Die politische Gewalt im eigentlichen Sinne ist die organisierte Gewalt einer Klasse zur Unterdrückung einer andern. Wenn das Proletariat im Kampf gegen die Bourgeoisie sich notwendig zur Klasse vereint, durch eine Revolution sich zur herrschenden Klasse macht und als herrschende Klasse gewaltsam die alten Produktionsverhältnisse aufhebt, so hebt es mit diesen Produktionsverhältnissen die Existenzbedingungen des Klassengegensatzes, die Klassen überhaupt, und damit seine eigene Herrschaft als Klasse auf.
> An die Stelle der alten bürgerlichen Gesellschaft mit ihren Klassen und Klassengegensätzen tritt eine Assoziation, worin die freie Entwicklung eines jeden die Bedingung für die freie Entwicklung aller ist."
>
> *Karl Marx* und *Friedrich Engels*: Manifest der kommunistischen Partei, in: Karl Marx und Friedrich Engels Werke, Bd. 4, 5. Aufl., Berlin: Dietz 1971, S. 482.

Der Überfluss in der kommunistischen Gesellschaft darf nicht dahin gehend missverstanden werden, als sollte er auch unvernünftige Bedürfnisse befriedigen, z.B. den Wunsch nach Luxus, Prestige und Prasserei. Das Prinzip „jedem nach seinen Bedürfnissen" unterstellt, dass die kommunistischen Menschen befähigt sind, die Struktur der Gesellschaft, in der sie leben, zu erkennen. Ferner ist davon auszugehen, dass diese Menschen frei von Einflüssen handeln, die Luxus und Reputation attraktiv erscheinen lassen. Sie handeln verantwortlich und definieren ihre Bedürfnisse vernünftig. Der kommunistische Mensch hat ein aufgeklärtes Antlitz. Er kennt seine unverzichtbaren materiellen Bedürfnisse und achtet diese keineswegs gering. Der kommunistische Mensch ist zugleich ein geistiger Mensch mit entwickelten ästhetischen Empfindungen und Wissensdurst.

11.2.4 Die Arbeiterklasse als historisches Subjekt

Die Emanzipation der Arbeiterklasse in der sozialistischen Revolution und ihre Vollendung in der kommunistischen Gesellschaft stellt sich bei Marx zum einen als sozio-ökonomische Umwälzung, als blanke Empörung gegen soziale Missstände dar. Zum anderen ist sie eine intellektuelle Befreiungstat. Marx setzt in der Arbeiterklasse Erkenntnisbedürfnis und Erkenntnisfähigkeit voraus. Der Sprung von der Klasse an sich zur Klasse für sich kann nur dann gelingen, wenn die Lohnarbeiterklasse um ihre Rolle in der Geschichte weiß. Dazu bedarf es der Vermittlung theoretischen Wissens, das die historische Situation erklärt und Handlungsmöglichkeiten aufzeigt. Diese Aufgabe können nach Lage der Dinge nur Wissenschaftler leisten, die ihr Werk der Erforschung der gesellschaftlichen Entwicklungsgesetze widmen. Das Bindeglied zwischen Theorie und Praxis sind die Kommunisten. Diese Menschen, ob Intellektuelle oder Proletarier, besitzen die Fähigkeit, den weiteren Verlauf der Geschichte zu prognostizieren. Nach Marx endet die Aufgabe der Kommunisten nicht mit der Revolution. Auch danach sollen sie die Menschen zu einem Verhalten erziehen, das den Funktionserfordernissen der staats- und ausbeutungsfreien Gesellschaft entspricht.

Vorbereitend wurde bereits oben auf einige Grundelemente des Marxschen Geschichtsbildes verwiesen. Die Marxsche Dialektik hat starke ökonomische Bezüge. Grundlegend für gesellschaftliche Entwicklungen ist das Spannungsverhältnis zwischen den Produktivkräften und den Produktionsverhältnissen, d.h. das Spannungsverhältnis von Basis und Überbau. Die Produktivkräfte – die Basis – bezeichnen den Stand der Produktionstechnik, die Infrastruktur, die Kosten und das Angebot benötigter Rohstoffe und das verfügbare Potential an Lohnarbeit. Demgegenüber bezeichnen die Produktionsverhältnisse – der Überbau – Phänomene wie Staat, Recht, Ideologie, Religion und Philosophie. Die Produktivkräfte sind das Primäre. Sie entwickeln sich dynamischer als die Produktionsverhältnisse: Dies heißt für die Abfolge der gesellschaftlichen Epochen – den Historischen Materialismus – Folgendes:

- Moderne Waffentechnik und Söldnerheere erlangen Überlegenheit vor den Kampfformationen gepanzerter Ritter; handwerkliche Produktion überflügelt die allein für den Eigenbedarf erzeugten Produkte aus bäuerlicher Herstellung. Durch die qualitativ bessere und billigere Produktion von Werkzeugen oder Gebrauchsgegenständen sowie deren Tausch gegen Geld entsteht ein Gütermarkt. Handwerker und Kaufleute höhlen die Feudalverfassung aus, die im Kern lediglich die Beziehungen zwischen Grundeigentümern festlegt. Die

Produktivkräfte eilen mit der Entwicklung von Handel und Gewerbe den noch feudal verfassten Produktionsverhältnissen weit voraus.
- Schließlich werden die politischen und rechtlichen Institutionen der Feudalgesellschaft zum Hemmschuh für die weitere wirtschaftliche Entwicklung. Die Repräsentanten der bürgerlichen Klasse ergreifen die Macht. Mit einer den Bedürfnissen des Handelsverkehrs und der Warenproduktion entsprechenden Rechtsordnung schaffen sie neue gesellschaftliche Tatsachen. Die Gesellschaft tritt in die Phase bürgerlicher Herrschaft ein. Ihr entspricht auf der Produktionsebene der Kapitalismus, d.h. die arbeitsteilige Produktion von Gütern. Der Erlös aus dem Verkauf dieser Güter wird nicht an die unmittelbaren Produzenten selbst ausgezahlt, sondern an den Kapitalisten. Dieser zweigt einen Teil davon für seinen privaten Konsum ab und verwendet einen weiteren Teil für die Expansion seiner Unternehmungen.
- Mit der Abkehr von der ganzheitlichen, handwerklichen Produktionsweise hin zur arbeitsteiligen, industriellen Fertigung bildet sich in der bürgerlichen Gesellschaft eine industrielle Lohnarbeiterschaft heraus. Deren Interessen sind bis zu einem gewissen Punkt mit denen der Fabrikanten identisch. Im weiteren Verlauf der Entwicklung können die Arbeiterinteressen im Rahmen der Produktionsverhältnisse, insbesondere des Privateigentums an Produktionsmitteln, nicht mehr verwirklicht werden. Es kommt zu Klassenauseinandersetzungen. Als Folge tritt der Staat in die Rolle des Garanten für die Eigentums- und Verfügungsrechte der Kapitalistenklasse. Er wird sich den Versuchen der Arbeiterklasse widersetzen, die Kapitalisten zu beseitigen! So kommt es zum Klassenkampf. Das Proletariat greift systemlogisch mit dem Staat die kapitalistischen Ausbeuter als Ganzes an. Den Ausgang dieses Kampfes hat die Geschichte bereits vorgegeben. Nach Marx bedeutet dieser als sozialistische Revolution beschriebene finale Klassenkampf den Anfang vom Ende der Geschichte.

Im Sieg der Arbeiterklasse erfüllt sich die Menschheitsgeschichte. In der kommunistischen Gesellschaft wird es keine Klassen und keinen Staat mehr geben. Davor kommt die Lehr- und Lernphase der Diktatur des Proletariats, die auf das Leben ohne Ausbeutung, Klassen und Politik vorbereitet.

11.2.5 Die Politische Ökonomie

Die Politische Ökonomie ist ein Marxsches Spätwerk. Sie bildet den Hauptgegenstand der beiden erschienen Bände des *Kapitals*. Nach Marx ist für den Kapitalismus die Produktion von Waren bezeichnend. Ware zeichnet sich durch ihren Gebrauchs- und ihren Tauschwert aus. Warenproduktion beruht auf gesellschaftlicher Arbeit, d.h. Fabrikarbeit. Der Lohn entspricht demjenigen in Geld umgerechneten Teil des Produktionsergebnisses, den der einzelne Lohnarbeiter für seine physische Reproduktion benötigt. Der Arbeiter erhält mindestens soviel Lohn, um damit sich selbst und seine Familie ernähren zu können. Diese minimalen Lebenshaltungskosten bezeichnen den Gebrauchs- oder Arbeitswert der vom Arbeiter hergestellten Ware. Dieser Wert wird in Geld ausgezahlt. Ebenso wird der Tausch- oder Verkaufswert der produzierten Ware in Geld ausgedrückt. Anders als der freie oder leibeigene Bauer kann der Industriearbeiter Nahrung und Kleidung nicht selbst produzieren; er muss beides kaufen. Über den Gebrauchswert der Ware, der dem Arbeiter zur Deckung seiner minimalen Lebensbedürfnisse zugestanden wird, entsteht bei der kapitalistischen Produktionsweise ein Mehrwert. Dieser entspricht jenem Anteil der Warenproduktion, der über das hinausgeht, was für die physische Reproduktion der Arbeiter unmittelbar wieder aufgewendet werden muss. Diesen Teil der Arbeit nennt Marx Mehrarbeit oder Surplusarbeit. Ihr Anteil bestimmt sich nach der Länge des Arbeitstages im Verhältnis zu der Zeit, die für die Sicherstellung der physischen Reproduktion aufgewendet werden muss. Mehrarbeit und damit der Mehrwert können also entweder durch die Senkung der Reproduktionskosten der Arbeit oder durch die Ausdehnung des Arbeitstages oder durch beides gesteigert werden.

„Andererseits aber verengt sich der Begriff der produktiven Arbeit. Die kapitalistische Produktion ist nicht nur Produktion von Ware, sie ist wesentlich Produktion von Mehrwert. Der Arbeiter produziert nicht für sich, sondern für das Kapital. Es genügt daher nicht länger, daß er überhaupt produziert. Er muß Mehrwert produzieren. [...]
Die Verlängrung des Arbeitstags über den Punkt hinaus, wo der Arbeiter nur ein Äquivalent für den Wert seiner Arbeitskraft produziert hätte, und die Aneignung dieser Mehrarbeit durch das Kapital – das ist die Produktion des absoluten Mehrwerts. Sie bildet die allgemeine

> Grundlage des kapitalistischen Systems und den Ausgangspunkt der Produktion des relativen Mehrwerts. Bei dieser ist der Arbeitstag von vornherein in zwei Stücke geteilt: notwendige Arbeit und Mehrarbeit. Um die Mehrarbeit zu verlängern, wird die notwendige Arbeit verkürzt durch Methoden, vermittelst deren das Äquivalent des Arbeitslohns in weniger Zeit produziert wird. Die Produktion des absoluten Mehrwerts dreht sich nur um die Länge des Arbeitstags; die Produktion des relativen Mehrwerts revolutioniert durch und durch die technischen Prozesse der Arbeit und die gesellschaftlichen Gruppierungen.
> Sie unterstellt also eine spezifisch kapitalistische Produktionsweise, die mit ihren Methoden, Mitteln und Bedingungen selbst erst auf Grundlage der formellen Subsumtion der Arbeit unter das Kapital naturwüchsig entsteht und ausgebildet wird. An die Stelle der formellen tritt die reelle Subsumtion der Arbeit unter das Kapital."
>
> *Karl Marx*: Das Kapital. Kritik der politischen Ökonomie, Bd. 1, in: Karl Marx und Friedrich Engels Werke, Bd. 23, 5. Aufl., Berlin: Dietz 1970, S. 532f.

Der Anreiz des Kapitalisten besteht darin, aus dem Lohnarbeiter möglichst viel an Mehrarbeit herauszupressen. Der Kapitalist nimmt dem Arbeiter diesen Teil seiner Arbeit weg. Der Erlös aus dem Verkauf der damit produzierten Güter fließt als Gewinn in seine Taschen.

Im Wettbewerb mit ihren Konkurrenten sind die Kapitalisten gezwungen, ihren Beschäftigten geringere Löhne zuzumuten oder sie gegebenenfalls zu entlassen. Je größer das Heer der beschäftigungslosen Lohnarbeiter wird, umso höher ist der Anreiz für die Kapitalisten, Beschäftigung zu (immer) niedrigeren Löhnen anzubieten. Größere Kapitalisten sind in der Lage, Arbeiter zu geringfügig höheren Löhnen zu beschäftigen als Kapitalisten mit geringeren Ressourcen. Jede marginale Steigerung der Löhne kostet folglich einige Kapitalisten ihre Existenz. So setzt ein Konzentrationsprozess ein. Die großen Kapitalisten werden sich behaupten, die kleineren Kapitalisten schaffen entweder den seltenen Schritt zum Großkapital, oder sie sinken ins Proletariat hinab. Die Resultate dieser Entwicklung sind a) eine Proletarisierung der Mittelschicht, der kleinen Kapitalisten, die es nur zum Teil schaffen, in den Exklusivkreis der größeren Kapitalisten aufzusteigen, und b) eine wachsende Verelendung des Proletariats. Die Arbeiter stehen vor der Wahl zwischen Arbeitslosigkeit und einer Beschäftigung zu Hungerlöhnen, da das Überangebot an Arbeit die Löhne drückt. Diese Verelendungstheorie liefert den Begründungszusammenhang für den Befreiungsschlag der immer stärker niedergedrückten Arbeiterklasse. Demnach erreichen die sozialen Gegensätze ihren Höhepunkt, wenn nur noch eine Handvoll Großkapitalisten einer unüberschaubaren Masse verelendeter Arbeiter gegenüberstehen. Dann ist der Kapitalismus reif für die sozialistische Revolution.

11.2.6 Politische Analysen am Beispiel der Situation in Frankreich

Ohne die Berücksichtigung der politischen Zeitanalysen bliebe das Bild des Marxschen Werkes unvollständig. Hier schildert Marx am Beispiel der französischen Verhältnisse in der Mitte des 19. Jahrhunderts, dass die Finanzkapitalisten, die Bankiers, in vieler Hinsicht andere Interessen verfolgen als die Fabrikanten. Mit dem Instrument des Staates erzwingt die herrschende bürgerliche Klasse jene Rechtsverhältnisse, die den Kapitalismus funktionsfähig halten. Ist die herrschende Klasse in sich zerstritten, so äußert sich dies darin, dass dem Parlament als zentralem Ort der Herrschaftsanweisungen die Entscheidungsfähigkeit abhanden kommt. Ein begabter Demagoge wie der seinerzeitige Präsident auf Lebenszeit Louis Bonaparte, der spätere Kaiser Napoleon III. (1808-1873), entreißt dann dem Parlament mit Unterstützung der Massen – die darin wider ihr eigenes Interesse handeln – die Macht. So sorgt er dafür, dass das Gesamtinteresse des Kapitals trotz der Uneinsichtigkeit einiger Kapitalisten gewahrt bleibt. Es kommt einzig darauf an, dass der Staat die Voraussetzungen für die kapitalistische Produktion sichert.

Neben dem klassenbewussten Industrieproletariat, den Fabrikarbeitern, unterscheidet Marx ein sogenanntes Lumpenproletariat. Dieser Ausdruck meint jenen Teil der besitzlosen Masse, der keine Klassenauseinandersetzung mit den Kapitalisten führen will und statt dessen danach strebt, sich vom bürgerlichen Staat aushalten zu lassen. Zum Lumpenproletariat zählen Gelegenheitsarbeiter, Kriminelle und Arbeitsunwillige. Die Bedeutung dieser scheinbaren Klasse liegt im allgemeinen Männerwahlrecht, das seit der Französischen Revolution als Traditionsgut beibehalten worden ist. Es bringt bürgerliche Politiker dazu, der Masse zu schmeicheln. Hierzu zählen Maßnahmen zur Unterhaltung, die Mobilisierung nationalistischer Gefühle oder aber die Gewährung materieller Vergünstigungen.

Die Marxschen Schriften bieten wenige Anhaltspunkte für die Gestalt der kommunistischen Gesellschaft. Die deutlichste Anschauung gibt noch die Schrift über die Pariser Kommune, von der Marx behauptet, dass sie alle Grundelemente einer späteren kommunistischen Gesellschaft enthielt. Während der preußischen Belagerung regierte die Pariser Kommune 1871 für wenige Monate einige Bezirke der Hauptstadt. Bekannte Kommunisten hatten eine führende Rolle in der Leitung der Kommune.

> „Die Kommune bildete sich aus den durch allgemeines Stimmrecht in den verschiedenen Bezirken von Paris gewählten Stadträten. Sie waren verantwortlich und jederzeit absetzbar. Ihre Mehrzahl bestand selbstredend aus Arbeitern oder anerkannten Vertretern der Arbeiterklasse. Die Kommune sollte nicht eine parlamentarische, sondern eine arbeitende Körperschaft sein, vollziehend und gesetzgebend zu gleicher Zeit. Die Polizei, bisher das Werkzeug der Staatsregierung, wurde sofort aller ihrer politischen Eigenschaften entkleidet und in das verantwortliche und jederzeit absetzbare Werkzeug der Kommune verwandelt. Ebenso die Beamten aller andern Verwaltungszweige. Von den Mitgliedern der Kommune an abwärts, mußte der öffentliche Dienst für *Arbeiterlohn* besorgt werden. [...] Die öffentlichen Ämter hörten auf, das Privateigentum der Handlanger der Zentralregierung zu sein. Nicht nur die städtische Verwaltung, sondern auch die ganze, bisher durch den Staat ausgeübte Initiative wurde in die Hände der Kommune gelegt."

Karl Marx: Der Bürgerkrieg in Frankreich, in: Karl Marx und Friedrich Engels Werke, Bd. 17, 3. Aufl., Berlin: Dietz 1968, S. 339.

Als richtungsweisend an der Kommune bezeichnete Marx die Entlassung der Beamten, die Abkehr vom Prinzip des Parlamentarismus, die Wahl von Selbstverwaltungsorganen, deren Mitglieder an Instruktionen der Wähler gebunden waren, die Aufhebung der klassischen staatlichen Funktionstrennung von Gesetzgebung, Verwaltung und Rechtsprechung sowie die Auflösung der Polizei. Arbeiter konnten in alle politischen Funktionen einrücken. Marx bezeichnete diese Herrschaftsform als Selbstregierung der unmittelbaren Produzenten – als Diktatur des Proletariats.

📖 Literatur:

Karl Marx und *Friedrich Engels*: Werke, 43 Bde., hrsg. vom Institut für Marxismus-Leninismus bei ZK der SED, Berlin: Dietz 1969ff.
Iring Fetscher: Marx, Freiburg: Herder 1999.
Richard Friedenthal: Karl Marx. Sein Leben und seine Zeit, 2. Aufl., München: Piper 1990.

11.3 Engels

Die Beziehung zwischen Marx und *Friedrich Engels (1820-1898)* beruhte auf einer persönlichen Freundschaft. Marx war im Übrigen materiell von Engels abhängig. Engels, eine andere Natur als der egozentrische Marx, hielt sich stets zurück, wenn es um die Bewertung seines eigenen Anteils an den Marxschen Ideen ging. Dem Elberfelder Fabrikantensohn war es nicht in die Wiege gelegt worden, zum Juniorteilhaber am Werk eines Denkers zu werden, der den Industriekapitalismus so radikal und vernichtend kritisierte wie kein anderer vor ihm. Die Familie Engels schickte den Sohn Friedrich zur Ausbildung nach England. Hier sollte er in der Firma eines Geschäftspartners in die ökonomische Praxis eingeführt werden. Als Kenner der sozialen Verhältnisse in England, über die Engels eine vielbeachtete Schrift verfasste, war Engels für Marx von allergrößtem Nutzen. Es fällt schwer, Engels Anteil an den Überlegungen und Schriften insbesondere des späten Marx zu messen. Dennoch steht außer Zweifel, dass Engels für die Fortentwicklung und Popularisierung des Marxschen Theoriegebäudes einen eigenständigen Beitrag geleistet hat.

Engels hat Marx um zwölf Jahre überlebt. Der stürmische Beginn und Fortgang der Industrialisierung im Deutschen Reich, vor allem in den 1880er Jahren, schuf für die deutsche Sozialdemokratie eine ganz andere Situation, als sie Marx erfahren hatte. Engels erlebte die Entstehung erster sozialdemokratischer Gewerkschaften und Parteien, die Sozialistengesetze (1878-90), die Wiederzulassung der Sozialdemokratie (1890) und deren anschließenden stürmischen Aufstieg. Seine letzten Lebensjahre verlebte er wie Marx in London.

11.3.1 Engels und die Sozialdemokratie

Die deutsche Arbeiterbewegung schien noch zu Marx' Lebzeiten einen ähnlichen Weg einzuschlagen, wie die von Marx verachteten britischen *Trade Unions*. Der von *Ferdinand Lassalle (1825-1864)* gegründete Allgemeine Deutsche Arbeiterverein entstand aus dem Elend der Lohnarbeiter und dem sozialen Abstieg zahlreicher Handwerker in das industrielle Proletariat des sich dynamisch industrialisierenden Preußen. *Lassalle* zog aus dieser Entwicklung die Schlussfolgerung, dass sich die Arbeiter organisieren müssten, um ihre Rechte gegenüber dem Staat einzufordern. Mit dieser Orientierung am Staat katapultierte er sich bei Marx in das politische Aus. *Lassalle* war der Auffassung, der preußische Staat sei durchaus in der Lage und könne dazu veranlasst werden, die Nöte der Arbeiterschaft durch eine entsprechende Politik zu lindern. Er verfolgte einen pragmatischen Ansatz. Sein Anliegen war ein sozialpolitisches Engagement des Staates für die Lohnarbeiter. Im Unterschied zu Marx war der Staat für *Lassalle* kein blindes Instrument der herrschenden Klasse. Der Lassallesche Einfluss in der frühen deutschen Arbeiterbewegung war sehr groß und blieb es auch nach seinem frühen Tode. Das *Gothaer Programm von 1875*, das den Zusammenschluss der Lassalleschen Arbeitervereine mit der sozialistisch orientierten Sozialdemokratischen Arbeiterpartei besiegelte, stand noch stark unter dem Einfluss Lassalleschen Denkens. Das *Erfurter Programm von 1891* hatte bereits eine marxistische Orientierung. Im Zeitraum zwischen Marx' vernichtender *Kritik des Gothaer Programms* und dem *Erfurter Programm* hatte der im Exil weilende Engels die Funktion des theoretischen Mentors der deutschen Sozialdemokratie übernommen. In allen theoretisch umstrittenen Fragen, auch in der Bewertung wichtiger tagespolitischer Kontroversen, wurde der überlebende Freund und Förderer von Marx als *der* Interpret des Marxschen Werkes respektiert. Die Führer der deutschen Sozialdemokratie, *August Bebel (1840-1913)* und *Wilhelm Liebknecht (1826-1900)*, wandten sich in Zweifelsfragen an Engels.

Engels Rolle bei der Entwicklung des Marxismus von der Gesellschaftstheorie zur politischen Weltanschauung steht in engem Zusammenhang mit der Entstehung mitgliederstarker sozialistischer Parteien. Diese verlangten nach einer Leitidee, die den Mitgliedern leicht verständlich vermittelt werden konnte. Unter diesen Umständen waren hochgestochene Philosophie und Ökonomie nicht mehr gefragt. Das Gebot der Stunde war eine populäre Fassung der Marxschen Botschaft. In diesem Zusammenhang durchlief das Marxsche Werk die Wandlung von einer in die Tiefe gehenden Analyse zu einer verflachenden Lehre für den politischen Hausgebrauch: in Parteiversammlungen, Arbeiterbildungsvereinen und Rednerschulen. Nun wäre es für eine sozialistische, sich auf Marx berufende Partei denkbar gewesen, Marx so auszulegen, dass seine Analyse der kapitalistischen Gesellschaft sich mit pragmatischen Handlungszielen in Einklang bringen ließ. Genau dies verhinderte Friedrich Engels. Er konnte als der Juniorpartner von Marx behaupten, die sozialdemokratischen Parteiführer hätten diese oder jene Formulierung oder These nicht richtig verstanden. In diesem Sinne drohte Engels mehr als einmal damit, der SPD seine Unterstützung zu entziehen, wenn sie in ihrer Programmatik und Politik die Marxsche Botschaft verwässerte oder verzerrte. Überspitzt ausgedrückt übte Engels bis zu seinem Tode von London aus eine Art weltanschauliche Zensur über die deutsche Sozialdemokratie aus.

11.3.2 Der Dialektische Materialismus

Der *Dialektische Materialismus* ist der deutlichste Nachweis über Engels Beitrag zum Marxismus. Marx' Denken speist sich im Wesentlichen aus drei Quellen: Philosophie, Ökonomie und Geschichte. Engels begreift demgegenüber die Marxsche Wissenschaft als eine positive Wissenschaft, als naturgesetzliche Erkenntnislehre: Jede Ursache hat ihre Wirkung; jedes Phänomen, jede Wirkung kann auf eine Ursache zurückgeführt werden. Das Vorbild, sozusagen das Non plus ultra an zeitgenössischer Wissenschaftlichkeit, waren für Engels die Naturwissenschaften. Ihre Reputation sollte der Marxismus übertreffen. Engels begann, die Wissenschaftlichkeit der Marxschen Geschichts- und Gesellschaftstheorie nachzuweisen, indem er Naturphänomene aus Marxschen Erkenntnisprinzipien zu erklären versuchte. So erhob er die Dialektik, die Lehre von den Widersprüchen, zum tragenden Prinzip aller natürlichen Erscheinungen.

> „Es ist also die Geschichte der Natur wie der menschlichen Gesellschaft, aus der die Gesetze der Dialektik abstrahiert werden. Sie sind eben nichts andres als die allgemeinsten Gesetze dieser beiden Phasen der geschichtlichen Entwicklung sowie des Denkens selbst. Und zwar reduzieren sie sich der Hauptsache nach auf drei:
>
> das Gesetz des Umschlagens von Quantität in Qualität und umgekehrt;
> das Gesetz von der Durchdringung der Gegensätze;
> das Gesetz von der Negation der Negation.
>
> Alle drei sind von Hegel in seiner idealistischen Weise als bloße *Denk*gesetze entwickelt: das erste im ersten Teil der ‚Logik', in der Lehre vom Sein; das zweite füllt den ganzen zweiten und weitaus bedeutendsten Teil seiner ‚Logik' aus, die Lehre vom Wesen; das dritte endlich figuriert als Grundgesetz für den Aufbau des ganzen Systems. Der Fehler liegt darin, daß diese Gesetze als Denkgesetze der Natur und Geschichte aufoktroyiert, nicht aus ihnen abgeleitet werden. Daraus entsteht dann die ganze gezwungene und oft haarsträubende Konstruktion: Die Welt, sie mag wollen oder nicht, soll sich nach einem Gedankensystem einrichten, das selbst wieder nur das Produkt einer bestimmten Entwicklungsstufe des menschlichen Denkens ist. Kehren wir die Sache um, so wird alles einfach und die in der idealistischen Philosophie äußerst geheimnisvoll aussehenden dialektischen Gesetze werden sofort einfach und sonnenklar."

Friedrich Engels: Dialektik der Natur, in: Karl Marx und Friedrich Engels Werke, Bd. 20. 3. Aufl., Berlin: Dietz 1971. S. 348.

Durch die Erweiterung der ursprünglichen Marxschen Theorie zur naturwissenschaftlichen Theorie machte Engels aus dem Marxismus eine Einheitswissenschaft. Er sei Wissenschaften wie der Biologie, der Chemie und der Physik sogar überlegen, erkläre er doch nicht allein geschichtliche Phänomene in Vergangenheit und Gegenwart, sondern vermöge er doch auch wissenschaftlich zu prognostizieren, welchen Verlauf die Geschichte in Zukunft nehmen werde. Marx selbst hatte nachweislich keine ausgeprägten naturwissenschaftlichen Interessen. Seine wissenschaftliche Arbeit beschränkte sich ausschließlich auf soziale Phänomene.

Wichtig für den ideengeschichtlichen Zusammenhang ist die Tatsache, dass mit Engels' popularisierenden Verkürzungen der Marxschen

11.3 Engels

Lehre und mit dem naturwissenschaftlichen Anspruch das Moment der Berechenbarkeit in den Marxismus hineingelangte. Engels gab dem Zusammenbruch des Kapitalismus den Anschein eines absehbaren Ereignisses, und er stellte die Erreichung der kommunistischen Gesellschaft für die nächste oder übernächste Generation in Aussicht.

> „Der Staat ist also keineswegs eine der Gesellschaft von außen aufgezwungene Macht; ebenso wenig ist er ‚die Wirklichkeit der sittlichen Idee', ‚das Bild und die Wirklichkeit der Vernunft', wie Hegel behauptet.
> Er ist vielmehr ein Produkt der Gesellschaft auf bestimmter Entwicklungsstufe; er ist das Eingeständnis, daß diese Gesellschaft sich in einen unlösbaren Widerspruch mit sich selbst verwickelt, sich in unversöhnliche Gegensätze gespalten hat, die zu bannen sie ohnmächtig ist. Damit aber diese Gegensätze, Klassen mit widerstreitenden ökonomischen Interessen nicht sich und die Gesellschaft in fruchtlosem Kampf verzehren, ist eine scheinbar über der Gesellschaft stehende Macht nötig geworden, die den Konflikt dämpfen, innerhalb der Schranken der ‚Ordnung' halten soll; und diese, aus der Gesellschaft hervorgegangene, aber sich über sie stellende, sich ihr mehr und mehr entfremdende Macht ist der Staat. [...]
> Der Staat ist also nicht von Ewigkeit her. Es hat Gesellschaften gegeben, die ohne ihn fertig wurden, die von Staat und Staatsgewalt keine Ahnung hatten. Auf einer bestimmten Stufe der ökonomischen Entwicklung, die mit der Spaltung der Gesellschaft in Klassen notwendig verbunden war, wurde durch diese Spaltung der Staat eine Notwendigkeit. Wir nähern uns jetzt mit raschen Schritten einer Entwicklungsstufe der Produktion, auf der das Dasein dieser Klassen nicht nur aufgehört hat, eine Notwendigkeit zu sein, sondern ein positives Hindernis der Produktion wird. Sie werden fallen, ebenso unvermeidlich, wie sie früher entstanden sind. Mit ihnen fällt unvermeidlich der Staat. Die Gesellschaft, die die Produktion auf Grundlage freier und gleicher Assoziation der Produzenten neu organisiert, versetzt die ganze Staatsmaschine dahin, wohin sie dann gehören wird: ins Museum der Altertümer, neben das Spinnrad und die bronzene Axt."

Friedrich Engels: Der Ursprung der Familie, des Privateigentums und des Staats, in: Karl Marx und Friedrich Engels Werke, Bd. 21, 2. Aufl., Berlin: Dietz 1969, S. 165, 168.

Die Betonung des Wirkens objektiver Gesetze in der Gesellschaft warf die Frage auf, welche Rolle denn überhaupt noch den politisch handelnden Menschen oder den Parteien zukam. Die Unterstellung einer universellen Gesetzmäßigkeit liefert für jede denkbare Entwicklung – so auch für jeden politischen Rückschlag – eine logische Erklärung.

Literatur:

Karl Marx und *Friedrich Engels*: Werke, 43 Bde., hrsg. vom Institut für Marxismus-Leninismus bei ZK der SED, Berlin: Dietz 1969ff.
Helmut Hirsch: Friedrich Engels, 10. Aufl., Reinbek: Rowohlt 1993.
Gustav Mayer: Friedrich Engels. Eine Biographie, 2 Bde., Frankfurt/M.: Ullstein 1975.

11.4 Rezeption und Wirkung

Marx steht als Denker mit beiden Beinen in der deutschen Philosophie des 19. Jahrhunderts. Im Unterschied zu den übrigen hier behandelten Klassikern ist sein Thema aber nicht die reflektierende Auseinandersetzung mit dem Vorhandenen, sondern die Einsicht in die Unvermeidbarkeit und in die befreiende Wirkung der gesellschaftlichen Veränderung. Marx war Zeitzeuge der industriellen Revolution in Europa. Seinen Wissensfundus schöpfte er nicht allein aus Folianten, sondern ebenso aus Zeitungen und Erlebnisberichten anderer. Tatsächlich ist er selbst kaum jemals mit wirklichen Proletariern zusammengetroffen. Wenn dies doch geschah, war seine Häme ob ihrer Unbildung von ätzender Schärfe. Sein zunächst vorrangig philosophisches Interesse an politischen Fragen verband sich im Laufe der Zeit immer mehr mit dem Blick auf ökonomische Zusammenhänge und auf gesellschaftliche Zustände. Marx erkennt die das Industriezeitalter gestaltenden gesellschaftlichen Kräfte – Kapitalisten und Arbeiter – als gesellschaftliche Tatsachen an. Beide Klassen handeln entsprechend ihrer eigenen Vernunft und geraten dabei unvermeidlich auf Kollisionskurs. Marx hält es für undenkbar, dass sich die Spannung zwischen den modernen Klassen lösen könnte. Die Anschauung seiner Zeit bot dafür auch keine Anhaltspunkte. Wie *Hegel* dachte

11.4 Rezeption und Wirkung

Marx geschichtlich. Die Vergangenheit der Gegenwart war seinerzeit bewusster als jemals zuvor. Sie wurde aber – dies war ein Nachwirken der philosophischen Schulung, die unter Marx' Zeitgenossen verbreitet war – sinnhaft auf einen finalen Ruhezustand hin interpretiert.

Nach der Revolution kommt wie bei *Hegel* alles zur Ruhe: Der Kommunismus bedeutet das Ende der Geschichte. Hier liegt ein Problem. Marx ist ein Kind des wissenschaftsgläubigen 19. Jahrhunderts. *Charles Darwin (1809-1882)* hatte die Botschaft hinterlassen, dass sich die Natur in einem stetigen Kampf befindet, in dem sich die überlegene Spezies behauptet. Die Ökonomen hatten erkannt, dass sich das ökonomische Geschehen in Zyklen abspielt, die sich anhand von Daten beweisen und vielleicht sogar prognostizieren lassen. Gesetze sieht Marx auch in der Geschichte wirksam. Die von ihm behaupteten Gesetze betreffen alle die sozialen Kräfte, die seine Zeit veränderten: Erfindungen, Maschinen, Fabriken, Klassen. Vollzieht sich die Geschichte gesetzmäßig, dann bleibt für den erkennenden Beobachter nichts zu tun. Er registriert bloß die Zeichen einer im voraus bekannten Entwicklung und berechnet Orte und Zeitspannen. Angesichts der großen Erwartungen, die sich mit dem Erkenntnisanspruch der Theorie verbanden, konnte es nicht ausbleiben, dass sie bald fortgeschrieben und umgedeutet wurde. Die schöne, neue Welt des Kommunismus musste für die lebende Arbeitergeneration den Charme einer Erlösungsreligion ohne Gott haben. Denn es blieb höchst ungewiss, ob sie selbst noch etwas von dieser besseren Zeit hätten. So mutierte denn Marx' Lehre nach ihm zur Revolutionsanleitung: auf welchen Abkürzungen und mit welchen Mitteln und Kniffen sich die Revolution möglichst bald herbeiführen lasse.

12. Sozialdemokratische Orthodoxie und Revisionismus

Nach *Engels'* Tod übernahm *Karl Kautsky (1854-1938)* dessen Rolle als führende sozialdemokratische Autorität für das Marx-Engelsche Werk. In Fortsetzung von *Engels* schrieb er die Marxsche Theorie als Orthodoxie fest. Dies galt insbesondere für den Wissenschaftlichkeitsanspruch und den historischen Determinismus. Kautsky betonte allerdings im Unterschied zu *Engels*, der dieses Problem in seinen Schriften nicht weiter gewürdigt hatte, dass die Überwindung des kapitalistischen Systems durch Mehrheitsbeschlüsse und im Rahmen einer parlamentarischen Verfassung erfolgen müsse. Damit sprach er dem Parlament einen wichtigen Rang als Ort der Klassenauseinandersetzung zu. Die sozialdemokratische Partei habe in diesem Prozess die Aufgabe, die Massen im Sinne von *Marx* und *Engels* zu erziehen und sie für ihre Rolle nach der sozialistischen Revolution vorzubereiten. Die Übernahme politischer Verantwortung im bürgerlichen Staat lehnte Kautsky ab. Die politische Botschaft lautete, als politische Opposition solange am Staat teilzunehmen, bis der Arbeiterpartei in den Wahlen die Macht zufiel. Danach sollte der Staat solange den Interessen der arbeitenden Klasse gehorchen, bis auf staatliche Institutionen überhaupt verzichtet werden konnte.

Die Aufgaben der Partei mussten nach Kautsky zu einem wesentlichen Teil von der Parteiführung wahrgenommen werden. Allein die Parteiführung mit ihrem Potential an politischer und Organisationserfahrung und wissenschaftlicher Ausbildung im Marxschen Denken war dazu befähigt, die politisch-gesellschaftliche Analyse zu leisten. Die nachrangigen Funktionäre und die einfachen Mitglieder hatten demgegenüber die Pflicht, die Anweisungen und Erkenntnisse der Parteiführung zu studieren und werbend in der Arbeiterklasse zu verbreiten. Ähnliche Überlegungen spielten später in der Leninschen Konzeption der *revolutionären Kaderpartei* eine Rolle.

12. Sozialdemokratische Orthodoxie und Revisionismus

> „Ebenso unvermeidlich und durch die ökonomische Entwicklung mit Naturnotwendigkeit herbeigeführt, wie das Erstehen der *Arbeiterbewegung* ist die Bildung einer *Arbeiterpartei*. Nicht minder unvermeidlich aber ist es, daß diese schließlich den *Sieg über die anderen Parteien* davontragen wird. Denn das Proletariat nimmt ununterbrochen stetig an Kraft zu, indes die besitzenden Klassen immer schwächer werden. Dieser Sieg ist nur eine Frage der Zeit."
>
> *Karl Kautsky* und *Bruno Schoenlank*: Grundsätze und Forderungen der Sozialdemokratie, 4. Aufl., Berlin: Vorwärts 1907, S. 21.

Die politische Konsequenz Kautskys war der blanke Attentismus, das Warten auf den Zusammenbruch des kapitalistischen Systems. Die Partei war dazu verurteilt, das mit Gewissheit kommende Utopia zu predigen, während der Zusammenbruch der bürgerlichen Herrschaft trotz aller Erfolge der Sozialdemokratie an den Wahlurnen auf sich warten ließ. Die Partei verlor sich im politisch-parlamentarischen Alltagsgeschäft in der Wiederholung kanonisierter politischer Inhalte.

An dieser Haltung rieb sich ein Teil der sozialdemokratischen Führer, die später so genannten Revisionisten um *Eduard Bernstein (1850-1932)*. Bernstein vertrat jenen Teil der Sozialdemokratie, der die Verweigerungshaltung gegenüber dem bürgerlichen Staat kritisierte, weil sie schnelle Verbesserungen im Interesse der arbeitenden Menschen verhindere. Orthodoxe Sozialdemokraten, vor allem im preußischen Gliedstaat, kritisierten scharf, dass einige sozialdemokratische Landtagsfraktionen in Süddeutschland schon um die Jahrhundertwende den Haushaltsentwürfen ihrer Staatsregierungen zugestimmt hatten. Das zentrale Bernsteinsche Argument gegen Kautsky war keine bloß pragmatische Überlegung. Bernstein meinte mit den von den Orthodoxen so geschätzten wissenschaftlichen Methoden nachweisen zu können, dass die Grundaussagen der Marxschen Verelendungstheorie nicht zuträfen. Zweifel an der Unausweichlichkeit kontinuierlicher Verelendung mussten gleichzeitig Zweifel an der Gewissheit der kommenden Revolution wecken.

Bernstein hatte als Sohn eines preußischen Bahnbediensteten eine Banklehre absolviert. Später – unter den Sozialistengesetzen – ging er nach London, wo er das sozialdemokratische Parteiorgan redigierte. Er arbeitete also lange in wichtiger Funktion in sozialdemokratischen Führungsgremien. Seine englischen Erfahrungen, wohl auch die Beobachtung der englischen Arbeiterbewegung und ihre Erfolge im parlamentarischen System, gaben die Impulse für seine Kritik. Anhand des empirischen Studiums der Preußischen Statistischen Jahrbücher wies Bernstein nach, dass es den Arbeitern trotz des anhaltenden Industrialisierungsprozesses keineswegs immer schlechter ging, sondern dass sich ihre Lebensverhältnisse vielmehr merklich verbessert hatten. Auch die Annahme von der Zerreibung der Mittelschicht im Prozess der Kapitalkonzentration konnte nicht länger aufrechterhalten werden. Im Zuge der wirtschaftlichen Entwicklung waren die Mittelklassen nicht etwa kleiner und ärmer geworden. Der Industrialisierungsprozess ging mit der Gründung und Behauptung einer Vielzahl mittelständischer gewerblicher Existenzen einher. Dies erlaubte nach Bernstein die vollkommene Neubewertung der Selbsterhaltungsfähigkeit des Kapitalismus. Der Zusammenbruch des kapitalistischen Systems war unwahrscheinlich geworden. Bernstein verknüpfte diese Beobachtung mit der Forderung, die SPD müsse ihr Endziel – die sozialistische oder klassenlose Gesellschaft – aufgeben, weil es unerreichbar geworden sei. Sie tue besser daran, sich für soziale Reformen zugunsten der Arbeiter einzusetzen. Nicht mehr die vollständige Beseitigung des Kapitalismus und des bürgerlichen Staates sollte das Ziel der Sozialdemokratie sein, sondern die mit den Mitteln der Demokratie und des Parlamentarismus zu bewirkende Veränderung der gegebenen Gesellschaft.

> „Man wird nun die Frage aufwerfen, ob mit dieser Darlegung die Verwirklichung des Socialismus nicht auf den St. Nimmerleinstag [...] verlegt oder auf viele, viele Generationen hinaus vertagt wird. Wenn man unter Verwirklichung des Socialismus die Errichtung einer in allen Puncten streng communistisch geregelten Gesellschaft versteht, so trage ich allerdings kein Bedenken zu erklären, dass mir dieselbe noch in ziemlich weiter Ferne zu liegen scheint. Dagegen ist es meine feste Ueberzeugung, dass schon die *gegenwärtige Generation* noch die Verwirklichung von *sehr viel Socialismus* erleben wird, wenn nicht in der patentierten Form, so doch in der *Sache*. Die stetige Erweiterung des Umkreises der gesellschaftlichen Pflichten, d. h. der Pflichten und der correspondierenden Rechte der Einzelnen gegen die Gesellschaft, und der Verpflichtungen der Gesellschaft gegen die Einzelnen, die Ausdehnung des Aufsichtsrechts der in der Nation oder im Staat organisierten Gesellschaft über das Wirt-

12. Sozialdemokratische Orthodoxie und Revisionismus

> schaftsleben, die Ausbildung der demokratischen Selbstverwaltung
> [...]
> Ich gestehe es offen, ich habe für das, was man gemeinhin unter
> ‚Endziel des Socialismus' versteht, ausserordentlich wenig Sinn und
> Interesse. Dieses Ziel, was immer es sei, ist mir gar nichts, *die Bewegung alles*. Und unter Bewegung verstehe ich sowohl die *allgemeine Bewegung* der *Gesellschaft*, d. h. den *socialen Fortschritt*, wie die *politische* und *wirtschaftliche Agitation* und *Organisation zur Bewirkung dieses Fortschritts.*"
>
> *Eduard Bernstein*: Zur Theorie und Geschichte des Socialismus. Teil II: Probleme des Socialismus, 4. Aufl., Berlin: Ferd. Dümmler 1904, S. 94f.

Die Preisgabe des sozialistischen Endziels konnte auch als Aufforderung Bernsteins an die SPD verstanden werden, mit den bürgerlichen politischen Kräften zusammenzuarbeiten. So ist das berühmte Bernsteinsche Diktum zu werten: „Das Ziel [...] ist mir gar nichts, die Bewegung alles". Das Ziel bezeichnet hier das Endziel; die Bewegung beschreibt den Fortschritt bei der Umsetzung der sozialpolitischen Forderungen der Arbeiterschaft.

In der Demokratisierung von Staat und Gesellschaft sah Bernstein ein Mittel, um den Unterdrückungs- und Ausbeutungscharakter des kapitalistischen Systems allmählich zu verändern. Bernstein hält nichts vom hochzentralisierten Staat und zieht die staatliche Aufgabenbewältigung in kleinen, überschaubaren, föderativ miteinander verbundenen Einheiten vor. Seine Auffassung wurde als revisionistisch verworfen. Er selbst stand am Rande des Parteiausschlusses. Trotz aller Empörung in führenden Parteikreisen hatte Bernstein zum Zeitpunkt dieses sogenannten Revisionismusstreits inhaltlich längst über die Orthodoxen gesiegt. Die Orthodoxie beschränkte sich auf Dokumente und programmatische Verlautbarungen. In der politischen Praxis verhielt sich auch die Parteiführung revisionistisch, d.h. sie öffnete sich zunehmend für eine Politik der Reformen und stellte das Endziel der klassenlosen Gesellschaft hintan. Im Rückblick wird deutlich, dass Bernstein die erfolgversprechendere Perspektive für die Sozialdemokratie aufgezeigt hat. Die Revisionismusdebatte löste heftige Diskussionen in der deutschen und internationalen Sozialdemokratie aus. Eine diametral entgegengesetzte Position zu Bernstein vertrat *Rosa Luxemburg*.

Auch *Rosa Luxemburg (1871-1919)* kritisierte die SPD des wilhelminischen Deutschland. Die Partei sei sklerotisch geworden. Die Marx/Engelsche Weltanschauung spiele in der Partei keine Rolle mehr. Die SPD verwalte sich nur noch selbst. Wichtiger als alle Auseinandersetzungen um Orthodoxie oder Revisionismus sei es, das Proletariat auf die endgültige Auseinandersetzung im Klassenkampf vorzubereiten, es in seiner Kampfbereitschaft zu stählen und ihm das Bewusstsein seiner Macht zu vermitteln.

> „Wir haben im vorigen in wenigen knappen Zügen die Geschichte des Massenstreiks in Rußland zu skizzieren gesucht. Schon ein flüchtiger Blick auf diese Geschichte zeigt uns ein Bild, das in keinem Strich demjenigen ähnelt, welches man sich bei der Diskussion in Deutschland gewöhnlich vom Massenstreik macht. Statt des starren und hohlen Schemas einer auf Beschluß der höchsten Instanzen mit Plan und Umsicht ausgeführten trocknen politischen ‚Aktion' sehen wir ein Stück lebendiges Leben aus Fleisch und Blut, das sich gar nicht aus dem großen Rahmen der Revolution herausschneiden läßt, das durch tausend Adern mit dem ganzen Drum und Dran der Revolution verbunden ist. [...]
> Der Massenstreik ist bloß die Form des revolutionären Kampfes [...]. Dabei hört die Streikaktion selbst fast keinen Augenblick auf. Sie ändert bloß ihre Formen, ihre Ausdehnung, ihre Wirkung. Sie ist der lebendige Pulsschlag der Revolution und zugleich ihr mächtigstes Triebrad."

Rosa Luxemburg: Massenstreik. Partei und Gewerkschaften, Leipzig: Vulkan-Verlag 1919. S. 30f.

Die Erfahrung der Solidarität im Streik sei das probate Mittel für den Kampf des Proletariats. So würde nicht nur der unmittelbare Klassengegner, der Kapitalist, getroffen, sondern auch die staatliche Bürokratie, die nur ohnmächtig auf die Verweigerung der Bevölkerungsmassen reagieren könne.

Eine weitere politikstrategische Reaktion auf das Dilemma der Sozialdemokratie stellte der Austromarxismus dar. Diese Denkrichtung, die u.a. mit Namen wie *Rudolf Hilferding (1877-1941)* und *Max Adler (1873-1937)* verbunden ist, gibt anders als der Revisionismus das sozialistische Endziel nicht auf. Sie vertritt aber die Auffassung, praktische Reformpo-

12. Sozialdemokratische Orthodoxie und Revisionismus

litik zum Nutzen der arbeitenden Klassen sei für die Sozialdemokratie eine wichtige Vorbereitung auf die spätere Selbstverwaltung der Arbeiterklasse. Daneben lehnt der Austromarxismus die gewachsenen Strukturen des entwickelten kapitalistischen Systems nicht pauschal ab. Er ist vielmehr von deren Nutzen für eine spätere, schon nicht mehr kapitalistische Gesellschaft überzeugt. Die kapitalistischen Industriekonzerne stellten die modernsten und leistungsfähigsten wirtschaftlichen Einheiten dar. Eine nachkapitalistische Gesellschaft könne gar nicht umhin, diese Innovationen für sich zu nutzen. Hilferding skizziert den Übergang vom Kapitalismus zum Sozialismus in einer seiner Schriften folgendermaßen: Zunächst erobert die Arbeiterklasse auf demokratischem Wege die Macht. Daraufhin räumen die kapitalistischen Manager ihre Sessel und werden durch Beauftragte der Arbeiterklasse ersetzt. Die austromarxistische Position hatte eine stärkere Affinität zum Revisionismus als zur orthodoxen sozialdemokratischen Endzielvorstellung. Der revisionistische Sozialismus, später als sozialdemokratischer Reformismus bezeichnet, wurde nach und nach zunächst in der Praxis, dann auch programmatisch von allen anderen sozialdemokratischen Parteien rezipiert.

Die hier nur grob skizzierte Strategiedebatte in der deutschen Sozialdemokratie hatte mit den großen philosophischen Entwürfen von *Marx* nichts mehr zu tun; auch nicht mit denen des undifferenzierten Szientismus der frühen positiven Wissenschaften, wie *Engels* ihn repräsentiert hat. Das ist die eine Lehre, die aus der Betrachtung dieser Debatte gewonnen werden kann. Die andere ist die, dass zwischen dem Postulat innerorganisatorischer Demokratie und der Realität der Funktionärsherrschaft eine deutliche Differenz besteht. Die Hoffnung auf Revolution und grundlegende Besserung in der fernen Zukunft hat für Menschen wenig Anziehungskraft, die von der Politik greifbare Leistungen erwarten, welche ihnen und ihren Kindern zugute kommen.

📖 **Literatur:**

Karl Kautsky und *Bruno Schoenlank*: Grundsätze und Forderungen der Sozialdemokratie, 4. Aufl., Berlin: Vorwärts 1907.

12. Sozialdemokratische Orthodoxie und Revisionismus

Eduard Bernstein: Zur Theorie und Geschichte des Socialismus. Teil II: Probleme des Socialismus, 4. Aufl., Berlin: Ferd. Dümmler 1904.

Rosa Luxemburg: Massenstreik. Partei und Gewerkschaften, Leipzig: Vulkan-Verlag 1919.

Till Schelz Brandenburg: Eduard Bernstein und Karl Kautsky, Köln: Böhlau 1992.

Bo Gustafsson: Marxismus und Revisionismus. Eduard Bernsteins Kritik der Marxismus und ihre ideengeschichtlichen Voraussetzungen, Frankfurt/M.: Europäische Verlagsanstalt 1972.

Horst Heimann und *Thomas Meyer*: Bernstein und der demokratische Sozialismus, Berlin : Dietz 1978.

Walter Holzheuer: Karl Kautskys Werk als Weltanschauung, München: C.H. Beck 1972.

Thomas Meyer: Bernsteins konstruktiver Sozialismus. Eduard Bernsteins Beiträge zur Theorie des Sozialismus, Berlin: Dietz 1977.

13. Lenin

13.1 Historischer Kontext

Die russische Sozialdemokratie war bis gegen Ende des Ersten Weltkriegs die kleinste und unbedeutendste sozialistische Partei Europas. Sie agierte in einem Land, das nur einige, sehr kleine Inseln anfangender Industrialisierung aufwies, so in Moskau und St. Petersburg. Sie bestand im Wesentlichen aus Intellektuellen. Die spärliche russische Fabrikarbeiterschaft war noch unorganisiert. Politische Betätigung in Parteien und Organisationen war in Russland generell verboten. Bis 1905 war Russland das einzige europäische Reich, in dem es nicht einmal eine Verfassung gab. Die Sozialdemokraten entzogen sich dem Zugriff der politischen Polizei durch Flucht ins ausländische Exil, um von dort ihre Tätigkeit gegen das Zarenregime fortzusetzen. Viele von ihnen hatten zuvor aus der sibirischen Verbannung flüchten können. Die Marxsche Theorie brachte die Führer der Sozialdemokratie in ein Dilemma. Sie agierten als politische Kraft in einem Staat, der nach allen objektiven Kriterien und nach ihrer eigenen Auffassung ganz der feudalistischen Gesellschaftsformation verhaftet war. Ein kapitalistisches Bürgertum, das diese Bezeichnung einigermaßen verdient hätte, gab es noch nicht. Russland war in den Augen der europäischen Demokraten so reaktionär, dass sich mit dem Blick auf Russland nach einiger Zeit sogar die SPD für die Landesverteidigung aussprach. Ein Sieg Russlands hätte aus ihrer Sichtweise einen historischen Rückschritt bedeutet – selbst für das wilhelminische Deutschland.

Vor diesem Hintergrund trat *Georgi W. Plechanow (1856-1918)*, der Vater des russischen Sozialismus, dafür ein, dass die heimische Sozialdemokratie erst einmal auf die Fortentwicklung des kapitalistischen Systems hinarbeiten müsse, bevor in einem nächsten Schritt an dessen Beseitigung zu denken sei. Dies war ganz konsequent vom Marxschen Ansatz her gefolgert, dass in der Abfolge der gesellschaftlichen Formationen keine Gesellschaft eine Epoche überspringen könne. Deshalb stellte *Plechanow* der russischen Sozialdemokratie die Aufgabe, im Bündnis mit dem russischen Bürgertum die Errichtung eines Parlaments und die kapitalistische Umgestaltung des Landes zu betreiben. Diese systemlogische Argumentation war theoretisch und abstrakt. In Russland gab es weder zu diesem noch zu einem späteren Zeitpunkt ein industrielles Bürgertum. Die bis zur Revolution von 1917 ins Werk gesetzte Industrialisierung ging nicht auf private Initiative, sondern hauptsächlich auf die Investitionstätigkeit der Regierung und der in Russland operierenden ausländischen Unternehmen zurück.

Eine zweite Belastung der russischen Sozialdemokratie ergab sich aus der Tatsache, dass sie nach Aufhebung der Sozialistengesetze im Deutschen Reich die einzige europäische Sozialdemokratie blieb, die in der Illegalität operieren musste. Die Repression der zaristischen Polizei verhinderte eine kontinuierliche und effektive Parteiarbeit. Im Unterschied zu den Sozialdemokraten anderer europäischer Länder waren die russischen Sozialisten gezwungen, ihre Tätigkeit konspirativ zu gestalten. Die daraus entstehende Mentalität zeigt sich deutlich in der Leninschen Parteilehre.

Eine weitere Konsequenz der Verhältnisse war die Tatsache, dass die führenden Köpfe der russischen Sozialdemokratie im Exil endlose theoretische Debatten führten. Triviale persönliche Differenzen wurden zu ideologischen Grundsatzauseinandersetzungen hochstilisiert. Die Partei wies die typischen Symptome exilierter, jeglicher politische Bedeutung entbehrender Gruppierungen auf. An der ersten Russischen Revolution von 1905 waren die russischen Sozialdemokraten nur am Rande beteiligt. Noch vor der Revolution von 1905 hatten sich die Sozialdemokraten in einen menschewistischen und einen bolschewistischen Flügel gespalten. Bei einer Abstimmung über die Besetzung der Redaktion der Parteizeitung *Iskra* (Funken) im Londoner Exil (1903) erlitt die bis dahin beherrschende Strömung in der Partei eine Abstimmungsniederlage. Wichtigster Exponent der siegreichen, radikalen Fraktion (Bolschewisten) war Lenin, der daraufhin die ehemals minoritäre Position zur innerparteilich beherrschenden ausbaute. Die unterlegenen Menschewisten ließen sich in ihren Vorstellungen von der Parteistruktur und der Programmatik der westeuropäischen Sozialdemokratien leiten.

13.1 Historischer Kontext

Wladimir Iljitsch Uljanow (1870-1924), der später nur noch seinen für die Illegalität bestimmten Namen *Lenin* (nach dem sibirischen Strom Lena) benutzte, gelangte dank der politischen Turbulenzen während des Ersten Weltkriegs an die Spitze des russischen Staates. Die Eroberung des zaristischen Staates durch die bolschewistische Partei Lenins ist oft beschrieben worden. Einige Schlagworte mögen genügen: Russland steckte in den militärischen Auseinandersetzungen des Ersten Weltkriegs auch dann noch vernichtende Niederlagen und Territorialverluste ein, als an der Westfront bereits klar wurde, dass das Deutsche Reich der Entente nicht gewachsen war. Die russische Kriegswirtschaft versagte; die Versorgungslage, vor allem in den wenigen Großstädten, nahm 1916 so prekäre Ausmaße an, dass es zu Streiks und Hungeraufständen kam. In dieser Situation sahen sich die russischen Sozialdemokraten vor der Herausforderung, die Steuerung der revolutionären Energien kein zweites Mal – wie 1905 – an sich vorübergehen zu lassen. Durch gezielte Agitation wurde die Volksempörung geschürt. Gleichzeitig überboten Lenins Bolschewiki die menschewistische Richtung an Radikalität und demagogischem Eifer. Das Ergebnis war ein Massenaufstand in der Hauptstadt Petrograd (vormals St. Petersburg), dem die Regierung sich im Februar 1917 geschlagen geben musste.

In der Nachfolge des Zarenregimes hatte sich unter dem Liberalen Aleksandr F. Kerenskij eine provisorische Regierung etabliert, die den Anspruch erhob, für ganz Russland zu sprechen. Faktisch beschränkte sich ihre Macht allerdings auf einige Truppeneinheiten in der Hauptstadt und in der Umgebung. Weitere Truppeneinheiten und die bewaffnete Arbeiterschaft Petrograds fügten sich dem Kommando der Provisorischen Regierung nicht. Sie gehorchten vielmehr örtlichen Sowjets. Bei diesen Arbeiter- und Soldatenräten handelte es sich um von den Bolschewiki kontrollierte Delegiertenversammlungen in Betrieben und Truppeneinheiten. Als es im weiteren Verlauf des Jahres 1917 zwischen der Provisorischen Regierung und den Bolschewiki zu einer Auseinandersetzung über die weitere Unterstützung der Westalliierten kam, fegte Lenin die Provisorische Regierung kurzerhand beiseite. Auch die gewählte Konstituante, die verfassungsgebende Versammlung für das postzaristische Russland, die in halbwegs freien Wahlen zustande gekommen war, wurde von Lenin aufgelöst, als sie zum Hindernis für seine Pläne wurde. Sie wurde mehrheitlich von den Menschewiken und den Sozialrevolutionären (Vertreter einer Art Bauernpartei) kontrolliert.

Lenin wurde als Sohn eines zaristischen Schulbeamten in der Uralregion geboren. Unter gewissen Schwierigkeiten – sein älterer Bruder war in ein Attentat auf den Zaren verwickelt und deshalb hingerichtet worden – nahm er ein Jurastudium auf. Dieses brachte er aber nicht zu Ende, da er wegen politischer Betätigung von der Hochschule verwiesen wurde. Lenin lebte fortan das Leben eines Berufsrevolutionärs – teils verdeckt in Russland, die meiste Zeit aber in Großbritannien, in Deutschland und in der Schweiz. Erst nach dem Sturz des Zaren kehrte Lenin 1917 nach Russland zurück.

13.2 Die Revolutionstheorie

Lenins Werk umfasst drei Komponenten: die Revolutionsanalyse, die Parteilehre und die Staatstheorie. Seine Revolutionsanalyse weicht vom Attentismus der sozialdemokratischen Orthodoxie ab. Lenin gibt sich nicht damit zufrieden, den Tag des revolutionären Großereignisses in eine unbestimmte Zukunft zu verschieben. Er will den Lauf der Ereignisse bestimmen. Nun hatte er das Problem, dass Russland ganz offensichtlich nicht dafür prädestiniert war, eine wichtige Rolle bei der Beseitigung des Kapitalismus zu spielen. Das Land war rückständig, es verfügte über keine nennenswerten Industrien und war schon deshalb nicht kapitalistisch. Es hinkte den großen Industrieländern mit einer starken Arbeiterbewegung weit hinterher. Die sozialdemokratische Orthodoxie zog daraus den Schluss, in Russland habe die Sozialdemokratie bei gesellschaftlichen Veränderungen zunächst der Kapitalistenklasse den Vortritt zu lassen. Lenin hielt dagegen, von den großen, scheinbar mächtigen sozialdemokratischen Parteien der westeuropäischen Industrieländer sei wenig revolutionärer Elan zu erwarten. Die Parteien dort seien verapparatet und vielfach stärker an ihrem organisatorischen Bestand als an revolutionären Veränderungen interessiert. Zu viele Interessen verknüpften sie bereits mit dem bürgerlichen Staat, der ihnen eine legale Betätigung erlaube. Auch mache es wenig Sinn, wenn die sozialdemokratischen Parteien ausgerechnet dort die Revolution probten. Der Repressionsapparat Deutschlands, Englands oder Frankreichs funktioniere so perfekt, dass der Aus-

13.2 Die Revolutionstheorie

gang vorzeitig vom Zaun gebrochener Machtproben eine zumindest ungewisse Angelegenheit sei. Lenin führt hier eindeutig feststellbare Merkmale der europäischen Sozialdemokratien gegen eine Kernbehauptung der Marxschen Lehre ins Feld.

Lenin entwickelt dagegen seine These vom „schwächsten Glied" in der Kette kapitalistischer Staaten. Gerade in den noch nicht industrialisierten, rückständigen Großreichen am Rande Europas und in Asien sei der staatliche Repressionsapparat unzulänglich. Hier spricht Lenin aus eigener Erfahrung. Darum sei es einer entschlossenen, klug taktierenden Gruppe sozialistischer Revolutionäre dort möglich, das in Teilen bereits morsche feudalistische Herrschaftsgefüge bei passender Gelegenheit zum Einsturz zu bringen. Die Initialzündung für die kommende weltweite Revolution müsse von Russland und China ausgehen. Zumindest bei diesen Gedankengängen zeigt sich Lenin als Marxist. Die schwächsten Glieder der Kette brechen zuerst. Die eigentliche Funktion der Revolution in rückständigen Ländern könne es aber nur sein, dem Industrieproletariat in den entwickelteren kapitalistischen Ländern vor Augen zu führen, dass die Revolution kein auf immer aufgeschobenes Ereignis, sondern eine konkrete politische Möglichkeit bedeute.

„Die Entwicklung des Kapitalismus geht höchst ungleichmäßig in den verschiedenen Ländern vor sich. [...] Daraus die unvermeidliche Schlußfolgerung: Der Sozialismus kann nicht gleichzeitig in *allen* Ländern siegen. Er wird zuerst in einem oder einigen Ländern siegen, andere werden für eine gewisse Zeit bürgerlich oder vorbürgerlich bleiben." ...
„Was geschieht, wenn man in einer eisernen Kette, die nötig ist, um eine Belastung von, sagen wir, 100 Pud auszuhalten – *eines* der Glieder dieser Kette mit einem hölzernen vertauscht?
Die Kette reißt.
Die Stärke oder Unversehrtheit aller anderen Glieder der Kette außer diesem einen retten die Sache nicht. Reißt das hölzerne Glied, so reißt die ganze Kette.
In der Politik ist es genauso." ...
„Rußland hat in der Entwicklung der Produktivkräfte noch nicht die Höhe erreicht, bei welcher der Sozialismus möglich wäre.' Mit diesem Leitsatz tun sich alle Helden der II. Internationale [...] wichtig, als wäre es der Stein der Weisen. [...]

Wie aber, wenn die Eigentümlichkeit der Situation Rußland erstens in den imperialistischen Weltkrieg hineinstellte, in den alle einigermaßen einflußreichen westeuropäischen Länder verwickelt waren, und zweitens seine Entwicklung an der Grenze der beginnenden und teilweise bereits begonnenen Revolutionen des Ostens in Verhältnisse versetzte, unter denen wir gerade jene Verbindung eines ‚Bauernkriegs' mit der Arbeiterbewegung verwirklichen konnten, von der [...] Marx im Jahre 1856 in bezug auf Preußen geschrieben hatte?
Wie aber, wenn die völlige Ausweglosigkeit der Lage, wodurch die Kräfte der Arbeiter und Bauern verzehnfacht wurden, uns die Möglichkeit eines anderen Übergangs eröffnete, um die grundlegenden Voraussetzungen der Zivilisation zu schaffen, als in allen übrigen westeuropäischen Staaten? Hat sich denn dadurch die allgemeine Linie der Entwicklung der Weltgeschichte geändert? [...]
Wenn zur Schaffung des Sozialismus ein bestimmtes Kulturniveau notwendig ist (obwohl niemand sagen kann, wie dieses bestimmte ‚Kulturniveau' aussieht [...]), warum sollten wir also nicht damit anfangen, auf revolutionärem Wege die Voraussetzungen für dieses bestimmte Niveau zu erringen, und *dann* schon, auf der Grundlage der Arbeiter- und Bauernmacht und der Sowjetordnung, vorwärtsschreiten und die anderen Völker einholen."

Alle Zitate aus *Wladimir Iljitsch Lenin*: Werke, 42 Bde., Berlin: Dietz 1968ff, im einzelnen: Das Militärprogramm der proletarischen Revolution, Bd. 23, S. 74; Die Stärke der Kette wird durch das schwächste Glied bestimmt, Bd. 24, S. 522; Über unsere Revolution, Bd. 33, S. 464f.

Einen weiteren Vorteil der russischen Sozialdemokratie sah Lenin in dem Umstand, dass die russische Partei in der Illegalität und im Exil nicht habe verapparaten können. Das versetze sie in die Lage, viel flexibler, disziplinierter und schneller auf politische Ereignisse zu reagieren, als dies die legalen sozialistischen Massenparteien in den Industriemetropolen könnten.

Lenins Revolutionskonzept ist eher voluntaristisch geprägt als durch den Historischen Materialismus beeinflusst. Voluntaristisch meint dabei in marxistischer Diktion den Drang, die Dinge ohne Rücksicht auf objektive Gegebenheiten verändern zu wollen. Die orthodoxe sowjetische Geschichtsschreibung hat immer wieder sorgsam zwischen den beiden Revolutionen des Jahres 1917, der Februarrevolution und der Oktoberrevolution unterschieden. Lenin bezeichnete nach seiner Ankunft in Petrograd die Abdankung des Zaren als eine bürgerliche Revolution, die den Feudalismus beseitigt habe. In der Tat waren bürgerliche Politiker an die Stelle des Autokraten und seiner Beamten getreten. Bereits rund acht Monate später erklärte Lenin die Beseitigung der bürgerlichen Provisorischen Regierung zu einer sozialistischen Revolution. Diese sei von Petrograder Industriearbeitern durchgeführt worden, die sozialdemokratische Politiker an die Stelle der verjagten bürgerlichen Politiker gesetzt hätten. Diese Charakterisierung zeitlich nicht weit auseinander liegender Vorgänge als eine Revolution nach Marxschen Kriterien kann nicht überzeugen. Zwar hatten sich im Russland des Jahres 1917 zweimal die Herrschaftsverhältnisse grundlegend gewandelt. Die Staatsform hatte ebenso wie die Legitimation der jeweilig Herrschenden gewechselt. Die wirtschaftliche Situation und die Klassenstruktur Russlands waren am Ende des Jahres 1917 aber die gleichen wie zu Beginn dieses Jahres. Indem Lenin den Charakter der Revolution allein nach der politischen Kraft bemaß, die sie ausgelöst hatte, hatte er den von *Marx* und *Engels* gebrauchten Revolutionsbegriff formalisiert. Die von Lenin so bezeichneten Revolutionen waren faktisch die Ergebnisse politischer Intrigen, politischen Drucks, des Weltkriegs und entsprechender internationaler Konstellationen. Den Wirkungszusammenhang von Basis und Überbau – um im marxistischen Jargon zu bleiben – setzte Lenin mit der beliebigen Etikettierung von Regierungs- und Machtwechseln als Revolutionen außer Kraft. Lenin selbst erklärte dazu, *Marx* habe nirgends festgelegt, wie groß die Zeitspanne beim Übergang vom Kapitalismus zum Sozialismus sein müsse. Dies war die Antwort eines Advokaten auf ein fundamentales Theorieproblem des Marxismus. Der reduktionistische Revolutionsbegriff Lenins kaschiert im Grunde genommen den Willen einer klug und geschlossen geführten Organisation, ihr Streben nach politischer Macht mit den Begriffen einer Weltanschauung zu legitimieren.

13.3 Die Parteilehre

Lenins Parteilehre hängt auf das engste mit den Bedingungen politischer Oppositionsarbeit im zaristischen Russland zusammen. Sie ist unter anderem von der internen Diskussion der Exilsozialdemokraten über den Organisationscharakter ihrer Partei geprägt. Eine Gruppierung, der auch Lenin angehörte, plädierte dafür, die Partei müsse so organisiert sein, dass sie ihre Weiterexistenz auch in der Illegalität sichern könne. Eine andere Strömung vertrat die Auffassung, die russische Sozialdemokratie solle sich ähnlich wie die übrigen europäischen Sozialdemokratien als Massenpartei organisieren, die auch enge Verbindungen zu sozialistischen Gewerkschaften unterhalte. Nach Lenins Ansicht war das Konzept der Massenpartei mit den Bedingungen des revolutionären Kampfes nicht vereinbar. Die Massenpartei lasse sich zu sehr auf das Wohlwollen des Staates ein, der ja ihre Existenz qua Gesetz oder Richterbeschluss jederzeit beenden könne. Eine große Partei mit eigenen Angestellten, Druckereien und Abgeordneten würde dieses Risiko in ihre Planungen mit einbeziehen. In einer verwalteten Massenpartei verkümmerten Elan, Spontaneität und Kreativität.

Der willige, politisierte Proletarier sei in seiner Arbeits- und Lebenssituation nicht fähig, geschichtliche Kenntnisse zu erwerben oder zu verarbeiten, geschweige denn marxistische Theorie zu beherrschen. Der Marxismus sei aber eine Wissenschaft, die nur durch ein genaues Studium der aktuellen und vergangenen Politik prognostizieren könne, wohin sich der Lauf der Weltereignisse bewege. Der Zusammenbruch des Kapitalismus vollziehe sich gleichsam *naturgesetzlich*, unabhängig vom Wollen einer Mehrheit der Arbeiterklasse. Das entschlossene Wirken disziplinierter Berufsrevolutionäre könne jedoch an gewissen Punkten den historischen Prozess beschleunigen.

Lenin lehnt das demokratische Prinzip ab. Er traut den Arbeitern, wie er es in einer seiner charakteristischen polemischen Wendungen ausdrückt, lediglich *trade unionistisches* Bewusstsein zu. Die historische Mission der Arbeiterklasse unterscheidet sich von den Alltagsbedürfnissen der Arbeiter. Zwar gesteht Lenin den Arbeitern und ihren Gewerkschaften das Recht zu, ihre materiellen Interessen in Arbeitskämpfen und politischen Auseinandersetzungen zu verfolgen. Im Vordergrund muss aber die Aufgabe stehen, Klassengegensätze zu analysieren, die Zuspitzung der Klassensituation zu erkennen und jede politische Chance zu nutzen, die bürgerliche Herrschaft zu schwächen.

„Worin bestand der Ursprung unserer Meinungsverschiedenheiten? Nun, gerade darin, daß die Ökonomisten sowohl bei den organisatorischen als auch bei den politischen Aufgaben ständig vom Sozial-

13.3 Die Parteilehre

> demokratismus zum Trade-Unionismus abgleiten. Der politische Kampf der Sozialdemokratie ist viel umfassender und komplizierter als der ökonomische Kampf der Arbeiter gegen die Unternehmer und die Regierung. Genauso (und infolgedessen) muß die Organisation der revolutionären sozialdemokratischen Partei unvermeidlich *anderer Art* sein als die Organisation der Arbeiter für diesen Kampf. Die Organisation der Arbeiter muß erstens eine gewerkschaftliche sein; zweitens muß sie möglichst umfassend sein; drittens muß sie möglichst wenig konspirativ sein (ich spreche natürlich hier und weiter unten nur vom autokratischen Rußland). Die Organisation der Revolutionäre dagegen muß vor allem und hauptsächlich Leute erfassen, deren Beruf die revolutionäre Tätigkeit ist (darum spreche ich auch von der Organisation der *Revolutionäre*, wobei ich die revolutionären Sozialdemokraten im Auge habe). Hinter dieses allgemeine Merkmal der Mitglieder einer solchen Organisation *muß jeder Unterschied zwischen Arbeitern und Intellektuellen*, von den beruflichen Unterschieden der einen wie der anderen ganz zu schweigen, *völlig zurücktreten*. Diese Organisation muß notwendigerweise nicht sehr umfassend und möglichst konspirativ sein."

Wladimir Iljitsch Lenin: Was tun?, in: Werke Bd. 5, 5. Aufl., Berlin: Dietz 1971, S. 468.

Lenins Parteilehre hebt darauf ab, dass die Parteiführung die von ihr festgestellten Handlungserfordernisse reibungs- und widerspruchslos durchsetzen kann. Die Partei als Vorhut des Proletariats wird als politische Kampforganisation aufgefasst, die nach militärischen Grundsätzen organisiert ist und entsprechend operiert. Das Prinzip des *Demokratischen Zentralismus* ist kein simples Diskussionsverbot. Die Organisationswirklichkeit sozialistischer Staaten zeigte vielmehr, dass jede innerparteiliche Diskussion über ein Problem beendet war, sobald die höchsten Parteiorgane einen einschlägigen Beschluss gefasst hatten. 1922 setzte Lenin in der KPdSU zudem das sogenannte Fraktionsverbot durch. Es untersagt den Parteimitgliedern, nach Beschlussfassung der höchsten Parteiorgane auf einer abweichenden Minderheitsmeinung zu beharren.

Die Partei ist das wichtigste Instrument in der Klassenauseinandersetzung mit dem Staat. Im Verhältnis zur Partei haben andere sozialistische Organisationen lediglich ergänzenden Charakter. So bezeichnet Lenin die Gewerkschaften als Schulen des Kommunismus. Dies bedeutet, dass gewerkschaftliche Arbeit vor allem der Rekrutierung von Parteimitgliedern dient. Ferner vermitteln gewerkschaftliche Auseinandersetzungen, Streiks und Demonstrationen den Arbeitern die Erfahrung, wo ihr Gegner steht und wie sie sich seiner erwehren können – durch Solidarität und Auflehnung. Die Gewerkschaften sind grundsätzlich dem politischen Primat der Partei untergeordnet.

13.4 Die Staatstheorie: Diktatur des Proletariats

Kurz vor der Petrograder Oktoberrevolution konzipierte Lenin im benachbarten Finnland seine Staatstheorie. Ein Erfolg der Bolschewiki bei den Machtkämpfen in der russischen Hauptstadt war nicht länger auszuschließen. Bis dahin hatten sich marxistische Theoretiker kaum mit der Frage beschäftigt, was geschehen würde, wenn eine revolutionäre Partei tatsächlich die Kommandohöhen des Staates erobern sollte. In aller Eile erklärte Lenin in der kleinen Schrift *Staat und Revolution* die Diktatur des Proletariats zur sozialistischen Staatslehre. Er lehnte sich dabei stark an die Marxsche Kommuneschrift an.

Die Kritik des bürgerlichen Staates, die Lenin in dieser Schrift vorträgt, hält sich zunächst an die konventionelle marxistische Interpretation des Staates als Instrument der ausbeutenden bürgerlichen Klasse. Demnach nimmt der Staat die gemeinsamen Interessen der Kapitalisten wahr, indem er eine Rechtsordnung aufstellt und durchsetzt, mit der die Eigentums- und Ausbeutungsverhältnisse festgeschrieben werden. Lenin zufolge darf der bürgerliche Staat gegenüber den einzelnen Kapitalisten und Kapitalgruppen nicht zu stark werden. Deshalb sehen die entwickelten bürgerlichen Staaten Parlamentarismus und Gewaltenteilung vor. Der Parlamentarismus schalte in Form der Legislativversammlung einen Filter zwischen Wähler und Regierung. So können keine Entscheidungen gegen die Interessen der im Parlament vertretenen, allesamt dem Kapital verpflichteten Abgeordneten fallen.

Gewaltenteilung und Parlament lehnt Lenin für die Organisation der Arbeiterherrschaft entschieden ab. Zwar nimmt er an, dass der vormalige Staatsapparat nach der Entmachtung der bürgerlichen Klasse in die Hände der Partei der Arbeiterklasse übergeht. Aber er gibt sich nicht der Illusion hin, dass die Repräsentanten und Institutionen der entmachteten

13.4 Die Staatstheorie: Diktatur des Proletariats

Klasse auf den Versuch verzichten werden, die vollzogenen Veränderungen rückgängig zu machen. Die Überbleibsel des bürgerlichen Staatsapparats und der Kapitalistenklasse werden alles daran setzen, die Ergebnisse der Revolution durch Aufstände, Intrigen und mit Hilfe des Auslandes zunichte zu machen.

„Mit anderen Worten: Im Kapitalismus haben wir den Staat im eigentlichen Sinne des Wortes, eine besondere Maschine zur Unterdrückung einer Klasse durch eine andere, und zwar der Mehrheit durch eine Minderheit. [...]
Beim *Übergang* vom Kapitalismus zum Kommunismus ist die Unterdrückung *noch* notwendig, aber es ist das bereits eine Unterdrückung der Minderheit der Ausbeuter durch die Mehrheit der Ausgebeuteten. Ein besonderer Apparat, eine besondere Maschine zur Unterdrückung, ein ‚Staat' ist *noch* notwendig, aber es ist das bereits ein Übergangsstaat, kein Staat im eigentlichen Sinne mehr, denn die Niederhaltung der Minderheit der Ausbeuter durch die Mehrheit der Lohnsklaven *von gestern* ist eine verhältnismäßig leichte, einfache und natürliche Sache, daß sie viel weniger Blut kosten wird als die Unterdrückung von Aufständen der Sklaven, Leibeigenen und Lohnarbeiter, daß sie der Menschheit weit billiger zu stehen kommen wird. Und sie ist vereinbar mit der Ausdehnung der Demokratie auf eine so überwältigende Mehrheit der Bevölkerung, daß die Notwendigkeit einer *besonderen Maschine* zur Unterdrückung zu schwinden beginnt. Die Ausbeuter sind natürlich nicht imstande, das Volk niederzuhalten ohne eine sehr komplizierte Maschine zur Erfüllung dieser Aufgabe, das *Volk* aber vermag die Ausbeuter mit einer sehr einfachen ‚Maschine', ja nahezu ohne ‚Maschine', ohne einen besonderen Apparat niederzuhalten, durch die einfache *Organisation der bewaffneten Massen* (in der Art der Sowjets der Arbeiter- und Soldatendeputierten, sei vorgreifend bemerkt).
Schließlich macht allein der Kommunismus den Staat völlig überflüssig, denn es ist *niemand* niederzuhalten, ‚niemand' im Sinne einer *Klasse*, im Sinne des systematischen Kampfes gegen einen bestimmten Teil der Bevölkerung."

Wladimir Iljitsch Lenin: Staat und Revolution, in: Werke Bd. 25, 2. Aufl., Berlin: Dietz 1970, S. 477f.

Die Diktatur des Proletariats kann auf Zwangsmittel nicht verzichten. Ganz im Gegenteil. Sie muss alle staatliche Macht bündeln. Das Gebot der Stunde heißt nicht mehr Gewaltenteilung, sondern vielmehr Gewaltenkonzentration. Die Diktatur des Proletariats muss mit allen ihr zu Gebote stehenden Mitteln die Gegner der sozialistischen Veränderungen niederkämpfen, potentielle Gegner ausfindig und unschädlich machen sowie vorbeugend alle Maßnahmen treffen, die einer Festigung der eingeführten Herrschaftsform dienen.

Der Grundsatz der Gewalteneinheit in der Leninschen Staatslehre konzentriert alle staatliche Macht – in der staatsrechtlichen Diskussion der Sowjetunion kam dieser Begriff später wieder zu Ehren – in den Händen der Räte (Sowjets). Die Räte haben gleichzeitig legislative, exekutive und judikative Befugnisse. Es bleibt den Räten unbenommen, spezielle Unterorgane oder Ausschüsse zu bilden, die jeweils für Gesetzgebung, Verwaltung oder Rechtsprechung zuständig sind. Die Diktatur des Proletariats zeichnet sich ferner dadurch aus, dass sie den Typus des Berufspolitikers ablehnt und als eine arbeitende Körperschaft agiert. Die Mitglieder der Räte sind auftragsgebundene Delegierte der Beschäftigen in den Betrieben, Verwaltungen und Militäreinheiten. Gewinnen die Wähler den Eindruck, dass die Delegierten ihre Interessen nicht zufriedenstellend vertreten, so haben sie das Recht, ihre Delegierten abzulösen und andere Vertreter zu entsenden. Abgesehen von diesen institutionellen Besonderheiten schlüpft die Diktatur des Proletariats in die Hülle des bürgerlichen Staates. Sie bildet die gleichen Apparate und Institutionen, die bereits die Essenz des bürgerlichen Staates ausmachten. Den Leninschen Überlegungen zufolge soll dieser Staat nun zunächst gekräftigt werden, um sich dann mit seinen wachsenden Erfolgen bei der Absicherung der revolutionären Errungenschaften und beim wirtschaftlichen Aufbau selbst überflüssig zu machen – abzusterben. Die Menschen reifen in diesem Staat zu ethisch hochstehenden, rationalen und gleichwohl gemeinschaftsbezogenen Individuen, so dass sich weitere staatliche Lenkung erübrigt.

13.5 Rezeption und Wirkung

Die Vorstellung, dass Menschen in einem übermäßig starken Staat ausreichend Freiheit und Autonomie entwickeln, um ein Leben ohne staatliche Autoritäten zu erlernen, widerspricht jeder historischen Erfahrung. Immerhin hat Lenin noch vor seinem Tode erkannt, dass die bürokratischen Aspekte der Diktatur des Proletariats eine Gefahr darstellten, die er bis dahin unterschätzt hatte. Diese bürokratischen Aspekte erschlugen, wie spätestens seit dem Aufdecken der Stalinschen Verbrechen bekannt ist, alle emanzipatorischen Vorstellungen, die dem von *Marx* abgeleiteten Denken bis dahin inhärent waren. Die Idee von einer staatlichen Diktatur des Proletariats, wie sie Lenin entwickelt, ist durch die Theorien von *Marx* und *Engels* nicht mehr gedeckt. Lenin gibt die Utopie der Klassenlosigkeit und Staatsfreiheit zugunsten praktischer Handlungszwänge und bewährter staatlicher Mechanismen (Justiz, Polizei, Armee, Verwaltung) auf.

Die Verarbeitung der Marx/Engelschen Ideen durch Lenin und seine Epigonen hat die Geschichte des 20. Jahrhunderts maßgeblich mitgeprägt. Ihre historische Wirkung verdankt sie vor allem der Verkleidung pragmatischer Entscheidungen des Machterwerbs und der Machtsicherung mit Marxschen Begriffen und Zielvorstellungen. Hatte der sozialdemokratische Revisionismus das revolutionäre Ziel einer herrschaftsfreien Gesellschaft und des kompromisslosen Klassenkampfes praktisch aufgegeben, so verbog der Leninismus so ziemlich alle tragenden Elemente der Marxschen Weltanschauung, um den unverhofften Erfolg der russischen Sozialdemokraten im Einklang mit *Marx* interpretieren zu können. Weder das Unterfangen, die proletarische Revolution im rückständigsten Großstaat Europas zu verwirklichen, noch die Reduktion einer als globales Ereignis gedachten sozialistischen Umgestaltung der Gesellschaft auf das Gebilde der Sowjetunion stimmten mit *Marx* und der frühen Sozialdemokratie überein. Lenin rangierte *Marx* nicht weniger drastisch aus als die sozialdemokratischen Revisionisten. Nur hielt er daran fest, *Marx* als Legitimationsquelle zu kultivieren. Dies erleichterte die Abgrenzung vom reformistischen Strom der Sozialdemokratie und rechtfertigte den Aufbau politischer Strukturen, die in der damaligen Welt einzigartig waren. Später genügte dann bereits die Berufung auf Lenins schöpferische Auslegung des Marxismus, um halsbrecherische politische Wendungen als weltanschaulich notwendig zu rechtfertigen.

 **Literatur:**

Wladimir Iljitsch Lenin: Werke, 42 Bde., Berlin: Dietz 1968ff.
Iring Fetscher: Von Marx zur Sowjetideologie, 22 Aufl., Frankfurt/M.: Diesterweg 1987.
Louis Fischer: Das Leben Lenins, 2. Bde. München: DTV 1970.
Robert Service: Lenin. Eine Biographie, München: C.H. Beck 2000.

14. Das politische Denken an der Schwelle zur wissenschaftlichen Disziplin

14.1 Historischer Kontext

Ein in Deutschland allgemein bejubeltes politisches Großereignis im 19. Jahrhundert war die von dem preußischen Ministerpräsidenten Otto von Bismarck 1871 zielstrebig und ohne politische Skrupel herbeigeführte deutsche Einheit. Schauen wir kurz ein paar Jahre zurück: Der durch die politischen Auseinandersetzungen mit dem preußischen Parlament zermürbte König Wilhelm I. ernannte den bisher sorgsam übergangenen Bismarck zum Ministerpräsidenten. Der junkerliche Hardliner sollte den Dauerkonflikt zwischen Krone und Parlament zugunsten der Krone entscheiden – diese Aufgabe löste er mit Bravour. Die nach diesem per Oktroi beendeten Verfassungskonflikt nie verstummte Kritik des liberalen Bürgertums endete schlagartig mit der Reichsgründung. Das Bürgertum bekam nun die 1848/49 verfehlte und doch so lang ersehnte nationale Einheit. Da ließ es sich leicht verschmerzen, dass die Einheit nicht die politische Selbstbestimmung in Gestalt der parlamentarischen Demokratie brachte. Die Reichsverfassung sah einen Bundesrat als föderatives Moment und einen aus allgemeinen Wahlen hervorgehenden Reichstag vor. Die Regierung war nicht vom Vertrauen des Reichstages, sondern vom preußischen König in seiner Eigenschaft als deutscher Kaiser abhängig. Dieser wiederum konnte das Parlament auflösen. Von dieser verfassungspolitischen Möglichkeit machte er auf Anraten des Reichskanzlers denn auch hinreichend Gebrauch.

Dem politischen Gespann Wilhelm I. und seinem Reichskanzler Bismarck war der Parlamentarismus ein Dorn im Auge. Konsequenterweise pflegte Bismarck denn auch einen gouvernementalen Führungsstil bei größtmöglicher Umgehung der Parteien. Er konnte die Parteien auch nicht ignorieren. Aber es gelang ihm immer wieder – aufgrund der un-

14. Das politische Denken an der Schwelle zur wissenschaftlichen Disziplin

überbrückbaren Differenzen zwischen Konservativen und Liberalen –, die Parteien für seine Zwecke zu instrumentalisieren und wechselnde Reichstagsmehrheiten für seine Politik zu gewinnen.

Die Parteien ihrerseits entwickelten sich mit dem seit der Reichsgründung geltenden allgemeinen Wahlrecht für Männer zu Massenparteien, die einer zentralen wie auch regionalen Organisationsstruktur bedurften. Damit setzte in allen Parteien der unaufhaltsame Trend zur Bürokratisierung und Elitenbildung ein. Auf die Staatsbürokratie, die sich aus Adel und Bürgertum rekrutierte, konnten sich Bismarck ebenso wie seine königstreuen Nachfolger verlassen.

Die zunehmende Industrialisierung gefährdete auch in Deutschland die wirtschaftliche und gesellschaftliche Führungsrolle des Adels. Die ostelbischen Großgrundbesitzer gerieten gegenüber dem gewerblich-industriell orientierten Großbürgertum ins finanzielle Hintertreffen. Der verarmende Adel besetzte aber weiterhin die Spitzenpositionen in Militär und Staatsdienst. Der drohende gesellschaftliche Abstieg des preußischen Adels wurde auch dadurch aufgefangen, dass Teile des Großbürgertums dem aristokratischen Lebensstil nacheiferten. Nobilitierungen galten als gesellschaftlicher Aufstieg. Das politische Gewicht des Adels war zu keiner Zeit gefährdet. Er bestimmte weiterhin maßgeblich das politische Geschehen.

Die neue soziale Durchlässigkeit kam insbesondere dem Bürgertum zugute. Mit unternehmerischem Geschick, Fleiß und entsprechender Bildung konnte man es zu etwas bringen. Unterhalb des Bürgertums standen die Verlierer. Auf der Suche nach Arbeit zogen Landarbeiter in die industriellen Ballungszentren. Dort machten sie unliebsame Erfahrungen mit dem städtischen Wohnungselend und der Ausbeutung in Fabriken. Die menschenunwürdigen Arbeits- und Lebensbedingungen der Arbeiterschaft erleichterten ihre politische Organisierung. Sozialistische und sozialdemokratische Ideen fanden Anklang. Sie äußerten sich – sehr zur Bestürzung des Bürgertums und des Adels – in zunehmenden Wahlerfolgen der SPD. In dieser Gemengelage von innenpolitischen Schreckensvisionen – Bismarck impfte dem Bürgertum die Angst vor der *roten Gefahr* ein – und außenpolitischen Erfolgen – die Anerkennung Deutschlands als europäische Großmacht – breitete sich in den besitzenden Klassen eine nationalistische Grundstimmung aus. Nötig erschien ein nach innen wie außen starker, d.h. schützender Staat.

14.1 Historischer Kontext

Als auch die Sozialistengesetze von 1878 den Rückhalt der *vaterlandslosen Gesellen* in der Arbeiterschaft nicht schmälern konnten, versuchte Bismarck die Arbeiterschaft mittels fortschrittlicher Sozialversicherungen ruhigzustellen. Zwar wurde das politische Hauptziel, die Neutralisierung der Sozialdemokratie, verfehlt, aber als Nebeneffekte traten merkliche Verbesserungen für die Arbeiterschaft ein.

Nach der Entlassung Bismarcks im Jahre 1890 kam es zu einem häufigen Wechsel der Reichskanzler. Den von Wilhelm II. berufenen Regierungschefs waren aus verschiedenen Gründen relativ kurze Amtszeiten beschieden. In den Augen der Bevölkerung hatte keiner von ihnen das Format des Reichsgründers. Nicht von ungefähr beschäftigte sich Max Weber deshalb mit der Frage, wie die Auswahl fähiger Menschen für hohe politische Ämter aussehen sollte.

Die politische Welt erschien als ein Milieu grauer Funktionärs- und Beamtenexistenzen. Diese vermochten den Staat und die verapparateten Parteien und Interessenorganisationen in Schwung zu halten. Sie verstanden es, an kleinen und großen Rädchen zu drehen, wie die Maschinisten in den monströsen Maschinenräumen dieser Epoche der Dampfmaschinen, der mechanischen Wunderwerke und der ersten elektrischen Großgeneratoren, die Straßen und Wohnungen beleuchteten und Straßen- und Untergrundbahnen antrieben. Auch die Politik schien von nüchternen Ingenieuren bevölkert, die maschinengleiche Organisationen ins Leben riefen und in die gewünschten Richtungen lenkten. Was den Politikern fehlte, war jedoch die Fähigkeit zur Inspiration der Massen.

Vor diesem Hintergrund gewann die Betrachtung kraftvoller Politikergestalten im Ausland große Attraktivität. Namentlich Großbritannien und die USA faszinierten deutsche Beobachter, die sich für die Politik im eigenen Lande einen kritischen Blick bewahrt hatten. Populäre amerikanische Präsidenten wie Theodore Roosevelt und Woodrow Wilson verstanden Reformpolitik mit geschickter Inszenierung für die Presse zu betreiben. Britische Premierminister wie Gladstone, Asquith oder Lloyd George – wortmächtige Regierungsführer – behandelten ihre Parteiapparate als blanke Dienstleistungsapparaturen. Sie zwangen den weltkundigeren deutschen Publizisten und Wissenschaftlern Vergleiche mit der politischen Mittelmäßigkeit der eigenen Reichskanzler vom Schlage eines Bülow oder Bethmann-Hollweg auf. Große Gestalten unter den Bedingungen des sich ausbreitenden Wahlrechts und der beginnenden politischen Massenkommunikation wurden besonders von einflussreichen deutschen Beobachtern als Ausdruck der Demokratie wahrgenommen. Selbst ein moderner Diktator wie Mussolini, der in Italien mit großem Charisma und gezielter Theatralik die Lenkung und Zustimmung der Massen vorführte, fand großes Interesse. Solche Vergleiche, Bewertungen und Fehleinschätzungen waren nach dem Sturz des monarchischen Systems in Deutschland nicht zu unterschätzende Faktoren bei der Konstruktion der Weimarer Republik. Grundlegende systemische Unvereinbarkeiten zwischen dem parlamentarischen und dem präsidentiellen System wurden bei der Verfassungsgebung übersehen. Der volksgewählte Reichspräsident mit weitreichenden Reservebefugnissen für Krisensituationen und der Reichskanzler als Mehrheitstribun in der streitigen, d.h. parlamentarischen, Politik passten schlecht zusammen.

In den etablierten Demokratien selbst waren zu jener Zeit große Persönlichkeiten und der zunehmend verwaltende Charakter der Politik kein Thema. Amerikanische, britische und französische Beobachter erlebten und verarbeiteten diese Phänomene als politischen Alltag. Ein großes, dramatisches Bild entstand daraus erst in den Köpfen außenstehender Betrachter. In den angelsächsischen Demokratien fanden die politischen Inhalte, insbesondere das Management der kapitalistischen Wirtschaft und die Auseinandersetzung mit den verteilungspolitischen Herausforderungen, größeres Interesse. Das Phänomen der geplanten Wirtschaft in der Sowjetunion wurde mit großer Neugierde verfolgt. Es war in der Weltöffentlichkeit noch nicht von der verborgenen Welle von Unrecht, Gewalt und Entbehrung belastet. In den USA der Weltwirtschaftskrise führte Präsident Franklin D. Roosevelt vor, wie sich der Staat in das kapitalistische System einbringen kann, um dessen Schwächen auszugleichen und es in einer Krisensituation zu beleben. In Großbritannien bahnte sich bereits die für die erste Nachkriegszeit typische *Mixed economy* eines verstaatlichten und eines privaten Sektors an. Vor allem die wirtschaftspolitischen Inhalte und Methoden führten zu Diskussionen. Das politische System wurde dabei nicht problematisiert. Es galt als selbstverständlicher Rahmen auch weitreichender wirtschaftlichen Reformen. Die von Experten beratenen Regierungen schafften Abhilfe, wo es im Kapitalismus hakte. Die Wählerschaft entschied über das Team, dem es zutraute, diese Aufgabe am besten zu bewältigen. Hinter dieser im Vergleich mit Deutschland extrem unterschiedlichen Politikansicht stand einfach ein weitgreifender Konsens über die Grundlagen des politischen Systems, der große Grundsatzerörterungen erübrigte. In Deutschland stellte sich dieser Konsens auch mit dem Übergang zur Weimarer Republik nicht ein.

In der Wissenschaft dieser Zeit verdrängte die empirische Politikbeobachtung die großen Staatsentwürfe vergangener Zeiten. Politik wurde freilich noch stärker im Gesamtzusammenhang gesellschaftlicher Entwicklungen gesehen. Das lag an der Zeit selbst. Die Veränderungen im Gefolge der Industrialisierung, der Bevölkerungswanderungen in die boomenden Industriestädte, der Verkürzung der Transport- und Reisezeiten durch die Eisenbahn und der Kommunikation durch Presse, Telegrafie und schließlich durch das Telefon waren mit den Händen zu greifen. Sie strahlten unvermeidlich auf die Politik aus. Der Ursprung aller Sozialgesetzgebung, die Revolutionsverhinderung, war lebendige Gegenwart, noch keine Routine und kein Thema für Spezialisten, wie heute. Die Soziologie als erste Wissenschaft von der Gesellschaft gewann an Bedeutung.

Das Thema der Soziologie wurde vor diesem Hintergrund die gegenseitige Abhängigkeit der verschiedenen gesellschaftlichen Bereiche. Wirtschaft und Politik gleichermaßen fesselten die Soziologen der damaligen Zeit. Die Aufarbeitung der komplexen Welt in allen ihren zahlreichen Facetten sollte später eine Abkehr von diesem interdisziplinären Zugriff der Politikanalyse einleiten. In den 1930er Jahren fasste zunächst in den USA, nach 1945 auch in Europa, eine spezialisierte Politikwissenschaft Fuß, die sich auf die empirische Bearbeitung des gesellschaftlichen Teilaspektes der Politik kaprizierte. Sie bearbeitet die Institutionen, das Wählerverhalten, die Parteien und das prozedurale wie inhaltliche Management spezieller Politikfelder. Diese in die Gegenwart hineinreichende Epoche ist nicht mehr Gegenstand dieser Betrachtung. Die im Folgenden referierten *Max Weber*, *Robert Michels* und *Joseph A. Schumpeter* stehen zwischen den großen, eher philosophisch inspirierten Politiktheorien und der empirischen Politikanalyse, die sich als Fach an den Universitäten etabliert hat. Alle drei werden hier repräsentativ für eine Vielzahl von Denkern und Wissenschaftlern vorgestellt, die am Beginn einer neuen Epoche des Denkens über Politik standen.

Literatur:

Guy Palmade (Hrsg.): Das bürgerliche Zeitalter (Fischer Weltgeschichte, Bd. 27), 14. Aufl., Frankfurt/M.: Fischer 1999.
R.A.C. Parker (Hrsg.): Das Zwanzigste Jahrhundert I, Europa von 1918-1945 (Fischer Weltgeschichte, Bd. 34), 22. Aufl., Frankfurt/M.: Fischer 1999.

14.2 Weber

Max Weber (1864-1920) stammte aus gutbürgerlichen Verhältnissen. Er studierte im Hauptfach Jura, belegte aber ebenso Kurse in Nationalökonomie, Geschichte, Philosophie und Theologie. Diese umfassende Ausbildung sowie seine fachübergreifenden wissenschaftlichen Arbeiten rechtfertigen es, von Weber als einem der letzten Universalgelehrten zu sprechen. Mit 29 Jahren erhielt er seinen ersten Ruf an die Universität Freiburg.

Weber war ein durch und durch politisch denkender Mensch. Was ihn für die Politikwissenschaft interessant macht, ist, dass er es nicht bei der Kommentierung der aktuellen Tagespolitik seiner Zeit beließ, sondern Überlegungen über das Wesen der Politik anstellte. Dabei entwarf er keine kompakte politische Theorie, sondern erörterte problemorientierte Fragen.

Über die passive Beobachter- und Kommentatorenrolle hinaus suchte Weber vergeblich den Einstieg in die aktive, d.h. mit Entscheidungsbefugnissen versehene Politik. Aufgrund seiner Reputation als Wissenschaftler und als kluger politischer Kopf wirkte er jedoch als einziger externer Berater in der Verfassunggebenden Versammlung mit, die 1919 mit der Ausarbeitung der späteren Weimarer Reichsverfassung beauftragt wurde.

Der Versuch, Webers politisches Werk auf *einen* durchgehenden Grundgedanken zurückzuführen, gestaltet sich schwierig. Seine politische Haltung veränderte sich im Laufe der Zeit. So wandelte er sich vom Befürworter eines imperialistischen Nationalstaates zum Gegner der deutschen Annexionspolitik. Gegen Ende des Ersten Weltkrieges rückten ihn seine journalistischen Artikel in die Nähe der *vaterlandslosen Gesellen* –

von konservativer Seite ein gern verwendeter Begriff für linke Regimekritiker – und hätten ihn fast vor Gericht gebracht.

14.2.1 Webers Wissenschaftsverständnis

Wohl als Gegenreaktion auf seinen deutschnational agitierenden Geschichtsprofessor Heinrich von Treitschke entwarf Weber sein – heute als selbstverständlich empfundenes – Wissenschaftsverständnis: Bei der Auswahl der Forschungsfragen mag sich ein Wissenschaftler von subjektiven Erwägungen leiten lassen. Allerdings sind diese ausdrücklich zu benennen. Der wissenschaftliche Erkenntnisprozess selbst soll dagegen werturteilsfrei vonstatten gehen. Methodologisch ist Weber das Instrument der Typisierung zu verdanken. Die komplexe Welt mit ihren unzähligen *Realtypen* macht sinnvolle länderübergreifende, kulturelle und historische Vergleiche schier unmöglich. Die Chance, dieses Manko zu überwinden, liegt in der Bildung von *Idealtypen*, die von Details und Variantenvielfalt befreit sind. Die so ermittelten Idealtypen sind vergleichbar und erlauben eine wissenschaftliche Interpretation der gewonnenen Fakten.

14.2.2 Der Vernunftdemokrat

Weber trat für die Demokratie ein, ohne jedoch ethische oder normative Begründungen für den demokratisch verfassten Staat zu akzeptieren. In seinen Augen war die Demokratie die effizienteste Staatsform. Eine andere Legitimitätsgrundlage als diese Effizienz hat sie nicht.

Holen wir bei der Erklärung etwas weiter aus. Weber definierte Politik als einen stetigen Machtkampf.

> „,Politik' würde für uns also heißen: Streben nach Machtanteil oder nach Beeinflussung der Machtverteilung, sei es zwischen Staaten, sei es innerhalb eines Staates zwischen den Menschengruppen, die er umschließt. [...]

14. Das politische Denken an der Schwelle zur wissenschaftlichen Disziplin

> Wer Politik treibt, erstrebt Macht, – Macht entweder als Mittel im Dienst anderer Ziele – idealer oder egoistischer – oder Macht ‚um ihrer selbst willen': um das Prestigegefühl, das sie gibt, zu genießen."

Max Weber: Politik als Beruf, mit einem Nachwort von Ralf Dahrendorf, Stuttgart: Reclam 1992, S. 7.

Im Machtspiel braucht es Spitzenpolitiker, die zum Wohle aller bzw. der Nation agieren. Politische Führergestalten stehen bei Weber im Zentrum der Politik. Sie inspirieren, überzeugen und überwinden Widerstände. Aber welche politischen Rahmenbedingungen sind nötig, um fähige d.h., führungsbegabte charismatische Politikerpersönlichkeiten hervorzubringen? Als geeignetster Ort der Führerauslese erschien ihm das Parlament. Aus diesem selbst, oder inspiriert durch dieses, sollte die Rekrutierung der herausragenden politischen Führer erfolgen. Denn nur außergewöhnliche Führungspersönlichkeiten sind in der Lage, die fortschreitende Bürokratisierung zu domestizieren. Der unvermeidlichen Bürokratisierung, die alle politischen Sphären – ob Staat oder Partei – durchdringt, müssen Kontrollelemente entgegengesetzt werden. Als einzig mögliches Gegengewicht zur Beamtenschaft sieht Weber die Politiker und hier am ehesten den direkt gewählten, starken Reichspräsidenten – die plebiszitäre Führerdemokratie. Über der Alltagspolitik stehend und frei von schnöden Eigeninteressen hat der plebiszitär legitimierte Führer als Chefpolitiker das Ganze im Blick. Weber ist für diese Idee der plebiszitären Führerdemokratie heftig kritisiert worden. Es sei aber darauf hingewiesen, dass der Entwurf die Elemente der Wahl und des Mandats auf Zeit enthält. Die allerorten zu beobachtende Oligarchisierungstendenz, wie sie auch der Bürokratisierung der Politik innewohnt, war nach seiner Auffassung ein Wesensmerkmal der Massendemokratie. Halten wir fest: Die Demokratie mit ihren Komponenten Parlamentarismus und Wahlen stellt für Max Weber einen effizienten Regierungs- und Legitimationsmechanismus dar.

Die Gesinnungsethik als Grundlage der Politik war Weber ein Gräuel. Politik hat mit Augenmaß und Vernunft zu tun (Verantwortungsethik). Für ihr politisches Handeln haben die Politiker die persönliche Verantwortung zu übernehmen. Wie Weber in *Politik als Beruf* darlegt, will er weder den reinen Vernunftethiker noch den reinen Gesinnungsethiker. Ihm schwebt eine Synthese aus beidem vor – mit deutlichem Schwerpunkt auf den Vernunftaspekt.

14.2.3 Die Parteien

Weber zeichnet kein rundum positives Bild der Parteien. So kritisiert er, dass es den Parteien um Ämterpatronage gehe und dass sie ihre Anhänger als Mittel zum Zweck missbrauchten. Trotz dieser Kritik ist er von der Zweckmäßigkeit der Parteien überzeugt.

> „In allen irgendwie umfangreichen [...] politischen Verbände(n) mit periodischen Wahlen der Gewalthaber, ist der politische Betrieb notwendig: *Interessenbetrieb*. Das heißt, eine relativ kleine Zahl primär am politischen Leben, also an der Teilnahme an der politischen Macht, Interessierter schaffen sich Gefolgschaft durch freie Werbung, präsentieren sich oder ihren Schutzbefohlenen als Wahlkandidaten, sammeln die Geldmittel und gehen auf den Stimmenfang. Es ist unerfindlich, wie in großen Verbänden Wahlen ohne diesen Betrieb überhaupt sachgemäß zustande kommen sollten. Praktisch bedeutet es die Spaltung der wahlberechtigten Staatsbürger in politisch aktive und politisch passive Elemente [...]."

Max Weber: Politik als Beruf, mit einem Nachwort von Ralf Dahrendorf, Stuttgart: Reclam 1992, S. 38.

Als notwendiges Lebenselement einer jeden Partei bezeichnet Weber ihre Aufteilung in Führerschaft und Gefolgschaft. Dabei ist das Moment der Wahl entscheidend. Der Parteichef oder die Parteiführung wird durch die Parteianhängerschaft gewählt. Will die Partei einen plebiszitären Führer – also einen Politiker, der für große Veränderungen die Weichen stellt –, so muss sie ihm blind gehorchen. Ist sie dazu nicht bereit, muss sie mit den Berufspolitikern – die das tun, was heute möglich ist – vorlieb nehmen. Weber redet hier nicht der Führerdiktatur das Wort. Er spricht von Demokratien! Gladstone und Lincoln waren für ihn Paradebeispiele des Politikertypus, wie er ihn für Deutschland wünschte.

14.2.4 Die Herrschaftssoziologie

In einem berühmten Essay geht Weber auf die Beziehung zwischen Herrschenden und Beherrschten ein, deren besonderer Kitt im Gehorchen liegt.

> „*Macht* bedeutet jede Chance, innerhalb einer sozialen Beziehung den eigenen Willen auch gegen Widerstreben durchzusetzen, gleichviel worauf diese Chance beruht.
> *Herrschaft* soll heißen die Chance, für einen Befehl bestimmten Inhalts bei angebbaren Personen Gehorsam zu finden; *Disziplin* soll heißen die Chance, kraft eingeübter Einstellung für einen Befehl prompten, automatischen und schematischen Gehorsam bei einer angebbaren Vielheit von Menschen zu finden.
> Der Begriff ‚Macht' ist soziologisch amorph. Alle denkbaren Qualitäten eines Menschen und alle denkbaren Konstellationen können jemand in die Lage versetzen, seinen Willen in einer gegebenen Situation durchzusetzen. Der soziologische Begriff der ‚Herrschaft' muß daher ein präziserer sein und kann nur die Chance bedeuten: für einen *Befehl* Fügsamkeit zu finden.
> Der Begriff der ‚Disziplin' schließt die ‚Eingeübtheit' des kritik- und widerstandslosen *Massen*gehorsams ein."
>
> *Max Weber*: Wirtschaft und Gesellschaft. Grundriss der Verstehenden Soziologie, hrsg. von Johannes Winkelmann. 5. rev. Aufl., Tübingen: Mohr Siebeck 1990, S. 28f.

Weber unterscheidet drei Typen legitimer Herrschaft. Hier interessierten ihn vor allem die Gründe, die Menschen dazu veranlassen, ein Herrschaftsverhältnis zu akzeptieren: Er entwickelt eine charismatische, eine traditionelle und eine legale Herrschaftsrechtfertigung. Die charismatische Herrschaft ist von einer Führergestalt mit großer persönlicher Ausstrahlung geprägt. Solche politisch-geistigen Führer ziehen die Beherrschten in ihren Bann. Hier fußt der Gehorsam auf persönlichem Vertrauen in den Herrscher. Anders verhält es sich mit der traditionellen Herrschaft. Sie beruft sich auf die Beibehaltung und Fortführung des Gewohnten. Die Beherrschten stellen die Herrschaftsordnung nicht in Frage, da es schon immer so war. Herrscher, die sich auf die legitime Traditionsnachfolge berufen können und die sich an die bekannten, d.h. tradierten Spielregeln halten, werden hingenommen. Der Grundstoff dieses Herrschaftstypus ist die Gewohnheit. Die (bürokratisch-)legale Herrschaft ermöglicht Berechenbarkeit und Effizienz. Sie ist das Merkmal der Moderne. Das Herrschen, Regieren und Verwalten richten sich nach Satzungen. Auch wenn die Arbeit der Staatsverwaltung durch Arbeitsteilung charakterisiert ist, liegt die Aufgabe der Führung bei einer politischen Institution, sei es einem Monarchen, einem Präsidenten oder einer parlamentarischen Versammlung. Der Gehorsam wird durch die formale Legalität der Herrschaft erzielt. Der springende Punkt bei diesem Herrschaftstyp ist die Rechtstaatlichkeit, nicht etwa der demokratische oder moralische Ursprung des Rechts.

14.2.5 Rezeption und Wirkung

Max Weber gehört heute zu den bekanntesten Soziologen. Zu seinen Lebzeiten waren seine tagespolitischen Schriften im Bildungsbürgertum und in Intellektuellenkreisen Gesprächs- und Diskussionsstoff, was ihm Jahrzehnte nach seinem Tod den Vorwurf einbrachte, mit seiner Bejahung der plebiszitären Führerdemokratie bei den deutschen Intellektuellen den Samen für die Akzeptanz des bald aufkeimenden führerzentrierten Nationalsozialismus gelegt zu haben. Über diese indirekte Mitschuld lasten ihm *Wolfgang Mommsen* und *Carl Schmitt* auch eine direkte Verantwortung für das Scheitern der Weimarer Demokratie an, da er sich – als Teilnehmer an den Verfassungsberatungen zur Weimarer Verfassung – für einen starken, plebiszitär legitimierten Reichpräsidenten eingesetzt hatte. *Friedrich Meinecke* sieht in Weber einen deutschen *Machiavelli*, der erneut die Ethik aus der Politik habe vertreiben wollen. Demgegenüber heben z.B. der Philosoph *Karl Jaspers* und *Eduard Baumgarten*, Herausgeber der Weberschen Schriften, das Moment der Verantwortungsethik hervor und attestieren ihm eine gehörige Portion Idealismus. Staatsrechtler wie *Karl Loewenstein* und *Rudolf Smend* wählten insbesondere Webers Darstellung der Politik als Machtbetrieb zum Ausgangspunkt für ihre eigenen wissenschaftlichen Arbeiten. Erwartungsgemäß gehen die normativ-ethisch ausgerichteten Politikwissenschaftler wie *Leo Strauss* und *Eric Voegelin* hart mit dem Postulat der Wertfreiheit der Wissenschaft ins Gericht.

Literatur:

Max Weber: Politik als Beruf, mit einem Nachwort von Ralf Dahrendorf, Stuttgart: Reclam 1992.

Max Weber: Wirtschaft und Gesellschaft. Grundriss der Verstehenden Soziologie, hrsg. von Johannes Winkelmann, 5. rev. Aufl., Tübingen: Mohr Siebeck 1990.
Wilhelm Hennis: Max Webers Fragestellung. Studien zur Biographie des Werks, Tübingen: Mohr Siebeck 1987.
Dirk Käsler: Max Weber: Eine Einführung in Leben, Werk und Wirkung, Frankfurt/M. und New York: Campus 1998.
Dirk Käsler: Max Weber, in: Iring Fetscher und Herfried Münkler (Hrsg.), Pipers Handbuch der Politischen Ideen, Bd. 5, München und Zürich: Piper 1987, S. 150-156.
Wolfgang J. Mommsen: Max Weber und die deutsche Politik 1890-1920, 2. erw. Aufl., Tübingen: Mohr Siebeck 1974.

14.3 Michels

Robert Michels (1876-1936) wurde als Sohn einer wohlhabenden Kaufmannsfamilie in Köln geboren. Er studierte Geschichte und Nationalökonomie an der Pariser Sorbonne sowie an mehreren deutschen Universitäten. 1900 promovierte Michels an der Universität Halle. Bei weiterführenden Studien in Italien und Frankreich kam er erstmalig näher mit dem Sozialismus in Berührung. Später engagierte er sich in einer syndikalistischen Untergruppe der deutschen Sozialdemokratie. Wenngleich die SPD zu Beginn des 20. Jahrhunderts de facto längst keine revolutionäre Partei mehr war, hatte Michels' Bekenntnis zum Sozialismus im wilhelminischen Deutschen Reich weitreichende Folgen für seine wissenschaftliche Karriere. Nachdem ihm mehrere deutsche Universitäten die Habilitation verweigert hatten, zog es Michels 1907 nach Italien. Noch im selben Jahr habilitierte er sich in Turin. 1914 übernahm er zunächst eine Professur in Basel. Eine Reihe von Lehraufträgen in den USA ergänzten sein wissenschaftliches Wirken. Vor dem Hintergrund seiner persönlichen Wandlung vom syndikalistisch geprägten Gesinnungssozialisten zum überzeugten italienischen Nationalisten und in der Folge zum glühenden Verehrer Benito Mussolinis und seiner faschistischen Bewegung wurde Michels 1928 an die Universität von Perugia berufen. An dieser Hochschule, die nur jenen Studierenden offen stand, die der faschistischen Partei beitraten, lehrte Michels, von Mussolini persönlich gefördert, bis zu seinem Tode im Jahre 1936.

14.3.1 Das Eherne Gesetz der Oligarchie

In seinem Hauptwerk *Zur Soziologie des Parteiwesens in der modernen Demokratie* widmete sich Michels der Fragestellung, inwieweit innerhalb der Massenparteien das demokratische Prinzip eingehalten wird. Die moderne Demokratie ist auf die Mitwirkung von Parteien angewiesen. Diese Parteien sind ohne zentrale Führung und hierarchischen Aufbau aber nicht handlungsfähig.

> „Ohne Organisation ist die Demokratie nicht denkbar. Erst die Organisation gibt der Masse Konsistenz. [...]
> Wer Organisation sagt, sagt *Tendenz zur Oligarchie*. Im Wesen der Organisation liegt ein tief aristokratischer Zug. Die Maschinerie der Organisation ruft, indem sie eine solide Struktur schafft, in der organisierten Masse schwerwiegende Veränderungen hervor. Sie kehrt das Verhältnis des Führers zur Masse in sein Gegenteil um. Die Organisation vollendet entscheidend die Zweiteilung jeder Partei bzw. Gewerkschaft in eine anführende Minorität und eine geführte Majorität. [...]
> Mit *zunehmender Organisation* ist die *Demokratie im Schwinden* begriffen. Als Regel kann man aufstellen: Die Macht der Führer wächst im gleichen Maßstabe wie die Organisation."

Robert Michels: Zur Soziologie des Parteiwesens in der modernen Demokratie. Untersuchungen über die oligarchischen Tendenzen des Gruppenlebens, hrsg. und eingeführt von Frank R. Pfetsch. 4. erg. Aufl., Stuttgart 1989, S. 24ff.

Der Untersuchungsgegenstand dieses Michelschen Hauptwerkes war die sozialdemokratische Partei des Deutschen Kaiserreichs. Michels war stark von den Lehren des revolutionären Syndikalismus geprägt. Diese dem Anarchismus verwandte Richtung trat dafür ein, den Klassenkampf mit den Mitteln der *direkten Aktion*, insbesondere dem Generalstreik, als rein ökonomischen Kampf zu führen. Der Syndikalismus lehnte politische Parteien folgerichtig ab und wies stattdessen den Gewerkschaften die Schlüsselfunktion in der Klassenauseinandersetzung zu. Ähnlich wie die parteiförmige sozialistische Arbeiterbewegung trat der Syndikalismus für eine Vergesellschaftung der Produktionsmittel ein. Deren Verwaltung sollten die Arbeiter in Gestalt so genannter Arbeitersyndikate selbst in die

Hand nehmen. Nach den Vorstellungen der Sozialdemokratie sollte dagegen der Staat die Produktion organisieren.

Michels kam zu dem Ergebnis, dass selbst Massenparteien, die sich zu demokratischen Prinzipien bekennen, zur Ausbildung kleiner, stabiler Machteliten neigen. Das Auseinanderstreben von faktischer innerorganisatorischer Willensbildung und propagiertem Wertesystem definierte er als „ehernes Gesetz der Oligarchie". Für dieses Phänomen benannte Michels drei Ursachen. So ergeben sich die oligarchischen Tendenzen zwangsläufig aus der bürokratischen Struktur von Massenorganisationen. Eine Großorganisation steht vor taktischen und technischen Herausforderungen, die nur mit einer straffen und zentralistischen Führung zu bewältigen sind. In der politischen Auseinandersetzung müssen Parteien in der Lage sein, schnell zu reagieren. Deshalb ist es notwendig, dass die Parteiführung weitgehend autonom handelt. Die beiden anderen Oligarchisierungsursachen sind auf das Engste miteinander verknüpft. Bei den Parteiführern setzt mit der Erlangung einer Führungsposition eine Veränderung ihrer persönlichen Wahrnehmung ein. Sie führt neben dem von Michels als natürlich unterstellten Drang zur Macht zu einem Handeln, das sich primär auf die Sicherung der eigenen Machtposition richtet. Durch Kooptation oder aber die geschickte Einbindung innerparteilicher Opponenten festigen sie ihre Position. Die Führungsgruppe verzichtet bewusst darauf, die einfachen Mitglieder in die komplizierten innerorganisatorischen Entscheidungsabläufe einzuführen. Sie erwirbt auf diese Weise einen Wissensvorsprung, mit dem sie dann ihre Forderung nach einer kritiklosen Gefolgschaft begründet. Das gleichsam als gegeben betrachtete Führungsbedürfnis der Basis verwandelt sich so in eine Apathie der Geführten. Aus dem Gefühl der intellektuellen Unterlegenheit nährt sich der Glaube an die überlegenen Fähigkeiten der innerparteilichen Autoritäten. Die Parteioligarchen bestimmen in der Folge unter Einhaltung inhaltsleerer demokratischer Formalien die Geschicke der Partei. Mangels inhaltlicher Beteiligung der Mitglieder läuft der demokratische Willensbildungsprozess leer. In dieser Vereinnahmung der Organisation durch eine weitgehend professionalisierte Führungsriege erblickte Michels eine ernsthafte Gefahr für die Demokratie.

> „Das auf diese Weise entstandene oligarchische Phänomen erklärt sich teils psychologisch, d. h. durch die Veränderungen des Seelen-

14.3 Michels

lebens, welche die einzelnen von ihm ergriffenen Persönlichkeiten in der Bewegung im Laufe der Entwicklung erfahren, teils aber auch, und zwar in primärer Weise, aus dem, was man als Psychologie der Organisation selbst bezeichnen möchte, d. h. aus den Notwendigkeiten taktischer und technischer Natur, die aus dem Erstarken jedes sich auf politischer Bahn bewegenden disziplinierten Aggregats hervorgehen. Das soziologische Grundgesetz, dem die politischen Parteien – das Wort Politik hier im weitesten Sinne genommen – bedingungslos unterworfen sind, mag, auf seine kürzeste Formel gebracht, etwa so lauten: die Organisation ist die Mutter der *Herrschaft der Gewählten* über die Wähler, der Beauftragten über die Auftraggeber, der Delegierten über die Delegierenden.

Die Bildung von *Oligarchien* im Schoße der mannigfaltigen Formen der Demokratien ist eine *organische*, also eine Tendenz, der *jede* Organisation, auch die sozialistische, selbst die libertäre, notwendigerweise unterliegt."

Robert Michels: Zur Soziologie des Parteiwesens in der modernen Demokratie. Untersuchungen über die oligarchischen Tendenzen des Gruppenlebens, hrsg. und eingeführt von Frank R. Pfetsch, 4., erg. Aufl., Stuttgart 1989, S. 370f.

Trotz der beobachteten demokratischen Defizite hielt der junge Robert Michels an der Demokratie als erstrebenswertester Herrschaftsform fest. Sie bietet eine Grundlage für die Kritik an den politischen Führern. Mithilfe verstärkter Bildungsanstrengungen könnten die bis dato weitgehend apathischen Massen zudem in die Lage versetzt werden, die Führungseliten wirkungsvoller zu kontrollieren. In einer verbesserten Wahrnehmung der demokratischen Rechte sieht Michels eine Chance, die *oligarchische Krankheit* zu lindern.

Im Unterschied zur Aristokratie befördere die Demokratie den ständigen Wettstreit zwischen jungen und alten politischen Eliten. Die in der Demokratie angelegten Wahlen dienten dem nüchternen Zweck, eine funktionsfähige Regierung herauszubilden, letztlich also einer der konkurrierenden Teileliten an die Macht zu verhelfen. Indem Michels die Erwartungshaltung an Parteien und Wähler reduziert, verabschiedet er sich vom Selbstbestimmungsideal der klassischen, normativen Demokratieentwürfe. Ausgehend von seinen Beobachtungen versucht er nur noch zu klären, wie viel Demokratie überhaupt möglich ist. Die Auffassung, dass grundsätzlich ein Mehr an Demokratie anzustreben ist, liegt Michels fern.

14.3.2 Die Konsensustheorie

In seinem späteren Werk *Corso di sociologia politica* zeigt sich die Wandlung Michels' vom kritisch-distanzierten Beobachter und Befürworter der Demokratie zu einem glühenden Verfechter totalitärer Herrschaftsstrukturen. Noch in der *Soziologie des Parteiwesens* hatte sich Michels auf die Kritik an der von Eliten besorgten politischen Willensbildung beschränkt, ohne dabei die demokratische Herrschaftsform in Frage zu stellen. Jetzt propagierte Michels das Leitbild der Identität von Führer und Volkswillen. In Anlehnung an *Max Webers* Figur des charismatischen Führers schwebte ihm die *charismatische Diktatur* vor. Während *Webers* Ausgangspunkt jedoch die Sorge um den Erhalt individueller Handlungsspielräume in einer bürokratisierten Welt war, trat Michels für eine alle Bereiche der Gesellschaft umfassende elitär-monistische Herrschaftsstruktur ein. Die Diktatur müsse dabei aus taktischen Erwägungen heraus die Stimmung der Volksmassen berücksichtigen. Im Bestreben, den Volkswillen auszudrücken, entstehe eine de facto von der informellen Zustimmung des Volkes abhängige Diktatur. Die noch in der *Soziologie des Parteiwesens* als reformfähig dargestellte Demokratie galt Michels jetzt als inhaltsloser Selbstbetrug. Emotionen erschienen als wirksames Gegenmittel zur untrennbar mit der Demokratie verbundenen Bürokratisierung. Die mystische Überhöhung des emotionalen Elements ließ keinen Raum mehr für rationale Erklärungsansätze. Sie entzog sich jeglicher theoretischer und praktischer Kritik. In Benito Mussolini sah Michels den Begründer eines neuen charismatischen Zeitalters.

14.3.3 Rezeption und Wirkung

Michels gilt als ein Wegbereiter der *realistischen* Demokratietheorie. Diese untersucht das Auseinanderklaffen von Anspruch und Wirklichkeit der Demokratie. Die realistische Demokratietheorie geht davon aus, dass das Schicksal der Mehrheit auch in der Demokratie von Eliten bestimmt wird. Die Existenz sozialer Ungleichheit wird als unabänderlich vorausgesetzt. Für Michels war nicht die Formulierung einer Theorie, sondern die Beobachtung und Veranschaulichung realer Prozesse von zentraler Bedeutung. Michels Werk *Soziologie des Parteiwesens* gilt als Musterbeispiel einer empirischen Studie über die innere Organisation einer Partei.

Nach *Wilfried Röhrich* greift es zu kurz, Michels ausschließlich als gesinnungsethischen Sozialisten in der Tradition eines *Rousseau* zu interpretieren. Der Glaube des jungen Michels an den hohen Stellenwert des Individuums zeige seine ursprüngliche anarcho-syndikalistische Prägung. Ausgehend von diesen Wurzeln gelangte er aber später zu einer vorwiegend realistischen Sichtweise. Michels war jetzt davon überzeugt, dass der Anarchismus ins Chaos führen müsse.

Michels wird dem eigenen Anspruch an eine empirische Wissenschaft nicht vollständig gerecht. Die angestrebte Objektivität des beobachtenden Forschers wird streckenweise von Michels' ideologischer Vorprägung durchkreuzt. Seine Vorliebe für sozialpsychologische Erklärungszusammenhänge führt vielfach zu problematischen Vereinfachungen. So spricht er in der *Soziologie des Parteiwesens* vorzugsweise von Massen, ohne dabei zwischen Wähler- und Mitgliedermassen zu differenzieren. Michels' bisweilen einseitiges Interesse für die Eliten, also den Überbau, und seine Vernachlässigung des historischen Kontextes, insbesondere der Auseinandersetzung mit den kapitalistischen Produktionsverhältnissen, trug ihm von Seiten marxistischer Wissenschaftler den Vorwurf ein, auf der Suche nach überzeitlichen Gesetzmäßigkeiten den Blick für die tatsächlich relevanten Problemstellungen – den Kampf zwischen Arbeit und Kapital – verloren zu haben.

Bis in die 50er Jahre des 20. Jahrhunderts gingen die bedeutendsten Werke der Parteienforschung von ähnlichen Fragestellungen wie Michels aus. Hinsichtlich der Oligarchisierungstendenzen in Massenorganisationen gelangten z.B. *Seymour M. Lipset* und *Robert McKenzie* zu ähnlichen Bewertungen. Ihre Arbeiten stellten den funktionalen Aspekt in den Vordergrund. Sie betrachteten die Oligarchisierungstendenzen als eine unabänderliche Tatsache, die sich zwangsläufig aus der Funktionsweise moderner Massendemokratien ergebe. Diese strikt realistische Forschungsrichtung untersuchte die Demokratie mit Blick auf ihre Funktionsfähigkeit, Effizienz und Stabilität. Für das Demokratieverständnis des jungen

Michels war jedoch die Frage der demokratischen Legitimität, also die Chance einer Annäherung an das demokratische Ideal, von zentraler Bedeutung.

Eine daran anknüpfende, bis in die jüngere Vergangenheit vorherrschende Forschungsrichtung stellt die Verbindung zwischen den beiden älteren Ansätzen her. Sie bemüht sich, Ursachen zu ermitteln, die zur Herausbildung von Oligarchien führen. Die in Deutschland insbesondere von *Ernst Fraenkel (1898-1975)* vertretene Pluralismustheorie ergänzt die einzig auf die Funktionalität eines Systems gerichteten Ansätze um normative Vorgaben. Rechtliche und institutionelle Beschränkungen sichern demnach dem einzelnen Bürger ein hohes Maß an politischer Autonomie sowie die Möglichkeit, sich am politischen Willensbildungsprozess zu beteiligen. Zwar erkannte der frühe Michels die sachlichen Zwänge, die innerorganisatorische Eliten begünstigen. Im Unterschied zu seinen Nachfolgern, den elitären Demokratietheoretikern, verzichtete er jedoch nicht darauf, die Teilhabe der Massen einzufordern.

Literatur:

Robert Michels: Zur Soziologie des Parteiwesens in der modernen Demokratie. Untersuchungen über die oligarchischen Tendenzen des Gruppenlebens, hrsg. und eingeführt von Frank R. Pfetsch, 4., erg. Aufl., Stuttgart: Kröner 1989.

Rolf Ebbighausen: Die Krise der Parteiendemokratie und die Parteiensoziologie. Eine Studie über Moisei Ostrogorski, Robert Michels und die neuere Entwicklung der Parteienforschung, Berlin: Duncker & Humblot 1969.

Ernst Fraenkel: Deutschland und die westlichen Demokratien, 2. Aufl., Frankfurt/M.: Suhrkamp 1991.

Wilfried Röhrich: Robert Michels, in: Dirk Käsler (Hrsg.), Klassiker des soziologischen Denkens. Zweiter Band, München: C.H. Beck 1978, S. 226-253.

Wilfried Röhrich: Robert Michels. Vom sozialistisch-syndikalistischen zum faschistischen Credo, Berlin: Duncker & Humblot 1972.

14.4 Schumpeter

Joseph A. Schumpeter (1883-1950) wurde in dem mährischen Provinzstädtchen Triesch geboren und gehörte dort der schmalen deutschsprachigen Oberschicht an. Nach dem frühen Tod ihres Mannes zog Johanna Schumpeter mit dem vierjährigen Sohn Joseph nach Graz, einige Jahre später dann weiter nach Wien. Den Beziehungen seines Stiefvaters verdankte Schumpeter die Aufnahme in das Elitegymnasium Theresianum.

Schumpeters besonderes Interesse galt dem Studium ökonomischer und sozialwissenschaftlicher Schriften. In Ermangelung eines eigenständigen wirtschaftswissenschaftlichen Studienganges nahm er jedoch zunächst ein Jurastudium an der Universität Wien auf, das er 1906 mit der Promotion abschloss. Während einer anwaltlichen Tätigkeit in Ägypten im Jahre 1907 verfasste Schumpeter das Werk *Das Wesen und der Hauptinhalt der theoretischen Nationalökonomie*. Dieses legte er 1908 der Wiener Universität als Habilitationsschrift vor, wo er dann ab 1909 als Privatdozent lehrte. Im Herbst des selben Jahres wurde er zum außerordentlichen Professor für Wirtschaftswissenschaften an die Universität Czernowitz berufen. 1911 erreichte ihn ein Ruf an die Universität Graz. Sein im Jahre 1912 veröffentlichtes Werk *Theorie der wirtschaftlichen Entwicklung* sollte ihn in die erste Reihe der europäischen Ökonomen befördern. Nach dem Ersten Weltkrieg gehörte Schumpeter kurzzeitig der deutschen Sozialisierungskommission an, die damit beauftragt war, die Möglichkeiten einer Verstaatlichung der Produktionsmittel zu prüfen. Schumpeter, selbst weder Sozialist noch Marxist, trat dort vehement für die Vergesellschaftung des Bergbaus ein. Diese Haltung trug dazu bei, dass er 1919 als Finanzminister in die erste sozialdemokratisch geführte Regierung der eben gegründeten österreichischen Republik berufen wurde. Aus allen politischen Lagern wurden ihm von Beginn an mangelnde Zuverlässigkeit und ein deutlicher Hang zum Opportunismus attestiert. Nachdem er schon nach wenigen Monaten auch die Unterstützung der einflussreichsten sozialdemokratischen Parteiführer verloren hatte, wurde Schumpeter noch im Herbst des selben Jahres aus seinem Amt entlassen. In den folgenden Jahren war er Vorstandsvorsitzender einer kleinen Wiener Geschäftsbank. In den zwanziger Jahren geriet sein Bankhaus in wirtschaftliche Turbulenzen. Ein neuer Gesellschafter knüpfte sein Engagement an die fristlose Entlassung Schumpeters. Zudem verlor er sein gesamtes Vermögen, das er in Unternehmungen investiert hatte, die jetzt der wirtschaftlichen Rezession zum Opfer fielen. In dieser Situation erreichte ihn 1925 ein Ruf an die Universität Bonn, wo er die Professur für öffentliche Finanzwirtschaft übernahm. Nach einer Reihe persönlicher Schicksalsschläge und einigen Demütigungen auf wissenschaftlichem Parkett verließ Schumpeter 1932 Europa und siedelte in die Vereinigten Staaten über. Dort lehrte er bis zu seinem Tod im Jahre 1950 an der Harvard University. 1942 veröffentlichte er sein bedeutendstes Werk *Kapitalismus, Sozialismus und Demokratie*.

14.4.1 Der Prozess der schöpferischen Zerstörung

Schumpeters Forschung war durchgehend von einem interdisziplinären Denken geprägt. Dieses hat in der Folgezeit zunehmend an Bedeutung verloren und wird erst in der allerjüngsten Vergangenheit wieder stärker geschätzt. In allen Arbeiten versuchte Schumpeter, Wirtschaftswissenschaften, Politikwissenschaft, Soziologie und Geschichte miteinander zu verknüpfen. Er trat vehement für eine mathematisch-theoretisch orientierte Wirtschaftswissenschaft ein, legte dabei aber gleichzeitig großen Wert auf empirische Untersuchungen. Nach seiner Auffassung wird auf diese Weise sichergestellt, dass theoretisch ermittelte Ergebnisse auch tatsächlich verbindliche Aussagen über die Realität zulassen.

„Der Kapitalismus ist also von Natur aus eine Form oder Methode der ökonomischen Veränderung und ist nicht nur nie stationär, sondern kann es auch nie sein. Dieser evolutionäre Charakter des kapitalistischen Prozesses ist nicht einfach der Tatsache zuzuschreiben, daß das Wirtschaftsleben in einem gesellschaftlichen und natürlichen Milieu vor sich geht, das sich verändert und durch seine Veränderung die Daten der wirtschaftlichen Tätigkeit ändert; diese Tatsache ist zwar wichtig und diese Veränderungen (Kriege, Revolutionen usw.) bedingen oft auch eine Veränderung der Industrie; sie sind aber nicht ihre primäre Triebkraft. Auch ist dieser evolutionäre Charakter nicht einer quasi-automatischen Bevölkerungs- und Kapitalzunahme oder den Launen des Geldsystems zuzuschreiben, von denen genau das gleiche gilt. Der fundamentale Antrieb, der die kapitalistische Maschine in Bewegung setzt und hält, kommt von den

14.4 Schumpeter

> neuen Konsumgütern, den neuen Produktions- und Transportmethoden, den neuen Märkten, den neuen Formen der industriellen Organisation, welche die kapitalistische Unternehmung schafft.
> [...] Ebenso ist dies die Geschichte des Produktionsapparates der Eisen- und Stahlindustrie vom Holzkohlen- bis zu unserem heutigen Typ des Hochofens, oder die Geschichte der Energieproduktion vom oberschlächtigen Wasserrad bis zur modernen Kraftanlage oder die Geschichte des Transportes von der Postkutsche bis zum Flugzeug. Die Eröffnung neuer, fremder oder einheimischer Märkte und die organisatorische Entwicklung vom Handwerksbetrieb und der Fabrik zu solchen Konzernen wie dem U.S.-Steel illustrieren den gleichen Prozeß einer industriellen Mutation [...], der unaufhörlich die Wirtschaftsstruktur *von innen heraus* revolutioniert, unaufhörlich die alte Struktur zerstört und unaufhörlich eine neue schafft. Dieser Prozeß der ‚schöpferischen Zerstörung' ist das für den Kapitalismus wesentliche Faktum."

Joseph A. Schumpeter: Kapitalismus, Sozialismus und Demokratie, 7. erw. Aufl., Tübingen 1993, S. 136ff.

Schumpeter war kein Sozialist. Dennoch sagte er in *Kapitalismus, Sozialismus und Demokratie* den Untergang des Kapitalismus und dessen Ablösung durch den Sozialismus voraus. Er widersprach aber der Marxschen Auffassung, nach der dieser Systemwechsel aus der zwangsläufigen Selbstzerstörung des Kapitalismus folgen werde. Die von *Marx* vorgenommene Deutung des Kapitalismus als ein zunehmend anpassungsresistentes System hielt Schumpeter ebenso für falsch wie dessen darauf aufbauende Verelendungsthese. Die politische Rolle der Kapitalisten beurteilte er deutlich zurückhaltender. Zugleich misstraute Schumpeter der liberalen Vorstellung eines Kapitalismus bei vollständiger Konkurrenz. Für ihn war der Kapitalismus ein gesellschaftlicher Mechanismus zur Etablierung der Massenproduktion. Von den in großer Stückzahl hergestellten Konsumgütern profitierten dann wiederum die gesellschaftlichen Massen. Oligopole oder gar Monopole hielt Schumpeter für ungefährlich. Der Kapitalismus verdanke seine stärksten Impulse sowie seine bahnbrechenden technischen Innovationen doch gerade der Etablierung großer, marktbeherrschender Unternehmen. Mithilfe neuer Produkte und effizienterer Produktionsverfahren, die Schumpeter als ökonomische Revolutionen charakterisierte, drückten die Großunternehmen kleinere Konkurrenten aus dem Markt. Diesen Prozess der *schöpferischen Zerstörung* sieht er als Hauptmerkmal des Kapitalismus an – eine Gesetzmäßigkeit, der jede kapitalistische Organisationsform unterworfen sei. Die strukturellen Schwächen des Kapitalismus lägen vielmehr darin, dass er Verhaltens- und Denkweisen hervorbringe, die in letzter Konsequenz dazu führten, dass sich immer weniger Gruppen für seinen Fortbestand einsetzen. Zwar gebühre dem Kapitalismus das Verdienst, die Verhaltensmuster und Ideen der Menschen zu rationalisieren. So sei das beständige Streben nach Zeit- und Aufwandsersparnis zum wesentlichen Charakteristikum der Lebensweise in einer kapitalistischen Gesellschaft geworden. Die Menschen hätten sich aber auch daran gewöhnt, ihr Denken strikt auf die Vermeidung von Risiken zu richten. Die für diese Phase des Kapitalismus typische Unternehmensführung durch ein angestelltes Management habe zur Folge, dass sich immer weniger Gründerpersönlichkeiten fänden, die im Aufbau neuer Unternehmen eine sinngebende und erstrebenswerte Perspektive sähen. Nach Schumpeter gründete sich die Dynamik des frühen Kapitalismus darauf, dass die unternehmerischen Pioniere zwar schon kapitalistisch handelten, dabei aber noch einem vorkapitalistischen Denken verhaftet waren.

14.4.2 Kann der Sozialismus funktionieren?

Nachdem Schumpeter in *Kapitalismus, Sozialismus und Demokratie* die systemimmanenten Beschränkungen der kapitalistischen Wirtschaftsordnung aufgezeigt hat, wendet er sich der Frage zu, inwieweit der Sozialismus funktionieren kann. Eine Gesellschaft ist dann als sozialistisch zu bezeichnen, wenn eine zentrale Behörde die Verteilung von Produkten nebst den sie hervorbringenden Produktionsverfahren regelt. Ein auf politischer Ebene konzipiertes Modell ersetzt den Markt durch eine zentral gesteuerte Versorgung. Sehr nüchtern geht Schumpeter davon aus, dass sich die Lebensumstände der arbeitenden Bevölkerung in der sozialistischen Gesellschaft kaum von denen in einer kapitalistischen unterscheiden werden. Dennoch erwartet er für die sozialistische Gesellschaftsform eine größere gesellschaftliche Akzeptanz. Die Gewerkschaften, die ihre Legitimität im Kapitalismus aus dem Gewinnstreben der Kapitalisten ableiten konnten, werden ebenso überflüssig wie ihr klassisches Kampfmittel des Streiks. Durch die Verhältnisse in der stalinistischen Sowjetunion sieht Schumpeter seine Überlegungen nicht widerlegt. Er interpretiert die dortigen Entwicklungen als eine Folge der russischen Tradition. Hierbei ist freilich zu berücksichtigen, dass die Zeitgenossen tatsächlich nur wenig über Stalins Kollektivierungsmaßnahmen in den dreißiger Jahren wussten. Am Beispiel Großbritanniens skizziert Schumpeter den aus seiner Sicht möglichen graduellen Übergang zu einer sozialistischen Gesellschaftsform. Zwar sei die wirtschaftliche und kommerzielle Struktur des Landes zu Beginn des 20. Jahrhunderts noch nicht reif für eine umfassende Sozialisierung der Wirtschaft gewesen. Andererseits habe man in den strategisch wichtigsten Schlüsselsektoren ein Nachlassen der unternehmerischen Aktivität feststellen können. Diese Entwicklung habe zur Folge gehabt, dass staatliche Führung und Kontrolle dort nicht nur allseits akzeptiert, sondern sogar gefordert worden sei. Schumpeter verweist auf eine erfahrene, moralisch integre britische Bürokratie, die ohne Bedenken mit den für eine Ausweitung der staatlichen Sphäre notwendigen Vorarbeiten betraut werden konnte. Des Weiteren zeigt sich Schumpeter beeindruckt von einer herrschenden Klasse, die gleichermaßen traditionsbewusst wie innovationsfähig sei. Sie erhebe den Anspruch zu herrschen, sei dabei aber bereit, die sich verändernden Interessenlagen zu berücksichtigen. Unter diesen Prämissen erscheint Schumpeter eine Sozialisierungspolitik durchführbar, die umfangreiche Nationalisierungsmaßnahmen einleitet und auf diese Weise die Entwicklung in Richtung Sozialismus lenkt, während sie in anderen Bereichen Freiräume für individuelle unternehmerische Tätigkeit bewahrt. Er hält es sogar für wünschenswert, bestehende staatliche Schranken für die privatwirtschaftliche Tätigkeit zu beseitigen.

14.4.3 Eine andere Theorie der Demokratie

Das von Schumpeter entwickelte Konkurrenzmodell der Demokratie liefert einen Gegenentwurf zu der von *Rousseau* vorgelegten Theorie einer identitären Demokratie. *Rousseau* hatte ein hoch abstraktes, am Vorbild der historischen griechischen Polis orientiertes, Modell entworfen, das zudem einen hohen normativen Anspruch an jedes einzelne Glied der Gesellschaft richtete. Demgegenüber orientierte sich Schumpeter bei seinen

Überlegungen zu einem wirklichkeitsadäquaten Demokratiebild an der britischen und amerikanischen Praxis. Ein besonderes Augenmerk galt dem Wettstreit der amerikanischen Parteien. Seine empirischen Beobachtungen führten Schumpeter zu dem Ergebnis, dass sich die politische Praxis dieser Demokratien im wesentlichen am Vorbild des Marktes für Konsumwaren ausrichte. Verschiedene politische Teams konkurrieren um die Führung im Staate. Dabei machen sie sich die Erfahrungen der Werbung zunutze. Der inhaltliche Gehalt der Ware Politik spielt eine untergeordnete Rolle.

In *Kapitalismus, Sozialismus und Demokratie* bestreitet Schumpeter die Existenz des von der klassischen Demokratietheorie vorausgesetzten Gemeinwohls. Da die einzelnen Individuen, aber auch die verschiedenen gesellschaftlichen Gruppen höchst unterschiedliche Vorstellungen vom Gemeinwohl haben, sei die Annahme eines allgemeinen Willens des Volkes illusorisch. In grundlegenden Streitfragen lässt sich auch durch den Austausch rationaler Argumente kein allgemein akzeptierter Konsens erzielen. Von dieser nüchternen Beobachtung ausgehend plädiert Schumpeter dafür, eine pragmatische, an den realen Lebensumständen orientierte Neubewertung des Demokratiebegriffs vorzunehmen. Mit seiner *Theorie der Konkurrenz um die Führerschaft* rückt er von der Forderung der klassischen Demokratietheorie ab, nach der jeder Bürger aktiv am politischen Entscheidungsprozess teilhaben soll. Er verengt den Demokratiebegriff auf eine *demokratische Methode*, innerhalb derer einzelne Politiker oder Teams von Politikern um die Stimmen der Wählermassen konkurrieren.

„Es sei daran erinnert, daß unsere Hauptschwierigkeiten bei der klassischen Theorie sich um die Behauptung gruppierten, daß ‚das Volk' eine feststehende und rationale Ansicht über jede einzelne Frage besitzt und daß es – in einer Demokratie – dieser Ansicht dadurch Wirkungskraft verleiht, daß es ‚Vertreter' wählt, die dafür sorgen, daß diese Ansicht ausgeführt wird. So wird die Wahl der Repräsentanten dem Hauptzweck der demokratischen Ordnung nachgeordnet, der darin besteht, der Wählerschaft die Macht des politischen Entscheides zu verleihen. Angenommen nun, wir vertauschen die Rollen dieser beiden Elemente und stellen den Entscheid von Fragen durch die Wählerschaft der Wahl jener Männer nach, die die Entscheidung zu treffen haben. Oder um es anders auszudrücken:

14.4 Schumpeter

> wir nehmen nun den Standpunkt ein, daß die Rolle des Volkes darin besteht, eine Regierung hervorzubringen oder sonst eine dazwischengeschobene Körperschaft, die ihrerseits eine nationale Exekutive oder Regierung hervorbringt. Und wir definieren: die demokratische Methode ist diejenige Ordnung der Institutionen zur Erreichung politischer Entscheidungen, bei welcher einzelne die Entscheidungsbefugnis vermittels eines Konkurrenzkampfs um die Stimmen des Volkes erwerben."
>
> *Joseph A. Schumpeter*: Kapitalismus, Sozialismus und Demokratie, 7. erw. Aufl., Tübingen 1993, S. 427f.

Mit der Wahl der parlamentarischen Repräsentanten leisten die Wähler ihren Teil innerhalb des politischen Entscheidungsfindungsprozesses. Politische Inhalte sind die Sache der Gewählten. Die Vorbereitung konkreter Gesetzesvorhaben und deren spätere Implementierung liegt in den Händen professioneller Beamter. Hier stehen Schumpeter deutlich die britische und auch die amerikanische Demokratie in der Ära des New Deal vor Augen. In der Zeit der Weltwirtschaftskrise war es Präsident Franklin D. Roosevelt gelungen, vorübergehend einen Primat der Exekutive durchzusetzen.

Während die klassische Theorie der Demokratie auf ein Höchstmaß an politischer Beteiligung des einzelnen Bürgers abstellte und die Übertragung der Macht auf Delegierte nur zähneknirschend als eine technische Notwendigkeit in Kauf nahm, lässt Schumpeters *realistische* Theorie nur die Kriterien der Effizienz und Stabilität des Systems als Ziel gelten. Schumpeter plädiert dafür, die Demokratie nicht länger in der Formel „Regierung durch das Volk" zu fassen, sondern als „vom Volk gebilligte Regierung" zu definieren.

Schumpeter spricht dem Volk die Fähigkeit ab, inhaltlich-politische Entscheidungen treffen zu können. Vielmehr kommt der Wahlakt weitgehend der Entscheidung des Konsumenten für ein bestimmtes Produkt gleich. Der Käufer greift zu jener Ware, von der er sich den größten individuellen Nutzen verspricht. Für den Bereich der politischen Willensbildung bedeutet dies, dass die Werbung auch dort an Bedeutung gewinnt. Die Politiker und ihre Wahlkampfteams versuchen, die Bürger mit den für die Produktwerbung entwickelten Reklametechniken für sich einzunehmen. Dabei profitieren sie von der Tatsache, dass den Bürgern ein genauer Einblick in die meisten relevanten Politikfelder verwehrt ist. Vergleichbar mit dem Hersteller eines Konsumgutes sind die Teams darum bemüht, etwaige Wünsche der Bürger zu ermitteln, auf diese einzugehen und sie gegebenenfalls zu erfüllen. Nach Schumpeter ist die Produktion ein Sekundäreffekt, der sich beim Streben nach Profiten einstellt. Davon abgeleitet beschreibt er die Erfüllung von Wählerwünschen als ein Nebenprodukt beim Kampf der Politiker um die Macht.

In der kompromisslosen Anerkennung des Führungsbedürfnisses in der Demokratie sieht Schumpeter einen wesentlichen Vorzug der realistischen Demokratietheorie. Diese Führung bedeutet keine Einschränkung der individuellen Freiheit. Jedem steht es frei, sich um die Führung zu bewerben. Die Möglichkeit zur Absetzung einer Regierung ist zudem fest im System verankert. An den Schalthebeln der Macht sitzen stets diejenigen, die die größte Unterstützung für sich haben mobilisieren können. Auch die Existenz verschiedener Gruppeninteressen fügt sich demzufolge nahtlos in sein Modell ein.

14.4.4 Rezeption und Wirkung

Die Demokratietheorie Schumpeters fand ein höchst unterschiedliches Echo. Einerseits wird positiv vermerkt, dass er sich erstmalig um ein Modell der Demokratie bemüht, das auf empirischen Beobachtungen fußt. Andererseits wird sein Verzicht auf normative Begründungen kritisiert. Schumpeter hat jedoch nie den Anspruch erhoben, eine die Demokratie begründende Theorie zu entwerfen. Er wollte ein möglichst authentisches Modell der in der Realität nachweisbaren demokratischen Prozesse konstruieren.

Die Kritik entzündet sich insbesondere an Schumpeters Reduktion der Demokratie auf eine demokratische Methode. Indem er sein Augenmerk allein auf die Beschreibung des demokratischen Prozesses richtet, schließt Schumpeter die inhaltliche Bestimmung des Demokratiebegriffes aus. Bei Schumpeters Demokratietheorie handelt es sich nach *Kurt Lenk* in erster Linie um eine „Theorie demokratischer Elitenherrschaft, nicht aber irgendeine inhaltliche Bestimmung von Demokratie". Die große Resonanz der realistischen Demokratietheorie Schumpeters leitet *Lenk* in erster Linie aus ihrem wertfreien, deskriptiven Ansatz ab. Mit ihrer an-

14.4 Schumpeter

schaulichen und emotionslosen Darstellung des für alle Bürger sichtbaren, wenn auch nicht immer in allen Einzelheiten durchschaubaren, politischen Prozesses erscheint sie leicht nachvollziehbar. Der Verzicht auf utopische Elemente oder auf die Vermittlung eines normativen Bezugsrahmens, der mit der faktischen Anerkennung einer demokratischen Elitenherrschaft einhergeht, kann aber zur Gefahr für die Demokratie werden. Das Desinteresse der Bürger am politischen Willensbildungsprozess kann in „allgemeine politische Perspektivlosigkeit" umschlagen – mit unabsehbaren Folgen für die Zustimmung zur Demokratie als gültige Herrschaftsform. *Röhrich* misstraut der vermeintlichen Wertneutralität der Schumpeterschen Demokratietheorie. Die sachliche Darstellung des politischen Prozesses bei gleichzeitigem Verzicht auf normative Vorgaben zementiert nach seiner Auffassung den Status quo. In dem Verständnis der „herrschenden wirtschaftlichen und sozialen Interessen" als unabänderliche Größen liegt folglich sehr wohl eine eigene Werthaftigkeit.

Schumpeter widerspricht früheren Elitentheorien, die die Möglichkeiten demokratischer Herrschaft grundsätzlich in Frage gestellt hatten. Diese Theorien verwarfen die Vorstellung, alle Bürger gleichermaßen an der politischen Willensbildung beteiligen zu können. Schumpeter zweifelt jedoch die Begründungen an, die die klassische Theorie für die Demokratie angeführt hat. Seine realistische Demokratietheorie stimmt mit den Elitentheorien eines *Vilfredo Pareto (1848-1923)* oder *Gaetano Mosca (1858-1941)* darin überein, dass die Distanz zwischen den politisch desinteressierten und unfähigen Massen sowie den verantwortlichen Eliten nicht überbrückt werden kann. Die originäre Aufgabe des Parlaments liegt demnach nicht darin, den Wählerwillen umzusetzen. Aufgrund mangelnder Sachkenntnis und Befähigung sind die Wählermassen nicht in der Lage, politische Sachverhalte eigenständig einzuschätzen und ihre konkreten Vorstellungen und Wünsche zu artikulieren. Stattdessen entscheiden sie sich für jene Partei, von der sie sich den größten individuellen Nutzen erhoffen.

Spätere Demokratietheoretiker wie *Seymour M. Lipset* oder *Robert A. Dahl* knüpften an Schumpeters Gedanken an. *Lipset* erweiterte das einseitig am US-amerikanischen und britischen Parlamentarismus ausgerichtete Demokratiemodell um den Aspekt des Mehrparteiensystems. Er wies auf die von radikalen Flügelparteien ausgehenden Gefahren hin. *Dahl* ging zwar davon aus, dass die realen Partizipationsmöglichkeiten in einer demokratischen Gesellschaft ungleich verteilt sind. Auf formaler Ebene biete die Demokratie aber jedem Bürger die gleiche Chance, sich politisch zu engagieren, wenn nur der Wille vorhanden ist. *Dahl* zog es vor, statt der Bezeichnung Demokratie den Begriff Polyarchie zu verwenden. Darin komme deutlicher zum Ausdruck, dass es sich um die Herrschaft vieler, nicht aber aller Bürger handelt. Die Gruppe der Herrschenden ist nach *Dahl* ständigen Veränderungen unterworfen. Während sich einige Bürger ins Private zurückziehen, verlassen wieder andere Bürger den privaten Bereich, um sich am politischen Willensbildungsprozess zu beteiligen.

Ernst Fraenkel versuchte, mit der Einbeziehung regulativer Ideen eine Verbindung von realistischer und klassischer Demokratietheorie herzustellen. So sollten prozedurale Fairness, die Mehrheitsregel in Verbindung mit einem wirksamen Minderheitenschutz, das Recht auf Opposition sowie der Sozialstaatsgedanke das normative Defizit des Schumpeterschen Modells ausgleichen. *Fraenkel* ging von der Existenz eines kontroversen sowie eines nicht-kontroversen Politiksektors aus. Im kontroversen Bereich ringen demnach Parteien und Interessengruppen, unterstützt oder bekämpft durch die öffentliche Meinung, um Einflussmöglichkeiten. Der nicht-kontroverse Sektor besteht nach *Fraenkel* im Katalog der Verfassungs- und Verfahrensnormen. Diese allgemein akzeptierten Regeln verpflichten die im kontroversen Sektor unterlegenen Gruppen auf die Einhaltung der erzielten Ergebnisse und verhindern gleichzeitig, dass die Gewinner des Prozesses sich über das konkrete Ergebnis hinausreichende Vorteile anmaßen.

Literatur:

Joseph A. Schumpeter: Kapitalismus, Sozialismus und Demokratie, 7. erw. Aufl., Tübingen und Basel: Francke 1993.
Robert A. Dahl: Polyarchy: Participation and Opposition, 5. Aufl., New Haven u.a.: Yale University Press 1975
Friedrich Eberle: Die Ursprünge der ‚realistischen' Demokratietheorie: Mosca, Pareto, Michels und Schumpeter, in: Iring Fetscher und Herfried Münkler (Hrsg.), Pipers Handbuch der Politischen Ideen, Bd. 5, München und Zürich: Piper 1987, S. 156-163.

Ernst Fraenkel: Deutschland und die westlichen Demokratien, 2. Aufl., Frankfurt/M.: Suhrkamp 1991.
Kurt Lenk: Probleme der Demokratie. Klassisches Demokratiemodell und ‚demokratische Methode', in: Hans Joachim Lieber: Politische Theorien von der Antike bis zur Gegenwart, Wiesbaden: Fourier 2000, S. 945-965.
Seymour M Lipset: Political Man: The Social Bases of Politics, 5., erw. Aufl., Baltimore: Hopkins 1994.
Herbert Matis und *Dieter Stiefel*: Ist der Kapitalismus noch zu retten? 50 Jahre Joseph A. Schumpeter:„Kapitalismus, Sozialismus und Demokratie", Wien: Wirtschaftsverlag Überreuter 1993.
Richard Swedberg: Joseph A. Schumpeter. Eine Biographie, Stuttgart: Klett-Cotta 1994.

AUS DEM PROGRAMM

Politikwissenschaft

Joachim Jens Hesse, Thomas Ellwein
Das Regierungssystem der Bundesrepublik Deutschland
Band 1: Text, Band 2: Materialien
8., völlig neubearb. und erw. Aufl. 1997. 1.400 S.
Br. € 49,00
ISBN 3-531-13124-9
Geb. € 74,00
ISBN 3-531-13125-7

Das Standardwerk über das Regierungssystem der Bundesrepublik Deutschland wurde für die achte Auflage umfassend überarbeitet und auf den neuesten Stand gebracht. Allgemein verständlich geschrieben, vereint das Lehrbuch die Vorzüge einer kompakten Gesamtdarstellung mit denen eines Handbuchs und Nachschlagewerkes.

Klaus von Beyme
Das politische System der Bundesrepublik Deutschland
Eine Einführung
9., neu bearb. und akt. Aufl. 1999. 475 S. Br. € 14,90
ISBN 3-531-13426-4

Der seit vielen Jahren in Lehre und Studium bewährte Band ist vor allem dem schwierigen Prozess der deutschen Einigung gewidmet. Außen- und innenpolitische Hindernisse des Prozesses werden dargestellt. Die Schwierigkeiten des Zusammenwachsens von Ost- und Westdeutschland werden mit der Analyse der Institutionen - Parteien, Bundestag, Regierung, Verwaltung, Verfassungsgerichtsbarkeit und Föderalismus - und der politischen Prozesse - Wahlverhalten, Legitimierung des Systems, Durchsetzung organisierter Interessen und Führungsauslese - verknüpft.

Bernhard Schreyer, Manfred Schwarzmeier
Grundkurs Politikwissenschaft:
Studium der Politischen Systeme
Eine studienorientierte Einführung
2000. 243 S. Br. € 17,00
ISBN 3-531-13481-7

Konzipiert als studienorientierte Einführung, richtet sich diese Einführung in erster Linie an die Zielgruppe der Studienanfänger. Auf der Grundlage eines politikwissenschaftlichen Systemmodells werden alle wichtigen Bereiche eines politischen Systems dargestellt. Im Anhang werden die wichtigsten Begriffe in einem Glossar zusammengestellt. Ein Sach- und Personenregister sowie ein ausführliches allgemeines Literaturverzeichnis runden das Werk ab.

www.westdeutschervlg.de

Abraham-Lincoln-Str. 46
65189 Wiesbaden
Tel. 0611. 78 78 - 285
Fax. 06 11. 78 78 - 400

Erhältlich im Buchhandel oder beim Verlag.
Änderungen vorbehalten. Stand: April 2002.

Oskar Niedermayer
Bürger und Politik
Politische Orientierungen und Verhaltensweisen der Deutschen.
Eine Einführung
2001. 232 S. Br. € 19,00
ISBN 3-531-13581-3

Der Band gibt eine umfassenden Überblick über die politischen Orientierungen und Verhaltensweisen der Bürgerinnen und Bürger.

Bernhard Schreyer, Manfred Schwarzmeier
Grundkurs Politikwissenschaft:
Studium der Politischen Systeme
Eine studienorientierte Einführung
2000. 243 S. Br. € 17,00
ISBN 3-531-13481-7

Konzipiert als studienorientierte Einführung, richtet sich diese Einführung in erster Linie an die Zielgruppe der Studienanfänger. Auf der Grundlage eines politikwissenschaftlichen Systemmodells werden alle wichtigen Bereiche eines politischen Systems dargestellt. Im Anhang werden die wichtigsten Begriffe in einem Glossar zusammengestellt. Ein Sach- und Personenregister sowie ein ausführliches allgemeines Literaturverzeichnis runden das Werk ab.

Klaus von Beyme
Die politischen Theorien der Gegenwart
Eine Einführung
8., akt. und überarb. Aufl. 2000. 359 S. Br. € 21,00
ISBN 3-531-32361-X

Diese bewährte Einführung gibt einen systematischen Überblick über die politischen Theorien des 20. Jahrhunderts. Vom Standpunkt des Methodenpluralismus aus führt sie in die Vielfalt und Dynamik politischer Theoriebildung ein. Es werden methodische Ansätze in Beziehung zu den großen metatheoretischen Schulen gesetzt. Die Grundbegriffe der Politik wie Staat, Macht, politisches System, politische Kultur, Demokratie, Pluralismus werden in ihrer Genesis analysiert und auf ihre Anwendbarkeit hin getestet.

EINFÜHRUNGEN · LEHRWERKE

Politikwissenschaft

www.westdeutschervlg.de

Erhältlich im Buchhandel oder beim Verlag.
Änderungen vorbehalten. Stand: April 2002.

Abraham-Lincoln-Str. 46
65189 Wiesbaden
Tel. 06 11. 78 78 - 285
Fax. 06 11. 78 78 - 400

Westdeutscher Verlag

MIX
Papier aus verantwortungsvollen Quellen
Paper from responsible sources
FSC® C105338

If you have any concerns about our products,
you can contact us on
ProductSafety@springernature.com

In case Publisher is established outside the EU,
the EU authorized representative is:
**Springer Nature Customer Service Center GmbH
Europaplatz 3, 69115 Heidelberg, Germany**

Printed by Libri Plureos GmbH
in Hamburg, Germany